"中国新闻学丛书"编辑委员会

顾　问：柳斌杰　南振中

主　任：李　彬　赵月枝

委　员：（按姓氏笔画顺序排序）
　　　　王君超　王润泽　王维佳　王鹏飞　史安斌　吕新雨
　　　　李　珮　李　彬　李希光　杨萌芽　吴　玫　吴　靖
　　　　张　垒　张　桐　赵月枝　胡　钰　俞　凡　洪　宇
　　　　程曼丽

"中国新闻学丛书"出版委员会

主　任：杨国安　杨萌芽

委　员：（按姓氏笔画顺序排序）
　　　　马　龙　王鹏飞　纪庆芳　杨　波　杨国安　杨萌芽
　　　　陈建恩　郑　鑫　胡玲霞　姜　畅　谌洪波　薛建立

ZHONGGUO TESE CHUANBOXUE DE LISHI CHONGFANG (1949—1992)

中国特色传播学的历史重访
(1949—1992)

方晓恬 著

河南大学出版社
HENAN UNIVERSITY PRESS

·郑州·

图书在版编目（CIP）数据

中国特色传播学的历史重访：1949—1992 / 方晓恬著. —— 郑州：河南大学出版社，2023.8
ISBN 978-7-5649-5658-5

Ⅰ. ①中… Ⅱ. ①方… Ⅲ. ①传播学－中国－1949-1992 Ⅳ. ① G206

中国国家版本馆 CIP 数据核字（2023）第197568号

责任编辑　杨光辉
责任校对　范国东
装帧设计　翟淼淼　高枫叶

出版发行　河南大学出版社
　　　　　地址：郑州市郑东新区商务外环中华大厦2401号　邮　编：450046
　　　　　电话：0371-86059715（高等教育与职业教育出版分社）
　　　　　　　　0371-86059701（营销部）
　　　　　网址：hupress.henu.edu.cn
排　　版　河南大学出版社设计排版部
印　　刷　河南瑞之光印刷股份有限公司
经　　销　全国新华书店
版　　次　2023年8月第1版　　　　　　　　　　印　次　2023年8月第1次印刷
开　　本　710 mm×1010 mm　1/16　　　　　　印　张　13.5
字　　数　240 千字　　　　　　　　　　　　　定　价　42.00 元

（本书如有印装质量问题，请与河南大学出版社营销部联系调换。）

总序：新时代　新征程　新闻学　新探索

李　彬　赵月枝

中国共产党成立一百年前夕，酝酿有年的"中国新闻学丛书"开始问世。"中国新闻学"自然指立足于中国的新闻学，它离不开中华民族5000多年源远流长的文明史、中国人民近代以来180余年屡挫屡奋的斗争史、中华人民共和国70多年正道沧桑的发展史，以及其中蔚为大观的新闻与传播实践史，包括新闻学与传播学的学术传统。同时，由于主流传统同马克思主义道统水乳交融，中国新闻学又始终心系天下，关注人类命运共同体及其新闻传播实践，离不开《国际歌》寄寓的国际主义情怀——"英特纳雄耐尔"（international）。充分展现这些学术内涵，乃是这套丛书的学术工作任务，而非一篇总序所能应对的。而说明丛书的缘起，至少可以彰显"中国新闻学"的立意与定位。

早在2002年，范敬宜甫任清华大学新闻与传播学院首任院长之际，高瞻远瞩，身体力行，积极倡导以马克思主义为指导，建设具有"中国特色、中国风格、中国气派"的新闻学及其学科体系与教育体系，一时影响广泛。2008年，由于金融危机爆发以及全球资本主义体系性危机进一步加重，"马克思归来"日益成为汇聚中外前沿学术思想的时代强音，而如何赓续中国新闻学的马克思主义中国化传统，进而创新网络时代的马克思主义新闻学，愈发成为中国新闻学人迫在眉睫的时代使命。

党的十八大后，随着新时代的气息春风徐来，新闻学也迎来前所未有的良机。2016年，习近平主持召开哲学社会科学工作座谈会并发表讲话，强调加快构建中国特色哲学社会科学及其学科体系、学术体系和话语体系，并重点建设具有"支撑作用"的学科（其中引人注目地提到了新闻学），令人倍感鼓舞。

为了响应新时代召唤，中信改革发展研究基金会（后面简称"中信基金会"）于2014年成立，聚集了一批各学科守正创新的一流学者，致力于推进中国特色、中国风格、中国气派的哲学社会科学建设。2017年，中国特色新闻学研究会在清华成立伊始，就与中信基金会密切合作，举办了首届"中国特色新闻学高级研讨班"。其间，我们同来自五湖四海的青年学者一起，从不忘本来、吸收外来、面向未来的视角畅谈了理论逻辑与历史逻辑有机统一、普遍意义与中国特色若合一契的中国新闻学构想。

在此基础上，中信基金会将"中国新闻学丛书"作为重点研究项目列入基金会工作计划。之所以亮出"中国"的旗号，当然不是也不可能是"囊括四海，并吞八荒"，而只是凸显梁启超所谓"中国之中国、亚洲之中国、世界之中国"的历史意识，表明更自觉地面向中国实践、更深入地扎根中国大地、更自信地践行中国道路的学术追求，也就是中信基金会的三句宗旨——坚持实事求是、践行中国道路、发展中国学派。

——坚持实事求是。丛书作者术有专攻，论著也是各抱地势，但无论是深入历史，还是透视现实；无论是穷究学理，还是钻研实务：无不遵循实事求是的治学精神，如一代马克思主义新闻学家甘惜分晚年希冀的"立足中国土，请教马克思"。

——践行中国道路。坚持实事求是为的是践行中国道路，正如解释世界为的是改变世界。何谓中国道路？一句话，就是中国共产党领导的革命、建设、改革所开辟的道路。而这条道路的灵魂在于社会主义，即习近平所言，中国特色社会主义不是别的什么主义而是社会主义。中国新闻学说到底也是为社会主义新闻业立魂，立言，立心。

——发展中国学派。随着中国道路日渐开阔，文化自觉与学术自觉日益醒悟，中国学派也呼之欲出。事实上，近代以来，特别是新中国成立70多年以来，中国新闻学已经取得长足进展，从梁启超到邵飘萍，从邹韬奋到范长江，从邓拓到穆青，从延安窑洞人民广播的手摇发电机到数字时代融媒体，一代代中国记者以及学者以其辛勤耕耘和开创性工作奉献了无数心血和智慧，也为中国新闻学及其学派奠定了厚实基础。现在的关键在于我辈是否具有足够自信，摆脱制约中国新闻学想象力与创造力的"学术殖民"心态，用中信基金会理事长孔丹的话说，将"他信"变为"自信"，将著书立说的立足点从"彼岸"转到"此岸"。

19世纪初，西方文脉俨然在欧陆，德国柏林洪堡大学等更是文化圣城，吸引着东西南北的欧美知识精英，而在立国不过六十多年的美国，哈佛文人 R. W. 爱默生（Ralph Waldo Emerson）却提出了美国文化走自己路的主张，发表了美国文化的独立宣言《美国学者》("American Scholar")。如今，经过建设和改革开放锻造的中华人民共和国，已经进入建设中国特色社会主义的新时代，发展中国学派以审视中国经验、提炼中国理论、贡献中国方案，更可谓名正言顺、水到渠成。

  2019年立春时节，河南大学新闻与传播学院与河南大学出版社同意，将这套丛书纳入河南大学献礼中华人民共和国成立70周年的重点图书。河南，向称中原，数千年来一直被视为中华文明的腹心，一句"逐鹿中原"总能激荡人心。而河南大学又是百年名校，文脉悠长，俊采星驰，校友中就包括一代中国名记者邓拓。"中国新闻学丛书"能够落户河南大学，也是得其所哉。

  大鹏之动，非一羽之轻也；骐骥之速，非一足之力也。十多年来，我们一直勉力耕耘，与各方有生力量一道推进中国特色、中国风格、中国气派的新闻学建设，这套丛书就是一批阶段性成果。我们深知，无论是中国特色社会主义事业，还是中国特色社会主义学术事业，都不可能一蹴而就，也不可能仅凭少数人埋头苦干就获得成功，而需要持之以恒的扎实工作，更需要一批又一批、一代又一代的中国学者共襄此举。

2022年6月

李　彬，清华大学新闻与传播学院教授，河南大学黄河学者（2013~2018）

赵月枝，清华大学人文讲席教授，加拿大皇家学会院士

序：宣传、新闻、传播

韩毓海

我的朋友李彬、赵月枝教授为了弘扬马克思主义新闻观，主持出版了一套丛书，把方晓恬的博士论文纳入其中，方晓恬希望我写几句话，李彬教授也给我布置了任务，我不能推辞，只好谈一点阅读她的博士论文的感想。

博士论文需要有关键词，晓恬论文的关键词是：宣传、新闻、传播。

这三个词的意思不同。宣传是政治性的，新闻是社会性的，传播是技术性的，厘清这三者之间的关系，我以为很重要，也很有必要。

如果没有思想，没有价值观，没有路线，没有"主义"，没有斗争，那就没有政治。没有政治，也就搞不了宣传。马克思主义是讲思想、讲价值观、讲主义、讲路线斗争的。因此，马克思主义讲政治、讲宣传、讲真理，不讲政治宣传，不讲真理，就不是马克思主义。这是第一点。

与宣传有区别，新闻是社会性的，用哈贝马斯的话讲，新闻属于"市民生活的公共领域"。当年，亚当·斯密、马嘎尔尼这些人，在咖啡馆里谈天说地，传播小道消息，笛福写《鲁滨孙漂流记》，这就是新闻报纸的起源。这些人当然不是不讲政治，而是从个人出发讲政治，他们不是用抽象概念和观念讲政治，而是用故事讲政治，是从个人角度出发，去讲一个宏大的主题。

讲好英国的故事，讲好资产阶级的故事，这是亚当·斯密和笛福这些人的发明。当然，马嘎尔尼勋爵还力图讲好"中国的故事"，大清王朝的故事，他关于下跪的故事源远流长，骗了许多人，至今还有人信。

讲政治的办法有二，一个是讲概念，一个是讲故事；一个是从抽象的概念出发，一个是从具体的个人出发。有一次，我问一家党报的负责人，报纸哪一版最有读者，答曰"文艺版"，又问哪一版最没有读者，答曰"理论版"。可见，讲政治，不是，起码不全是讲概念，特别不是讲空洞的理论，不是写大块文章——为什么？还是毛主席他老人家说的好：报纸不是办给干部看的，而是办给人民群众看的，办给人民群众看，那就必须从具体的、特殊的、个别的事物出发。

鲁迅说，所有的文艺都是宣传，但一切宣传并不都是文艺，这也是非常到家的话，宣传与新闻固然都是宣传，但讲好中国故事，并不等于讲好"中国概念"，过去就有人说，党报办得不好看，因为没有新闻。毛主席的意见是：政治标准第一，首先是要讲政治。因此，新闻要有，旧闻也要有，"无闻"也可以有。所谓"无闻"，就是说首先要有政治的内容。但毛主席也说过，《文汇报》办得好，特别是新闻办得好，因为生动活泼，如果只有空洞的教条，那个叫"死人办报"——这很好地讲了宣传与新闻之间的关系。

宣传与新闻的关系，从根本上讲，就是逻辑思维与形象思维之间的关系，观念与故事之间的关系，而这就是黑格尔所谓"普遍性与特殊性"之间的关系。只有通过具体的、特殊的、个别的事物，才能达到普遍性，而这就是毛泽东所谓政治标准与艺术标准之间的关系，提高与普及之间的关系。毛泽东说，所谓提高，是从地上提高，不是从空中提高——这话只有他老人家才能说得出来，无比深刻。

宣传与新闻之外，是传播。与宣传和新闻不同，传播是技术。如果说到讲政治，讲故事，这是我们擅长的，以至于西方也学习我们的经验，中情局曾经在香港办报，办书院，办大学，这都是学习我们的经验。晓恬的论文里写道：美国人出钱给钱穆先生，让他办新亚书院，钱穆本以为是让他传播中华传统文化，最后才发现是让他传播西方文化，于是钱穆很失望，而新亚书院最终合并进中文大学，来传播美国的政治和价值观——晓恬这个分析，让我觉得她看事精明，颇有些阅历。

长期以来，西方讲政治不行，讲故事也不行，但西方擅长的，就是传播和传播技术，这一点，他们确实比我们强。晓恬论文里说，施拉姆在"文革"结束后从香港访问内地，他这样给中国介绍经验：你们放人造地球卫星，不是为了显示新中国有尊严，不是为了向世界显示中国放了个大铁鸟围着地球转，而是要通过中国卫星普及教育，搞现代化。

后来，我国开办广播电视大学，成立广播电视部。事实证明，没有一个注册学生的广播电视大学，效果很好。美国用卫星向第三世界推广发展战略，中国用广播电视推行"四个现代化"。于是，宣传与新闻，都插上了传播的翅膀。

20世纪80年代，有一套"走向未来"丛书，这套书作用很大，最大的作用，就是讲信息论，讲用信息技术治国，沿着这条路，把政治讲成了行政治理，政治现代化＝信息化＝行政管理。编写"走向未来"丛书的人里面，有许多理科生，其中包括金观涛，现在的年轻人都不知道他。晓恬在论文里把"走向未来"丛书讲得惟妙惟肖,这使我恍如隔世。

总起来说,意识形态工作,包括宣传、新闻和传播三个方面,不能"单打一"。

那么,究竟什么是我们今天面临的问题呢?今天看来,我们的传播能力,特别是技术能力并不差,手机用户,世界第一,媒体融合发展,一直在大力推进。但是,要知道:搞意识形态工作与搞北斗系统不是一回事。技术手段有了,关键是要传播什么,如果没有政治,没有思想,没有价值观,没有路线,没有价值观斗争的意识,离开了理,离开了真理,即使有了上天入地的技术手段,那还是不知道要传播什么。

如果搞传播的就是一门心思搞技术,搞新闻的就是挖空心思讲故事,如果对于什么是理,什么是真理,既不知道,又不关心,那么,在热热闹闹轰轰烈烈之间,在思想上、真理上,就容易成了人家的俘虏。

反过来说,如果搞宣传的以为自己真理在握,大块文章乐未休,结果却是不接地气,不懂传播,不讲故事,写出的文章谁也不想看,甚至自己也不看,这就是有理说不出,说出推不开,这种空谈,早晚有一天,要走向理屈词穷。

不能学会了传播技术,丢了政治宣传,这属于"捡起了芝麻,丢下西瓜";也不能"西瓜""芝麻"都要,偏偏又忘了讲好中国故事。意识形态工作十分难做,宣传、新闻、传播,什么时候抱成一团,成为一个整体,我们就算克服了形而上学,而学会了辩证法。

感谢李彬教授奖掖后进,出版方晓恬的论文,也感谢晓恬的梳理,使我想到了上述问题。

韩毓海
2021年11月6日于燕园

目 录

绪 论 ··· 001

第一章 从实践中走来：重访中国特色新闻学知识体系建构的历史（1949—1965）··· 010

第一节 调查研究：把中国作为方法的新闻工作 ··············· 010
第二节 工农通讯员：从群众中走来的新闻生产 ··············· 028
第三节 中国特色新闻理论中的全球视野 ······················ 038
第四节 中国特色新闻实践对"5W"传播模式的重构 ········ 055

第二章 反思与重构：重访西方现代化对中国新闻传播研究的影响（1965—1982）··· 065

第一节 冷战、现代化与香港新闻传播研究兴起 ··············· 066
第二节 香港新闻传播研究与西方现代化范式的对话 ········ 080
第三节 资金与师资：香港对内地新闻传播研究的扶持 ······ 088
第四节 华夏传播研究：中国特色传播学的本土化探索 ······ 096

第三章 融合与转型：重访中国特色新闻学与现代化传播研究方法的知识互构（1982—1986）······························· 104

第一节 确立"现代化"主题：重考1982年施拉姆访华 ······ 105

第二节 "北京调查":中共新闻学理论与现代化传播研究方法的

　　　　融合 …………………………………………………………… 119

第三节 "信息":马克思主义新闻理论与传播学的相遇 ………… 136

第四章　走向现代化:确立中国特色传播学自主知识体系的主题(1986—1992)……………………………………………………………… 152

第一节　传播学理论的现代化:"系统科学与新闻学"专辑研讨 … 152

第二节　传播学方法的现代化:对不发达地区媒介使用情况研究…… 167

第三节　传播学科的现代化:"新闻事业与现代化建设"立项 …… 175

结　语 ………………………………………………………………… 182

参考文献 …………………………………………………………… 188

绪 论

2016年5月17日，习近平总书记主持召开哲学社会科学工作座谈会并发表重要讲话，提出"要按照立足中国、借鉴国外，挖掘历史、把握当代，关怀人类、面向未来的思路，着力构建中国特色哲学社会科学，在指导思想、学科体系、学术体系、话语体系等方面充分体现中国特色、中国风格、中国气派"。[1] 这一重要讲话充分启示中国哲学社会科学研究者要一切从实际出发，在中国大地上寻找问题意识，解决中国问题。正如李彬所说，这次座谈会令人瞩目地将新闻学提到"支撑性学科"的地位，与文史哲等十门历史悠久、积淀深厚的学科平起平坐。[2] 新闻传播学研究者深受鼓舞，从历史经验、实践基础、发展方向等多角度对新闻传播学的中国特色展开探讨，为本书提供重要启示。2022年4月25日，习近平总书记在中国人民大学考察时强调，加快构建中国特色哲学社会科学，归根结底是建构中国自主的知识体系。深入学习这一重要讲话，可以获得开展"中国特色新闻传播学"研究更为具体的问题意识，即如何立足中国的历史与现实，在与西方社会科学对话的过程中真正构建起自主的知识体系。

中国特色新闻传播学的发展，与哲学社会科学各学科一样，都在不断依据时代变革进行转型创新，都曾面临与西方社会科学的对话，都在坚持探索学科发展的中国特色。正如现有研究所总结的，新闻学研究最早发端于西方，在20世纪初"西学东渐"的过程中被引入中国，在延安时期、社会主义革命与建设时期经历了中国共产党基于中国实际的自主探索。改革开放后，西方传播学理论和知识进入中国，在学术概念、理论框架、研究方法等方面推动了新闻学的

---

[1] 习近平：《加快构建中国特色哲学社会科学（2016年5月17日）》，载《习近平谈治国理政》第二卷，外文出版社，2017，第338-348页。

[2] 李彬：《学术与政治：传播学哪儿去了——改革开放与中国传播学的发展与反思》，《青年记者》2019年第1期，第40页。

知识创新。[1] 现有关于中国特色新闻传播学的研究，或考察改革开放前中共如何将马列主义基本原理同中国实际相结合，开创马克思主义新闻学范式，或探讨改革开放后新闻学如何借鉴西方大众传播研究实现学科专业化和现代化。本书"重访"的目的正在于建立不同历史时期知识的勾连。本书提出，1980年代新闻学界积极引介西方大众传播研究的现象，正是一代学人基于时代变革为新闻学知识创新做出的努力。当时的新闻学者并没有简单复制西方范本，而是继承发扬中共宣传工作的经验智慧，立足当时走向现代化的社会目标进行本土化探索。"重访"意在说明，无论是独立探索的革命与建设时期，还是在放眼世界的开放年代，新闻传播学的中国特色从未离去。只有将革命、建设、改革不同时期的发展作为整体考察，才能从不断"变"的理论与实践中发现"不变"的因素，这也将成为今天探讨中国特色传播学自主知识体系建构的历史经验。

　　本书将中国特色新闻学作为重访之旅的起点还具有时间线索上的重要依据。基于对年鉴等史料的考订，学界普遍将1978年改革开放这一时间节点[2]或1982年美国传播学奠基人威尔伯·施拉姆（Wilbur Schramm）访华[3]这一标志性事件作为大众传播研究方向在中国兴起的开端，此后新闻学界开启了对传播学科的探索；但直到1992年，在《中华人民共和国国家标准学科分类与代码表》中，"传播学"才开始与"新闻学"并列成为独立学科，在国家学科体制标准

---

[1]　涂凌波：《基于中国式现代化实践建构新闻传播学自主知识体系》，《中国编辑》2022年第11期，第28-29页。

[2]　姜飞指出，改革开放之后，施拉姆访华之前，学界就已经开始译介西方传播学理论。例如，1978年，郑北渭在复旦大学新闻系出版的《外国新闻事业资料》上翻译西方传播学论文；1981年6月，复旦大学新闻系研究生居延安撰写国内首篇以传播学为题的硕士论文《美国传播理论研究》等。类似研究除姜飞外，王怡红、胡翼青、刘海龙、李彬等学者都有相关探讨。参考姜飞：《中国传播研究的三次浪潮——纪念施拉姆访华30周年暨后施拉姆时代中国的传播研究》，《新闻与传播研究》2012年第4期，第20页。

[3]　姜飞、王怡红、胡翼青、刘海龙、李彬等传播思想史研究者都提出1982年施拉姆访华具有标志性意义。从学界动态看，2012年，《新闻与传播研究》开辟"纪念施拉姆访华30周年"专题；2022年，中国新闻史学会、华南师范大学主办"施拉姆与中国传播学的相遇、碰撞和对话：回溯与前瞻"学术研讨会。这样的纪念性专栏研讨、研讨会等，都通过复盘这一标志性事件，回顾中国传播研究历史，展望中国传播学科未来。

中被确认。[1]可以说，在1992年之前，"传播学"尚未成为学科，这也是本书将1992年作为重访之旅终点的原因，但对这段历史进行考察，将更有助于探寻新闻学人如何基于不同时代推动知识创新，为今天建构自主知识体系提供规律性的历史经验。

关于中国特色传播学重访之旅的起点，笔者认为，只有从新中国成立的1949年[2]开始重访，才能厘清中国特色传播学深厚的实践根基。但对于改革开放前的历史时段，过往研究较多考察的是马列理论指导下的中共实践，本书尝试发掘一些改革开放后现代化新闻学知识在这一时期的"原型"，例如接续现代化受众研究的农村调查、对基层传播具有启示意义的工农通讯员等。只有不断开展对这些"接续"的探索，对"原型"的再发现，才能在中国新闻传播学知识体系中建构起改革开放前后两个历史时期的关联。而这一问题意识的获得来源于笔者的一次口述史访谈。2017年9月14日，笔者对中国社会科学院新闻与传播研究所老专家陈崇山进行口述史访谈。亲历过重要历史转型期的陈崇山对自己的学术生命历程进行了如下回顾：

> 1953年，《中国青年报》驻浙江记者站记者张政把我培养成了报纸通讯员，常给我寄新闻写作学习材料《中国青年报通讯》（内部刊物）；1954年，我成为《萧山报》记者，主要任务是培养农村通讯员，曾指导一位仓库保管员写了一封反映粮食保管不力的读者来信，引发全县护粮高潮；1956年，我凭借通讯《二牛重回合作社》考上中国人民大学新闻系；1978年，安岗[3]把我调到中国社科院新闻研究所从事周恩来新闻思想研究，我在研究中发现周恩来开展《新华日报》读者调查、武汉读者调查等，将读者意见作为办报主要任务。1982年，安岗和我牵头开展"北京调查"研究，我们并不懂传播学，当时开展调查的指导思想是"从群

---

[1] 王怡红、胡翼青主编《中国传播学30年：1978—2008》，中国大百科全书出版社，2010，第95-96页。

[2] 关于1921—1949时段中国共产党的新闻工作，本书将其融入第一章，作为中共新闻实践的"史前史"部分。

[3] 安岗曾担任中国社会科学院新闻研究所首任所长、中国人民大学新闻系首任系主任、人民日报社副总编辑。早年曾在太行山办《胜利报》，1945年兼任《新华日报》太行版副总编辑，曾经参与筹办晋冀鲁豫中央局机关报《人民日报》。

众中来，到群众中去"的群众路线。[1]

梳理这段以线性时间延展开的学术生命史，发现其中出现了很多中国特色新闻传播学的关键词："报纸通讯员""农村通讯员""读者来信""北京调查""群众路线"，这些关键词将革命、建设、改革的不同历史时期勾连在了一起。其中，1982年"北京调查"是中国第一次采用电子计算机抽样和统计分析的受众调查，是大众传播研究在中国发端的重要历史事件，陈崇山正是"北京调查"的发起人。这次现代化调查研究的起因，既不是因为同年访华并指导过陈崇山团队的施拉姆，也没有受到西方传播学理论的真正指导。理论源泉主要来自陈崇山、安岗等老一辈新闻人在中国革命与建设岁月中积累的丰富经验，他们将早期培养工农通讯员、开展读者调查、研究读者来信的经验整合进"北京调查"中。陈崇山回忆称，这次调查还引起了西方主流传播学者罗杰斯（Everett M. Rogers）[2]的关注，罗杰斯专门撰写论文《北京受众研究》(The Beijing Audience Study)[3]，肯定其对中国探索大众传播研究的重要意义。笔者沿着这条线索，访谈了罗杰斯的学生潘忠党，他从旁观者的视角回忆了罗杰斯访问中国的经历：

> 罗杰斯于1970年代（1978年左右）访问了中国（大约随团），回到美国后，就写文章赞颂所谓"赤脚医生"、有线喇叭入户、知识青年上山下乡等为发展的"创新"。他对中国没有深入了解，当时的一些片段似乎跟他在美国语境下反思发展传播研究的一些想法（如小媒体比大媒体会更适合发展中的条件，鼓励地方创新比西方向发展中国家输出会更有效等）相吻合。罗杰斯是一个有着悲天悯人情怀的研究者，听到那些似乎将知识、技术扩散开来的故事后，他立即想象了譬如上山下乡的知识青年是"change agents"，想象了创新扩散的新的案例。[4]

---

[1] 根据对陈崇山的访谈进行的简要概括。

[2] 埃弗雷特·罗杰斯（Everett M. Rogers），新墨西哥大学传播学与新闻学系教授与系主任，著有《传播学史：一种传记式的方法》(*A History of Communication Study: A Biographical Approach*)、《创新的扩散》(*Diffusion of Innovations*)等美国传播学经典著作。

[3] Everett M. Rogers, Xiaoyan Zhao, Zhongdang Pan, Milton Chen, "The Beijing Audience Study," *Communication Research*, 12, no. 2(April 1985): 179-208.

[4] 参考对潘忠党的邮件访谈。

罗杰斯短暂的访华并不能使其真正了解中国，罗杰斯理解的中国大众传播实践也未必是陈崇山、安岗参与过的中共新闻工作，但以此为线索进行史料盘查可见，在1970年代，西方主流学者罗杰斯、施拉姆等，都曾对中国特色新闻实践产生过浓厚兴趣，罗杰斯曾在文章中将其称为"社会主义大众传播（Mass Communication in Communist China）"。他指出，中国"去中心化"的社会主义大众传播比在第三世界推广的发展传播学，收获了更好的传播效果：

> 随着中国的开放，世界其他国家见证了中国独立自主的发展经验。作为世界上人口众多却贫穷的发展中大国之一，中国两个十年基于本土系统产生的"现代化奇迹"激发了很多关于大众传播的反思。在没有资本主义发展和国际援助的情况下，中国在医疗卫生、妇女地位等方面取得了惊人进步。中国、古巴、坦桑尼亚和智利等第三世界国家在1970年代取得的进步，应该成为补充大众传播主流研究的重要组成部分。[1]

以上三段访谈及史料，揭示了不同历史时期相互关联的面向。陈崇山的个人生命经历证明，现代化研究方法的探索与中共新闻经验的积累紧密相连；西方主流传播学倡导者罗杰斯对中国1970年代大众传播实践的"再发现"，进一步论证了中国特色传播学的知识源头必然是中国经验。获得这些史料的过程，使笔者进一步确定了重访的必要性，本书也带着重访不同历史阶段的问题意识将1949—1992划分为四个阶段：第一阶段为新中国成立后的1949—1965年，重访"从实践中走来"的中共新闻工作，才能从源头提炼出不同于西方现代化的中国经验；第二阶段为冷战时期的1965—1982年，重访作为东西方交锋地带的香港，才能真正发现西方现代化对中国知识界产生影响的源头，从而对西方现代化进行"反思与重构"；第三阶段为改革开放初期的1982—1986年，重访致力于将改革开放之后对现代化研究方法的探索与之前的中共新闻传统建立关联，由此考察传播学如何在"融合与转型"中建构起自主的知识体系；第四阶段为1987—1992年的改革开放深入发展阶段，重访目的在于将知识的转型与社会的转型相关联，厘清中国特色传播学如何以学科发展服务于走向现代化的目标。"重访"的方法是通过对史料的寻访与考证，历史亲历者的口述与记录，

---

[1] Everett, M. Rogers, "Communication and Development: The Passing of the Dominant Paradigm," *Communication Research* 2(1976):213-240.

重新解读与求证相关历史。其中，相关历史资料是本书开展研究的重要主体，主要包括以下几类：

（一）新闻传播学年鉴类史料。包括中国社会科学院新闻研究所编的《中国新闻年鉴》（1982—1992）、中国社会科学院新闻研究所1989年编的《新闻学研究10年 1978—1988》、童兵主编的《中国高校哲学社会科学发展报告（1978—2008）新闻学与传播学》、王怡红和胡翼青主编的《中国传播学30年：1978—2008》、吴廷俊主编的《中国新闻传播史（1978—2008）》等。

（二）新闻传播学"过刊"[1]史料。包括复旦大学新闻系出版的《新闻学译丛》（1956—1957）、中国人民大学新闻系出版的6本《批判资产阶级新闻学资料》（1960）、复旦大学新闻系出版的《外国新闻事业资料》（1978—1980，1980年改名为《世界新闻事业》，出版3期后停刊）、中国社会科学院新闻研究所编的《新闻研究资料》（1979—1993）、首都新闻学会会刊《新闻学会通讯》（1980—1989）、中国人民大学新闻系编的《新闻学论集》（1980—1992）、中国新闻学会联合会和中国社会科学院新闻研究所主办的《新闻学刊》（1985—1989）等。

（三）1980年代新闻学界开展的重大课题报告或研究成果。包括首都新闻学会群众来信学术研究小组1985年编的《心底的呼声：首都新闻单位来信选》、北京新闻学会调查组1985年编的《北京读者、听众、观众调查》、首都新闻学会读者来信学术研究小组1989年出版的《新闻受众工作》、"新闻事业与现代化建设"课题组1992年编的《新闻事业与中国现代化》、"新闻传播与精神文明建设"课题组陈崇山、孙五三1997年主编的《媒介·人·现代化》等。

（四）老一辈新闻人回忆录、自传、传记、文集等史料。本书提到的甘惜分、王中、安岗、林珊等，都是新中国成立后中国新闻传播学发展的亲历者，关于他们生命历程与学术经历的史料可以极大丰富本书期待重访的历史。包括甘惜分的《甘惜分自选集》、赵凯主编的《王中文集》、安岗的《成长的岁月：中国人民大学新闻系早期师生忆往事》、安岗的《我是一名新闻记者》、陈崇山、陈日浓主编的《安岗新闻论集》、林珊的《悠悠往事：我的传媒工作回顾》等。

---

[1] 陈力丹这样解释"过刊"：1980年代是我国新闻传播学研究重要阶段，当时的思维状态、研究成果和争论，都记载在为数不多的新闻传播学刊物上，由于刊号管理制度不完善，有些没有刊号或以书代刊，有些后来停刊。当下年轻一代的论文引证，一般追溯到1990年代中后期，1970至1980年代的新闻传播学研究成为一代学人记忆的空白。参考陈力丹编著《不能忘却的1978—1985年我国新闻传播学过刊》，人民日报出版社，2009，第1-3页。

（五）香港新闻传播研究史料。笔者于2017年7月前往香港中文大学短期访问，其间对香港新闻传播学历史进行了史料查阅与搜集，这也成为本书较过往研究的史料创新。包括《亚洲信使》(*The Asian Messenger*，1975—1982)、《香港中文大学新闻传播系学术年刊》(1977—1986)等香港中文大学新闻传播系出版的学术刊物；《万水千山都是诗——余也鲁回忆录》(*Memoir of Timothy Yu*)、《日子背后的故事——夜记香港百天》等余也鲁回忆录及日记；以及施拉姆在香港中文大学的研究成果《第三世界的信息流动：对亚洲的个案研究》(*Circulation of News in the Third World: A Study of Asia*)等。

（六）西方学者关于中国特色新闻传播实践的研究。笔者曾为加拿大西门菲沙大学联合培养博士，在加拿大温哥华读书期间，广泛阅读一类史料，即发表于1949—1982年、西方学者对中国特色新闻实践的想象与探讨的研究，此类英文原著极大拓宽了本研究的视野。包括 *Communications and Political Development* (1963)、*Mass Persuasion in Communist China* (1964)、*Voices of the Red Giants: Communications in Russia and China* (1967)、*Communication and Change in the Developing Countries* (1967)、*Radical Change through Communication in Mao's China* (1977)、*Communication and Class Struggle* (1977&1983)、*Mass Communication in China* (1982) 等。

以上六类史料是完成本书的主体，但本着反复校验的实证主义精神，笔者还有针对性地查阅了辅助性史料。这些报刊并非"过刊"，本书根据不同历史时期进行了阶段性史料检索与查阅。包括《人民日报》(1949—1965)、《新闻业务》(1949—1965，1958—1960年间曾改名为《新闻战线》)、《新闻大学》(1978—1992)、《国际新闻界》(1978—1992)、"走向未来"丛书（该丛书于1984年起由四川人民出版社系列出版，共74本）等。

除了主要依靠史料外，本书还将口述史作为辅助性研究方法。柳红的《八〇年代：中国经济学人的光荣与梦想》对70位经济学家进行口述史访谈，由此考察了1980年代的经济学研究及其对改革与发展的重要意义。柳红用40多个故事讲述了三代改革经济学家的光荣与梦想，借此呈现了一个波澜壮阔的十年。[1] 高玉炜、周晓虹在考察1980年代恢复重建的社会学研究时也曾提出，"书写某一学科的发展历史时，人们常常都会关注学科的起源、概念的演进、理论的建构乃至其所产生的学术及社会影响，但往往会忽视学者的个人生涯尤其是

---

[1] 柳红：《八〇年代：中国经济学人的光荣与梦想》，广西师范大学出版社，2010。

由时代锻造的个人生命史在学科发展中的隐性含义"。[1] 此类研究为本书提供了一种全新的方法，借由传播学人的生命历程重新打开历史。

笔者先后在北京、香港、厦门、温哥华等地对17位传播学人进行口述史访谈（访谈情况详见表1.1），为学科史的宏大叙事填补了个体生命历程的细节。口述史可以双向"反省"，访谈者和被访者在对话中都会对原有思维构架和认知不断校正。访谈者的提问可以帮助被访者追踪记忆，被访者的回忆性材料本身是史料，同时也是线索，指引笔者发掘更多史料。但对人的访谈难免存在个性化、碎片化问题，被访者记忆也容易出现偏差，因此本书以对史料的文本分析为主要方法，以口述史为辅助手段，在文本与访谈之间形成相互校正，开拓思路，共同服务于重访历史、尽可能还原真相的目的。

表1.1　口述史访谈情况 [2]

被访者姓名	被访者曾（现）任职务	访谈时间	访谈地点及形式
孙旭培	中国社会科学院新闻与传播研究所所长	2017年7月9日	于北京孙旭培家中，面对面访谈
李金铨	香港城市大学媒体与传播学系主任	2017年8月16日	于香港九龙塘太平洋咖啡馆，面对面访谈
杨志刚	香港浸会大学协理副校长（外务）	2017年8月21日	于香港浸会大学，面对面访谈
陈韬文	香港中文大学新闻与传播学院教授	2017年8月21日	于香港中文大学，面对面访谈
苏钥机	香港中文大学新闻与传播学院院长	2017年8月22日	于香港中文大学，面对面访谈
李少南	香港中文大学新闻与传播学院教授	2017年8月24日	于香港恒生大学，面对面访谈
黄煜	香港浸会大学传理学院院长	2017年8月28日	于香港浸会大学，面对面访谈
陈崇山	中国社会科学院新闻与传播研究所研究员	2017年9月14日	于北京陈崇山家中，面对面访谈

---

[1]　高玉炜、周晓虹：《生命历程、问题意识与学术实践——以知青一代社会学家为例》，《探索与争鸣》2021年第6期，第139页。

[2]　本书涉及被访者排名依据访谈时间顺序。

续表

被访者姓名	被访者曾（现）任职务	访谈时间	访谈地点及形式
汪琪	台湾政治大学传播学院终身荣誉讲座教授	2017年9月17日	于湖南省吉首市吉首大学，面对面访谈
潘忠党	美国威斯康星大学传播艺术系教授	2017年10月4日	邮件访谈
卜卫	中国社会科学院新闻与传播研究所研究员	2017年11月5日	于北京中国传媒大学，王洪喆代笔者面对面访谈
吴予敏	深圳大学传播学院院长	2017年11月18日	于福建省厦门市厦门大学，面对面访谈
柯惠新	中国传媒大学教授	2018年1月3日	于北京中国传媒大学，面对面访谈
喻国明	北京师范大学新闻传播学院执行院长	2018年1月9日	于北京喻国明家附近宾馆大厅，面对面访谈
宋小卫	中国社会科学院新闻与传播研究所研究员	2018年1月16日	于北京中国社会科学院新闻与传播研究所，面对面访谈
陈日浓	今日中国杂志社副总编辑	2018年1月25日	于北京中国外文局翻译培训中心，面对面访谈
赵月枝	加拿大皇家学会院士，西门菲莎大学（Simon Fraser University）传播学院全球传播政治经济学加拿大国家特聘教授	2019年5月30日	于加拿大不列颠哥伦比亚省加拿大西门菲莎大学，面对面访谈

第一章　从实践中走来：重访中国特色新闻学知识体系建构的历史（1949—1965）

本章重访的1949—1965年从属于社会主义革命和建设时期，从中国式现代化理论演进看，1949—1978年为奠基时期，这一时期主要任务是在新民主主义革命取得成功的基础上，通过制度变革和道路摸索，为中国的工业化和现代化探寻可行之路，为实现现代化打下坚实基础。[1]与过往认为这一时期新闻学虽然尚未形成专业化、建制化体系的研究视野不同，本章基于重访获得的知识提出，社会主义革命和建设时期的新闻宣传工作走出了一条不同于西方现代化的新闻学发展道路，成为建构中国特色新闻传播学的重要实践基础，具体表现为将调查研究作为根本方法、以群众路线为指导实现自下而上的新闻生产、将对第三世界国家的关注融入中国特色新闻学理论体系、基于本土实践与西方"5W"传播模式对话。这一时期新闻工作方式方法的创新，充分启示新时代中国特色新闻传播学要把中国经验和中国方法作为建构自主知识体系的重要依据。

第一节　调查研究：把中国作为方法的新闻工作[2]

党的十八大以来，习近平总书记多次发表重要讲话，号召全党同志将调查研究作为党做好工作的基础、密切联系群众的重要方面。2020年7月22日至24日，习近平总书记在吉林考察时强调，"我们要保持经济社会持续健康发展，

---

[1] 马敏：《深刻理解中国式现代化的历史逻辑》，《中国社会科学报》2023年2月14日第2版。

[2] 本节关于新闻工作调查研究方法的相关内容也可参考方晓恬、郜书锴：《召唤历史：调查研究对新闻工作的当代启示——基于对〈新闻业务〉〈人民日报〉史料的文本分析》，《新闻爱好者》2021年第12期。

必须深入研判、深入调查、科学决策";[1]2020年8月24日,总书记在经济社会领域专家座谈会上提出,"深入调研,察实情、出实招,充分反映实际情况,使理论和政策创新有根有据、合情合理";[2]2020年9月17日,习近平总书记在湖南长沙主持召开了基层代表座谈会,指出"在出台重要方针政策、作出重大决策部署前,都要求有关部门深入基层调查研究";[3]2020年10月10日,习近平总书记在2020年秋季学期中央党校(国家行政学院)中青年干部培训班开班式上发表讲话,提出年轻干部要提高七种能力,第二种就是"调查研究能力","调查研究要经常化。要坚持到群众中去、到实践中去,倾听基层干部群众所想所急所盼,了解和掌握真实情况,不能走马观花、蜻蜓点水、一得自矜、以偏概全"。[4]其中,习近平总书记在《在基层代表座谈会上的讲话》中重温了毛泽东在《〈农村调查〉的序言和跋》中提到的调查研究方法:

> 实事求是是我们党的思想路线的重要内容,早在延安时期,毛泽东同志就强调"共产党员应是实事求是的模范","只有实事求是,才能完成确定的任务",认为调查研究的方法"第一是眼睛向下,不要只是昂首望天","第二是开调查会"。[5]

习近平总书记重温的两种中共历史上的调查研究方法出自毛泽东的《〈农村调查〉的序言和跋》。1937年,中共准备印发《农村调查》,毛泽东于1937年10月6日写下了"序言一";1941年,《农村调查》在延安出版,毛泽东于1941

---

[1] 《习近平在吉林考察时强调 坚持新发展理念深入实施东北振兴战略 加快推动新时代吉林全面振兴全方位振兴》,《人民日报》2020年7月25日第1版。

[2] 习近平:《在经济社会领域专家座谈会上的讲话(2020年8月24日)》,《人民日报》2020年8月25日第2版。

[3] 习近平:《在基层代表座谈会上的讲话(2020年9月17日)》,《人民日报》2020年9月20日第2版。

[4] 张洋:《习近平在中央党校(国家行政学院)中青年干部培训班开班式上发表重要讲话强调 年轻干部要提高解决实际问题能力 想干事能干事干成事 王沪宁出席》,《人民日报》2020年10月11日第1版。

[5] 习近平:《在基层代表座谈会上的讲话(2020年9月17日)》,《人民日报》2020年9月20日第2版。

年3月17日写下了"序言二"。[1] 其中,"眼睛向下""开调查会"出自"序言二":

> 要了解情况,唯一的方法是向社会作调查,调查社会各阶级的生动情况。对于担负指导工作的人来说,有计划地抓住几个城市、几个乡村,用马克思主义的基本观点,即阶级分析的方法,作几次周密的调查,乃是了解情况的最基本的方法。只有这样,才能使我们具有对中国社会问题的最基础的知识。要做这件事,第一是眼睛向下,不要只是昂首望天。没有眼睛向下的兴趣和决心,是一辈子也不会真正懂得中国的事情的。第二是开调查会。东张西望,道听途说,决然得不到什么完全的知识。[2]

"眼睛向下"在1941年被毛泽东提出,在新时代被总书记再次强调,这一说法是对中国共产党人调查研究传统最生动、鲜活的描述,中共党员只有把工作重心下沉,将注意力放在最基层人民群众的身上,才能真正做好调查研究。这一工作方法也深刻影响了新闻工作者,成为中国特色新闻传播学知识体系建构的重要实践基础。重访这段历史可以为当下新闻工作者开展调查研究提供方法论的指引:保持实事求是的原则、坚持群众路线的工作方法、培养以实践推动理论创新的态度,最终理解如何在新闻工作中做到"将中国作为方法"。

一、中国共产党社会调查研究的历史溯源

中国共产党自诞生之日起,便开始不断探索具有中国特色的发展道路,哲学社会科学也在这一方向指引下开展能够推动中国式现代化的研究,逐步建构起自主知识体系。中国共产党早期基于革命实践广泛开展农村调查,并由此探索出以调查研究为方法的理论与实践体系,这些充分指引了新闻工作者,成为中共新闻传播实践重要组成部分。从社会科学能够回应时代要求的规律来看,想了解中国特色新闻传播学,就有必要对中国共产党的调查研究进行历史溯源。正如有学者指出,盘查中国特色社会主义的社会学,应该从毛泽东对广袤中国大地的人口、资源的调查算起:

---

[1] 毛泽东:《毛泽东农村调查文集》,人民出版社,1982,第356页。
[2] 毛泽东:《〈农村调查〉的序言和跋》(一九三七年十月,一九四一年三月、四月),载《毛泽东农村调查文集》,人民出版社,1982,第15-16页。

毛泽东是中国社会学的开创者之一。当这门学科初创时,是威廉·配第把人口调查视为发展生产力的基本要素,从而迈出了把人类史从自然史中剥离出来的关键一步。工业革命以来,是恩格斯对英国工人阶级状况的调查,使社会学在建立公开透明的民主制度方面起到了关键性作用。而正是毛泽东使社会学走出学院。他把人口、资源调查视为社会治理的基础;他把社会学的目标设定为组织社会运动、进行阶级分析;他使社会学成为一门与下层劳动者血肉相连的学问。[1]

毛泽东早年从事的调查是与社会现实紧密联系在一起的,为了取得革命胜利,毛泽东深入湖南农村进行调查,根据大革命形势进行阶级分析。毛泽东从1927年北伐战争至1934年离开中央苏区,进行了无数次农村调查(详见表1.2),这些农村调查开展的时间横跨8年,地点遍布南方不同区域的农村,真正成了"一门与下层劳动者血肉相连的学问",体现出了对"人民性"和"阶级性"的强调,正是对社会阶层的分析,使毛泽东等共产党人发现了革命力量的所在。这一时期的调查将视野放置于中国广阔的基层社会中,突破了以城市居民为对象的西方社会调查的局限,形成了"到群众中去"的中国特色调查研究。

表 1.2 毛泽东 1926—1933 年的农村调查[2]

时间	调查名称
1926 年	中国佃农生活举例
1930 年 5 月	反对本本主义
1930 年 5 月	寻乌调查
1930 年 10 月	兴国调查
1930 年 10 月	分田后的富农问题
1930 年 11 月	东塘等处调查
1930 年 11 月	赣西南土地分配情形
1930 年 11 月 14 日	江西土地斗争中的错误
1930 年 11 月 15 日	分青和出租问题
1930 年 11 月 21 日	木口村调查
1931 年 4 月 12 日	总政治部关于调查人口和土地状况的通知

[1] 韩毓海:《重读毛泽东,从1893到1949》,中国少年儿童出版社,2017年,第8页。
[2] 毛泽东:《毛泽东农村调查文集》,人民出版社,1982。

续表

时间	调查名称
1933年11月	长冈乡调查
1933年11月	才溪乡调查

1925年，毛泽东基于调查研究撰写了《中国社会各阶级的分析》，对地主阶级、买办阶级、中产阶级、小资产阶级、半无产阶级、无产阶级进行分析，进一步确认了工业无产阶级是革命的领导力量；[1]1927年1月4日至2月5日，毛泽东回到湖南农村，召集有经验的农民和农运工作同志积极投身调研，深入湖南五县调查研究，写出了经典的《湖南农民运动考察报告》；在1926至1933年间，毛泽东开始更为广泛地在各地农村开展调查研究，在实践中获得的知识，使毛泽东等中共领导人认清了革命的真正力量，找到了取胜的方向。将中国作为方法，是毛泽东等中共领导人开展调查研究的初心，正如毛泽东在1941年发表的《关于农村调查》中所说：

> 记得我在一九二〇年，第一次看到了考茨基著的《阶级斗争》，陈望道翻译的《共产党宣言》，和一个英国人作的《社会主义史》，我才知道人类自有史以来就有阶级斗争，阶级斗争是社会发展的原动力，初步地得到认识问题的方法论。可是这些书上，并没有中国的湖南、湖北，也没有中国的蒋介石和陈独秀。我只取了它四个字："阶级斗争"，老老实实地来开始研究实际的阶级斗争。我做了四个月的农民运动，得知了各阶级的一些情况，可是这种了解是异常肤浅的，一点不深刻。后来，中央要我管农民运动。我下了一个决心，走了一个月零两天，调查了长沙、湘潭、湘乡、衡山、醴陵五县。[2]

考茨基、陈望道和英国人，为毛泽东提供了"阶级斗争"的理论，但只有开展调查研究的实践，才能获得关于中国的知识。在阶级分析的基础上，毛泽

---

[1] 毛泽东：《中国社会各阶级的分析》（一九二五年十二月一日），载《毛泽东选集》第一卷，人民出版社，1991，第3-11页。

[2] 毛泽东：《关于农村调查》（一九四一年九月十三日），载《毛泽东农村调查文集》，人民出版社，1982，第21-22页。

东等中共领导人进一步提出"到群众中去"的工作方法。将人民视为调查研究的主体与根本目的,也是中国特色调查研究的核心要义。毛泽东曾在《湖南农民运动考察报告》中设一节,题为"十四件大事":将农民组织在农会里;政治上打击地主;经济上打击地主;推翻土豪劣绅的封建统治——打倒都团;推翻地主武装,建立农民武装;推翻县官老爷衙门差役的政权;推翻祠堂族长的族权和城隍土地菩萨的神权以至丈夫的男权;普及政治宣传;农民诸禁;清匪;废苛捐;文化运动;合作社运动;修道路,修塘坝。[1] 很显然,这十四件大事并不来自考茨基、陈望道和英国人的教科书和中,而是以中国实际需求为依据精炼概括出来的解决社会问题的方法。与西方社会的调查研究不同,在政治层面,毛泽东等致力于将原本松散、无组织的农民组织起来,形成团结的力量,共同服务于推翻地主压迫的革命;在教育层面,毛泽东等致力于对农民进行文化普及,尝试打破"地主有文化、农民没文化"的社会症结,通过开办夜校、农民学校提高农民文化水平;在社会层面,毛泽东等尝试通过"合作社运动"解决农民在钱米借贷上受到地主盘剥的问题,通过"修道路,修塘坝"解决乡村道路等农村基础设施建设等问题。这样的调查使毛泽东等中共党员真正将解决农民生产、生活、文化、思想等方面的问题作为实践的终极目标。历史唯物主义强调"人民群众是历史的创造者",毛泽东等中共领导在开展调查研究时也始终将人民群众视为实践的主体、认识的主体。

从20世纪初开始,毛泽东等中共领导人便在持续实践中积累了分析社会阶级现状、以人民为中心等中国特色调查研究方法,这些经验被带到延安指导革命,又在新中国成立后被传承下来,服务于社会主义革命与建设事业。1941年8月1日,中共发布毛泽东起草的《关于调查研究的决定》和《关于实施调查研究的决定》两个文件,进一步落实群众路线,解决群众实际问题,反对官僚主义作风;在1941—1942年间,在陕甘宁边区,中共中央西北局组织了三四十人考察团,由西北局书记高岗带队,深入基层,考察边区的人口和阶级、土地关系变化等情况,有力推动了抗日民主政权建设与边区群众运动发展;1950年前后,中共进行了新区土改中富农经济调查,有力地推动了新中国的土改改革;1955年前后,中共进行了关于粮食统购统销等问题的调查,稳定了经济形势,维护了人民群众的根本利益;1959年到1960年间,受"大跃进"与自然灾害的影响,国民经济遇到困难,毛泽东号召全党以实事求是的态度开展调查,根据

---

[1] 毛泽东:《湖南农民运动考察报告》(一九二七年三月),载《毛泽东选集》第一卷,人民出版社,1991,第22-42页。

客观形势对国民经济做出调整。在1960年12月24日至1961年1月13日召开的中央工作会议上，毛泽东发出"大兴调查研究"的号召：

> 我希望同志们回去之后，要搞调查研究，把小事撇开，用一部分时间，带几个助手，去调查研究一两个生产队、一两个公社。在城市要彻底调查一两个工厂、一两个城市人民公社。一个省委第一书记，又要调查农村又要调查城市，这就要好好部署一下。去做一调查，就是要使自己心里有底，没有底是不能行动的。了解情况，要用眼睛看，要用口问，要用手记。[1]

毛泽东、周恩来、刘少奇、邓小平、陈云等中共领导人在马克思主义理论的指导下，深入基层调查研究，表1.3真实记录了1961年大兴调查研究号召以后中共领导人亲自带队开展的调查研究的时间、地点及主题，展示了中共期待通过调查研究解决中国实际问题的诚意和决心。1961年1月20日，毛泽东让田家英、陈伯达、胡乔木各带调查组去浙江、广东、湖南做农村调查，毛泽东随后也亲自前往，从事调查研究的动员与指导工作；周恩来亲自前往河北省武安县伯延公社，找公社、大队、生产队的干部和社员群众谈话、开座谈会，向毛泽东主席电话汇报了公社食堂、供给制、提高社员生产积极性、邯郸旱灾四方面问题；[2] 刘少奇在长沙广福公社天华大队住了18天，在湖南宁乡住了18天，进而发现了食堂秩序混乱、食堂拆散后退赔、社员住房被占、在乡村建立公安派出所和巡回法庭等问题，亲手撰写了数万字调查笔记；[3] 陈云在上海市青浦县小蒸人民公社住了15天，亲自召开了11次座谈会，前往农民家若干次，观察他们养猪、种自留地、住房和吃饭等问题，发现了当地存在的"粮食吃不饱""干部生活特殊化""干部在生产中瞎指挥""农民积极性差"等问题，亲

---

[1] 毛泽东：《大兴调查研究之风》（一九六一年一月十三日），载中共中央文献研究室编《毛泽东 周恩来 刘少奇 朱德 邓小平 陈云论调查研究》，中央文献出版社，2006，第106-107页。

[2] 周恩来：《关于食堂和评工记分等问题的调查》（一九六一年五月七日），载中共中央文献研究室编《毛泽东 周恩来 刘少奇 朱德 邓小平 陈云论调查研究》，中央文献出版社，2006，第196-197页。

[3] 刘少奇：《湖南长沙、宁乡调查》（一九六一年五月十一日），载中共中央文献研究室编《毛泽东 周恩来 刘少奇 朱德 邓小平 陈云论调查研究》，中央文献出版社，2006，第214-220页。

自撰写了"青浦县小蒸人民公社调查报告",具体包括《母猪也应该下放给农民私养》《种双季稻不如种蚕豆和单季稻》《按中央规定留足自留地》三篇文章。[1] 中共领导深入群众调查研究,调整了此前经济工作中的错误,恢复了"实事求是""一切从实际出发"的工作作风。通过深入基层、与群众座谈、观察群众真实生活,中共领导发现了地方干部仍旧存在官僚主义作风问题,及时给予纠正。在切实解决群众实际困难的同时,从事调查研究的党员干部向基层群众宣传了党的路线、方针、政策,加强了党与人民群众的血肉联系。

表1.3 1961—1962年中共领导人调查报告[2]

发表时间	作者	主题
1961年1月13日	毛泽东	大兴调查研究之风
1961年2月17日	中央调查组	广东农村人民公社几个生产队的分配、食堂问题
1961年3月13日	毛泽东	要做系统的由历史到现状的调查研究
1961年3月19日	刘少奇	调查研究是做好工作的根本方法
1961年3月19日	周恩来	调查研究,实事求是
1961年3月	中央调查组	魏塘人民公社和合生产队调查
1961年4月3日	周恩来	调查研究要有理论指导
1961年4月12日	中央调查组	关于在韶山公社解决食堂问题的报告
1961年5月7日	周恩来	关于食堂和评工记分等问题的调查
1961年5月9日	朱德	关于食堂、手工业合作社和自由市场等问题的调查
1961年5月10日	邓小平 彭真	北京郊区农村调查
1961年5月11日	刘少奇	湖南长沙、宁乡调查
1961年8月8日	陈云	青浦农村调查
1962年1月27日	刘少奇	要踏踏实实地、不抱成见地去做调查研究
1962年3月26日	朱德	江西山区农村调查

---

[1] 陈云:《青浦农村调查》(一九六一年八月八日),载中共中央文献研究室编《毛泽东 周恩来 刘少奇 朱德 邓小平 陈云论调查研究》,中央文献出版社,2006,第221-240页。

[2] 参考中共中央文献研究室编《毛泽东 周恩来 刘少奇 朱德 邓小平 陈云论调查研究》,中央文献出版社,2006。

二、新闻工作者社会调查研究的历史溯源

李彬在回顾党的新闻工作时曾提出,"中国革命与中国共产党的新闻实践有着实事求是、群众路线、调查研究等传统,是全心全意为人民服务的新闻路线"。[1]1961年全党大兴调查研究不仅是中共党史中的重要部分,也因新闻工作者的积极参与而成为中国新闻史中的重要部分。在1960年代,中国新闻工作者走出书斋,深入基层实地采访、调查研究,在实践中推动了新闻事业。新闻事业当时对毛泽东"大兴调查研究"的宣传有力推动了形势向好发展。1961年1月29日,《人民日报》发表社论《大兴调查研究之风》,《红旗》也在1961年第3—4期发表社论《大兴调查研究之风,一切从实际出发——纪念〈农村调查〉出版二十周年》,号召各级党委干部要运用马克思主义调查方法,积极到群众中去;具体来说,就是要"选择一两个或两三个有代表性的基层单位,用解剖麻雀的方法,进行全面的、系统的、详细的调查"。[2]这样的新闻报道为各地的调查研究提供了具体指导方法,发挥了新闻促进社会发展的重要作用。除了对党的调查研究号召进行宣传,新闻工作者自身也在党的指导下将调查研究作为重要工作方法。1961年5月1日,刘少奇在同人民日报社副总编辑胡绩伟等谈话时指出:

> 你们要作马列主义的记者,要鼓励群众前进,报纸要有指导性,要帮助党委指导工作。报纸工作人员是调查研究的专业工作人员,报上的一切文章都应当是调查研究的结果。调查研究是一门学问。记者和编辑要认真作调查研究工作,要决心作一个实事求是的、马列主义的新闻工作者。[3]

这一讲话十分具体地对新闻工作者要深入群众、开展调查研究提出指导。新华总社国内编委会发表《记者在采写工作中加强调查研究工作的几点意见》,面向广大新闻工作者,强调了毛泽东"没有调查就没有发言权"和刘少奇"报

---

[1] 李彬:《中国道路新闻学(二)——思想解放》,《当代传播》2018年第2期,第14页。

[2] 《大兴调查研究之风》,《人民日报》1961年1月29日第1版。

[3] 中共中央文献研究室编《刘少奇年谱(1898—1969)》下卷,中央文献出版社,1996,第518-519页。

纸工作人员是调查研究的专业工作人员"重要思想,同时指出,"调查研究是记者工作的根本方法。没有调查,就不能正确制定报道计划;没有调查,就不能订出适当的题目;没有调查,就不能写出好的新闻报道",号召记者"到群众中去,到基层单位去,作好调查研究工作"。[1] 新闻工作积极配合全党大兴调查研究的号召,第一个重要表现就是利用报纸这一新闻媒体对调查研究广泛宣传。根据对《人民日报》数据库的搜索,仅在1961年一年间,《人民日报》发表了889篇以"调查研究"为主题的文章。这些文章有的对调查研究的工作方法进行了理论层面的探讨,例如讨论如何从马克思主义理论的视角看待调查研究的工作方法;[2] 有些文章积极推广各地调查研究的优秀案例,号召大家学习,例如湖北省咸宁县各级干部通过调查研究,有效指挥了春耕生产,[3] 辽宁省鞍钢化工总厂通过"解剖麻雀"的方法了解各科室情况,改善管理方式,促进生产发展。[4] 除了专题报道外,《人民日报》还设计了一些短新闻,简明扼要地报道全国各地、各行各业从事调查研究的情况,例如5月25日的"要闻快报"报道了天津百货采购供应站通过调查研究了解消费者需求,调整产品采购种类,[5] 12月1日的"文教简讯"介绍了上海普陀区科学技术协会轻化工学组深入工厂一线调查研究,推进了综合利用废液工作的顺利开展。[6] 在20世纪60年代,党报是人民群众了解党和国家政策方针最主要的大众传播媒介,通过这些形式多样、视角多元的报道,《人民日报》等报纸使各地党政干部、各行各业人士充分认识到调查研究的重要性,有力推动了全国调查研究的进程。

新闻行业响应号召、大兴调查研究的第二个重要表现就是新闻工作者自身也开始走出报社,身体力行从事调查研究。他们深入农村、工厂,和当地群众同吃同住,在他们真实的生产生活中发现了最鲜活的新闻选题和材料,纠正了此前不实事求是报道的工作作风。过往研究在考察社会主义革命与建设时期这

---

[1] 方汉奇主编《中国新闻事业通史》第三卷,中国人民大学出版社,1999,第290页。

[2] 施东向:《调查研究是马克思主义的根本方法》,《人民日报》1961年5月11日第7版。

[3] 《调查研究是指挥生产的基础 咸宁各级干部组成八十多个调查研究组下队劳动建立基地 县委第一书记带头作调查工作正确地领导了春耕生产运动》,《人民日报》1961年4月7日第1版。

[4] 《鞍钢化工总厂从调查研究入手摸清问题 改进科室管理适应生产需要 划清管理人员职责范围 提高管理人员工作水平》,《人民日报》1961年8月5日第1版。

[5] "要闻快报",《人民日报》1961年5月25日第3版。

[6] "文教简讯",《人民日报》1961年12月1日第5版。

段历史时,大都以《人民日报》为主要史料,但《人民日报》更多是一种面向大众的传播媒介,对于新闻专业内部如何利用调查研究提升业务水平、改善工作作风,《新闻业务》(又名《新闻战线》)这一理论研究型刊物更有助于还原这段历史。《新闻战线》于1957年12月创刊,由人民日报副总编辑的安岗发起,以全国记协机关刊物的名义出版,1960年下半年起改名为《新闻业务》,由人民日报、新华社、全国记协三家合办,是当时新闻业务探讨较为权威的刊物。伴随着1961年全党大兴调查研究之风,《新闻业务》发挥专业优势,开辟了专栏"做一个名副其实的专业调查人员"。本文简单梳理了1961—1965年间《新闻业务》上以"调查研究"为主题的代表性文章(详见表1.4),对这些代表性文章进行文本分析可见,当时参与新闻行业调查研究的主体既包括新华社各地分社、各地报纸、杂志等新闻单位,也包括报社、通讯社的记者、编辑等个体,他们通过在《新闻业务》上发表文章分享调查研究经验,推广了"搞好专题报道""间接和直接调查结合"等可以提高新闻业务的方法。当时参与调查研究的,不仅有从事文字工作的记者和编辑,还有摄影记者,他们通过深入群众调查研究提升了摄影的选题和技能;还有诸如人大新闻系的高校师生们,他们走出校门,投身调查研究,将由实践获得的理论创新融入了新闻学教材的编写中。

表1.4　1961—1965年《新闻业务》以"调查研究"为主题的代表性文章

刊期	作者	题目
1961年第2期	福建日报总编室	在报道中运用调查研究和科学总结的方法
1961年第5期	新华社安徽分社社长于明	从一次典型调查得到的启示
1961年第5期	本刊记者	内蒙古日报等六报座谈调查研究问题
1961年第5期	中国人民大学新闻系实习调查指导组	人大新闻系部分师生到省市和工厂报纸进行实习调查
1961年第6期	叶剑韵	初学调查研究
1961年第6期	治安	山西日报开展"三比""五好"活动
1961年第6期	新华社湖南分社	新华社湖南分社召开记者站长会议讨论调查研究问题
1961年第8期	四川日报总编室	调查研究工作要越做越细
1961年第8期	本刊记者	江西日报组织调查组定期深入基层
1961年第8期	田流	新闻工作者是专业的调查研究人员
1961年第9期	河南日报记者 胡国林	主题从哪里来

续表

刊期	作者	题目
1962年第1期	王仲莘	多创造一些调查研究的好形式
1962年第1期	沈阳晚报编委会	调查研究和抓报道的关系问题
1962年第1期	廖集	间接调查和直接调查相结合
1962年第3期	余方	调查研究——记者的基本功
1962年第7期	杨志豪	姑娘的亲事
1962年第7期	李耐因	《姑娘的亲事》读后
1962年第10期	共青团浙江省三门县委会	《姑娘的亲事》是一篇虚假的报道
1963年第1期	本刊记者 葛娴	关于《姑娘的亲事》一文真实性的调查
1963年第12期	本刊记者	加强调查研究 搞好典型报道——中共四川省委书记杜心源同志在四川日报召开的一次记者会议上的讲话摘要
1964年第7期	文汇报农村文教小组	农村文教报道有广阔的天地——农村调查工作札记
1964年第7期	喻惠如	做好掌握情况的笨工作——谈谈摄影记者的调查研究
1965年第12期	天津晚报记者 孟继华	调查·实践·体现——带着问题学习毛主席著作的体会

三、实事求是：以调查研究纠正新闻工作中的虚假报道

对表1.4所列文章的文本分析可见，1960年代初期，新闻界的调查研究一方面配合了中共关于工业、农业等的国民经济调查，另一方面也立足自身，通过调查研究纠正了虚假报道等问题，同时充分汇集了读者对报纸的意见，服务了新闻改革，收效颇丰。1960年代全党大兴调查研究的一个重要原因就是前一阶段工作中的浮夸风给国民经济带来了暂时性的困难，中国共产党人本着实事求是的态度进行了及时的、全方位的纠正。1958年底，毛泽东在武昌会议上提出，在报道工农业生产成果方面，"要老老实实，不要作假"；[1]1959年6月20日，

---

[1] 毛泽东：《要老老实实，不要作假》（一九五八年十一月二十三日），载中共中央文献研究室、新华通讯社编《毛泽东新闻工作文选》，新华出版社，2014，第265-268页。

毛泽东给他的秘书胡乔木和新华社社长、人民日报社总编辑吴冷西写过批语，"如实公开报道灾情"；[1]1961年5月1日，刘少奇指出，"《人民日报》应该好好总结一下三年来办报的经验。三年来，报纸在宣传生产建设成就方面的浮夸风，在推广先进经验方面的瞎指挥风，在政策宣传和理论宣传方面的片面性，对实际工作造成了很大恶果"。[2] 在这一号召下，新闻工作者们开始了广泛的调查研究，积极纠正此前在工业、农业生产成就报道方面存在的问题。

中国的新闻传播事业始终立足人民的根本利益，服务于工农业发展，这就对新闻工作者把握政治经济政策、了解现实提出了一定要求。早在1959年，新华社安徽分社曾在报道中宣传要办大型的养猪场，但这种不了解农村实际情况的宣传忽视了公养私养相结合的问题，没能有效推动乡村经济的发展。1961年2月，在大兴调查研究的号召下，安徽分社社长亲自带队，到村庄蹲点，与农民同吃同住，不断进行观察和访谈，学习了此前不曾了解的饲料、仔猪等知识，对之前的宣传进行了反思与修正，根据调查研究的结果在《人民日报》上发表了《发展养猪事业的途径——安徽霍丘县周集人民公社养猪调查》，向广大农民介绍了公私并举、集体与个人相结合的养猪经验。[3] 三位深入基层的记者，也通过这次调查研究深刻认识到，记者"要通过调查研究，使自己变得知识丰富起来，看问题变得聪明起来，克服采写中那种主观主义和肤浅的作风"。[4]

除了对工农业生产的调查研究，这一时期的新闻工作者对行业自身出现的一些不实通讯报道也进行了反省式的自查。1962年，浙江三门县的杨志豪在《解放日报》上发表了一篇通讯《姑娘的亲事》，讲述了浙江临海县岙口公社女社员陈金莲与下乡青年张海青的爱情故事，先后被《人民日报》《新闻业务》转载，[5] 刊出后获得了广泛关注，读者纷纷赞扬这篇通讯语言活泼，故事生动。[6]

---

[1] 毛泽东：《如实公开报道灾情》（一九五九年六月二十日），载中共中央文献研究室、新华通讯社编《毛泽东新闻工作文选》，新华出版社，2014，第270页。

[2] 中共中央文献研究室编《刘少奇年谱（1898—1969）》下卷，中央文献出版社，1996，第518页。

[3] 于明、盛影俊、韩国珍，等：《发展养猪事业的途径——安徽霍丘县周集人民公社养猪调查》，《人民日报》1961年3月6日第7版。

[4] 于明：《从一次典型调查得到的启示》，《新闻业务》1961年第5期，第12-13页。

[5] 主要参考杨志豪：《姑娘的亲事》，《人民日报》1962年5月16日第2版；杨志豪：《姑娘的亲事》，《新闻业务》1962年第7期，第28-30页。

[6] 李耐因：《〈姑娘的亲事〉读后》，《新闻业务》1962年第7期，第27-28页。

但当时的共青团浙江省三门县委会在前往岞口公社田岙生产大队进行调查研究时，发现这篇通讯存在不实之处，于是，县委会的同志访谈了张海青本人和大队党支部，对杨志豪通讯中关于男主人公张海青家庭收入、劳动情况、祖母通信、生活与亲事五个方面进行核对后，提出这是一篇虚假报道。[1]尽管这只是一篇通讯，但全党大兴调查研究之风使新闻工作者十分重视新闻的真实性，因此对于出现的两面之词进行了进一步的调查。新闻业务记者葛娴同浙江日报记者马汝明一同前往田岙，对两位主人公及这门亲事的亲历者进行了更为深入的访谈调研，对杨志豪的原文及县委会的质疑两方说法进行了详尽的验证和解读，最终得出的结论是："作者在写作中随意安排和'改造'事实，违反了'新闻必须完全真实'的原则"，新闻业务记者还依据调查研究的材料与原作者进行两次谈话，杨志豪本人最终承认，"这篇通讯的失实情况是严重的，这是我最大胆的一次虚构"。[2]

以上两个案例充分反映出1960年代大兴调查研究之风的丰富成果。从全党工作作风看，新闻行业通过对虚假报道的自查自省，配合全党进一步强调了一切从实际出发、实事求是的工作作风；从新闻业务看，号召记者、编辑深入基层采访、调研，既可以防止虚假新闻的出现，也可以使新闻工作者认识到"没有调查就没有发言权"的道理，增强对新闻真实性的认知；从国民经济调整的全局看，大众传播在报道经济发展方面发挥着重要作用，因此在新闻行业大兴调查研究之风有助于纠正农村公社、城市工厂等基层单位虚假上报生产成绩等问题，以调查研究为依据的报道与宣传将形成对工农业生产的有效监督，为国民经济良性发展作出了间接贡献。

四、走好群众路线：以调查研究加强新闻工作者与人民的联系

中国共产党创建后，在不断的实践探索中发现，革命的真正力量在人民群众之中，中国共产党通过自下而上将基层群众组织起来的方式先后取得了土地革命战争、抗日战争、解放战争的胜利，这一宝贵历史经验使中国共产党在任何时候都坚持"从群众中来、到群众中去"的群众路线。1955年12月，毛泽东号召知识分子要到农村去，"广阔的天地""大有作为"，要脚踏实地地与群众

---

[1] 共青团浙江省三门县委会：《〈姑娘的亲事〉是一篇虚假的报道》，《新闻业务》1962年第10期，第10-11页。

[2] 葛娴：《关于〈姑娘的亲事〉一文真实性的调查》，《新闻业务》1963年第1期，第13-16页。

结合。[1]新中国成立后，进城执政的某些领导干部出现了脱离人民群众的官僚主义迹象，当时的中共领导人对此有深刻的警醒和反思，1957年5月31日，中央委员习仲勋在全国来信来访工作会议上就指出了这一问题，他进一步谈到党员干部和群众的关系，"我想凡是参加革命时间稍微久一点的同志，都懂得过去群众为什么欢迎我们。因为那个时候，我们的生活环境比较艰苦，同群众一起劳动，一起生活，跟群众打成一片。群众很懂得我们不是为自己，而是为他们，因此，群众对我们非常拥护和爱戴"。[2]这一深刻的反思进一步反映出当时全党大兴调查研究的必要性，建立与人民群众的血肉联系，不仅是对领导干部提出的要求，与群众充分结合也能够使新闻工作者等知识分子在从事专业工作时获得书本上学不到的知识，使理论真正服务于实践。1948年4月2日，毛泽东专门就报纸工作人员要"密切联系群众"作出了重要指示：

> 报纸工作人员为了教育群众，首先要向群众学习……崞县两个区的农民一百八十多人，开了五天会，解决了分配土地中的许多问题。假如你们的编辑都来讨论那些问题，恐怕两个星期也解决不了。原因很简单，那些问题你们不懂得。要使不懂得变成懂得，就要去做去看，这就是学习。报社的同志应当轮流出去参加一个时期的群众工作，参加一个时期的土地改革工作，这是很必要的。[3]

毛泽东这一发表于1948年的《对晋绥日报编辑人员的谈话》在1960年代新闻行业的调查研究中得到充分体现，这一时期全国很多省市新闻单位的记者、编辑都走出报社，深入农村蹲点调研，实现了与人民群众真实的结合。以《四川日报》为例，该报社在这一时期先后派出5位编委，11位组长，47位记者、编辑，组成调查小组，深入农村人民公社和城市厂矿企业实地调研，当时参与调研的人员占报社采编人员总数的三分之一。崇庆县三江人民公社调研小组通

---

[1] 毛泽东：《〈在一个乡里进行合作化规划的经验〉一文按语》，载《建国以来毛泽东文稿》第五册，中央文献出版社，1991，第527页。

[2] 习仲勋：《在全国来信来访工作会议上的讲话》（一九五七年五月三十一日），载中共中央党史研究室编《习仲勋文集》上卷，中共党史出版社，2013，第349-350页。

[3] 毛泽东：《对晋绥日报编辑人员的谈话》（一九四八年四月二日），载《毛泽东选集》第四卷，人民出版社，1991，第1318-1322页。

过蹲点，对当地的实际情况有了以前所没有的全面认知，依据所获得的真实材料发表了9篇典型报道、6篇社论、2篇评论，很好地完成了中央关于农村人民公社政策指示的宣传任务。更为重要的是，报纸工作人员在这一过程中，体会了深入群众的乐趣，对调查研究与新闻工作有了更深刻的认知：

> 参加调查的同志，自始至终坚持了和干部、社员同吃、同住、同劳动、同商量，在劳动中建立感情，基本上做到了"知无不言，言无不尽"，材料真实可靠，生动感人。不少同志说，像这样的调查，参加新闻工作以来还是第一次。我们认为，真正和群众建立起彼此无间的感情，力求做到"知无不言，言无不尽"，正是搞好人物报道的一个关键。也是进行调查研究的基本守则。[1]

深入基层实地调研不仅有助于提升新闻工作者业务能力，也有助于真正发现问题，为农民解决问题。除了上文提到的农业、工业生产等国民经济问题，基层群众的科教文卫发展情况也是当时新闻工作者调查研究的重点。1964年，上海文汇报编辑部组建了"农村文教工作调查研究小组"，进行了两个月的农村蹲点调查，写出了27篇通讯，这批通讯的总题目为《农村文教战线见闻》，具体包括《农民需要科学知识》《向学生宣传无神论》《把电影送到偏远的农村去！》《开始向旧习惯告别》等文章。调查小组的新闻工作者们和当地农民一起喝茶、聊家常，观看农民自己搞的小型纳凉晚会，既了解了农民们丰富多彩的本土文化，也发现了一些具体的问题，例如农村茶馆文化中存在封建迷信宣传，有些地区的饮水和粪便管理不卫生等，如果不深入实地与农民一起生活，这些问题是永远无法被报社里的报纸人员所发现的。[2] 以新闻的形式反映这些实际问题，为中央更好完善农村基础设施建设，提高农民科学教育水平、丰富文化生活、改善卫生习惯等，提供了重要依据。可以说，调查研究不仅能够使知识分子在"广阔天地"中获得知识，也能使新闻工作者从实践中获得生动的新闻选题、鲜活的报道材料，更有助于解决基层群众的实际问题，只有这样，才是真正地做到"从群众中来，到群众中去"。

---

[1] 四川日报总编室：《四川日报的调查组》，《新闻业务》1963年第12期，第4-6页。

[2] 文汇报农村文教小组：《农村文教报道有广阔的天地——农村调查工作札记》，《新闻业务》1964年第7期，第21-24页。

五、理论联系实际：以调查研究丰富新闻工作方法

在大兴调查研究的号召下，各地新华社分社、各地日报等地方新闻单位也纷纷开展调查研究，记者、编辑们走出报社，深入农村、厂矿企业等基层单位，与当地群众同时同住同劳动，发现了新闻最鲜活的选题。河南日报记者胡国林依据自己调查研究的体悟，写出了《主题从哪里来》，描述了自己如何在调查研究中实现业务能力的提升：

> 今年春节前夕，编辑部要我们到新密矿务局搞生产报道。据了解，当时全省各煤矿的原煤生产情况都不怎么好，独有这个局的原煤生产稳步上升。这里面自然大有文章可做。但是，开始的时候我们没注意深入群众进行调查研究，只是请局的负责同志给介绍情况，顺便又请有关的一些干部、工人谈了谈，结果怎样也形不成报道主题，原订的报道计划落空了。后来编辑部指示我们坚持摸下去。接受前次的教训，我们选择工作较好的梁沟矿作基点，认真仔细地做了十多天的调查研究，结果写出了这个矿坚持调查研究工作，原煤生产量持续上升的新闻（这条新闻很快被报纸刊用了）。[1]

胡国林的经历正是很多新闻工作者通过调查研究实现思想转变的代表，面对一个报道选题，找相关同志座谈，只能获得二手资料，只有深入调查研究才能获得一手资料，从而真正解决问题。号召全党大兴调查研究不仅是为了强化一切从实际出发、实事求是的工作作风，同时也是反官僚主义作风的重要手段。不仅毛泽东、周恩来、刘少奇、邓小平等中央领导下沉到基层调研，各报纸单位的领导干部也带队下基层，发挥带头作用将新闻工作中的调查研究落到实处。江西日报编委会提出要求，定期由干部带领编辑深入基层调查研究，通过对某一具体问题的剖析，找到群众最迫切需要解决的问题。1961年7月，江西日报深入基层的同志有12位，其中就包括编委、总编室副主任、工业组副组长等很多领导同志。[2]

当时，对于在基层农村能否获得新闻素材这一问题，也曾有过争论，有人

---

[1] 胡国林：《主题从哪里来》，《新闻业务》1961年第9期，第25页。
[2] 《江西日报组织调查组定期深入基层》，《新闻业务》1961年第8期，第2页。

提出"一村一庄不出新闻，出新闻也是零碎的"[1]，但随着大兴调查研究之风，记者、编辑们开始发现，偏远的地区、奋斗的群众才是新闻工作"大有作为"之处。1962年6月27日，《人民日报》发表通讯报道《看愚公怎样移山——沙石峪村党支部领导群众艰苦奋斗十年间》[2]，讲述了河北沙石峪大队干部领导群众改造荒山的经历，沙石峪大队被称为"当代活愚公"，引起社会广泛关注；1964年2月10日，《人民日报》发表通讯报道《大寨之路》[3]，报道了山西大寨公社发扬革命精神建设山区的典型事例。1964年5月，毛泽东在中央农村工作会议上提出了"农业主要靠大寨精神，靠自力更生"号召，全国开展了"农业学大寨"运动。基于这些有广泛影响力的农村报道，新闻工作者对之前的论调提出了反驳："河北的沙石峪，山西的大寨，不都是'一村一庄'而出了大新闻的吗"，"中国的五亿农民是我们新闻报道最重要的主角之一。现在他们的生活、劳动和斗争，就是具体地在一村一社进行的，那里正是大量新闻的发源地"。[4]

调查研究不仅使新闻工作者获得了真实而丰富的新闻素材，更在实践中推动了工作方法的创新。四川日报总编室充分学习毛泽东关于走好群众路线、"开调查会"等论述，将工作方法确定为：确定基点，深入基层，与群众打成一片，长期"蹲点"，解剖"麻雀"；主要采用召开调查会和进行个别访问的方式，取得第一手材料。[5]《天津日报》侧重对"全党大兴调查研究之风"的宣传，充分发挥报纸作为大众媒介的平台作用，例如报道"农村干部虚心向老农问计，制定生产计划"，陆续发布"纺织机械厂技术革命运动调查散记和动力机厂企业管理问题的调查报告"等；天津日报的记者编辑们通过典型报道，宣传了调查研究的正确方法，帮助地方干部在指导和践行调查研究时掌握正确的方法。[6]《黑龙江日报》在调查研究工作中总结出两种"三结合"模式：调查、学习、工作相结合，报社、党委、实际工作部门相结合。[7]《山西日报》开展"三比"（比调查研究，比报道业务，比思想工作和组织工作）和"五好"（调查研究好、

---

[1] 寄晨：《对调查研究的一些具体问题的看法》，《新闻业务》1964年第6期，第5页。

[2] 东生：《看愚公怎样移山——沙石峪村党支部领导群众艰苦奋斗十年间》，《人民日报》1962年6月27日第1版。

[3] 莎荫、范银怀：《大寨之路》，《人民日报》1964年2月10日第1版。

[4] 寄晨：《对调查研究的一些具体问题的看法》，《新闻业务》1964年第6期，第5页。

[5] 四川日报总编室：《调查研究工作要越做越细》，《新闻业务》1961年第8期，第3页。

[6] 金宗：《天津日报加强关于调查研究工作的宣传》，《新闻业务》1961年第6期，第7页。

[7] 《各报采取具体措施加强调查研究工作》，《新闻业务》1961年第6期，第13-14页。

掌握政策好、完成任务好、改进文风好、遵守纪律好）活动。[1] 新华社陕西分社派出记者跟进省委调查组，在公社、工厂、高校逐步建立调查研究的"基点"（常驻根据地）。[2] 这些"结合""评比""建立基点"等丰富多彩的调研形式进一步反映出新闻工作者能够做到理论联系实际、具体问题具体分析，将调查研究的基本方法与新闻工作的实际需求相结合，不断推进新闻实践和理论的创新。

正如毛泽东所说，"没有眼睛向下的兴趣和决心，是一辈子也不会真正懂得中国的事情的"，"眼睛向下"不单是从事调查研究的工作态度，也是中国共产党虚心向人民群众学习的态度、密切联系群众的重要途径，这一优良传统延续至今。2017年12月，习近平总书记在中共中央政治局民主生活会上提出"要拜人民为师，向人民学习，放下架子、扑下身子，接地气、通下情，'身入'更要'心至'"。[3] "放下架子、扑下身子"是对新时代党员干部如何坚持"以人民为中心"最生动、鲜活的诠释，也是新时代新闻工作者广泛开展调查研究、把新闻报道写在祖国大地上的重要方法论。从"眼睛向下"到"放下架子、扑下身子"，调查研究的优良传统在新时代焕发出新的生命力。

第二节　工农通讯员：从群众中走来的新闻生产[4]

2014年1月20日，习近平总书记在《在党的群众路线教育实践活动第一批总结暨第二批部署会议上的讲话》中提出，要积极主动解民难、排民忧、顺民意，解决好联系服务群众"最后一公里"问题，使每个基层党组织都成为坚强

---

[1]　治安：《山西日报开展"三比""五好"活动》，《新闻业务》1961年第6期，第14页。

[2]　《新华社陕西分社加强调查研究》，《新闻业务》1961年第8期，第49页。

[3]　谢环驰：《中共中央政治局召开民主生活会 以认真学习贯彻习近平新时代中国特色社会主义思想 坚定维护以习近平同志为核心的党中央权威和集中统一领导 全面贯彻落实党的十九大各项决策部署情况为主题进行对照检查 中共中央总书记习近平主持会议并发表重要讲话》，《人民日报》2017年12月27日第1版。

[4]　本节主要考察社会主义革命与建设时期的工农通讯员运动。关于新中国成立前期党报通讯员制度的研究，也可参考应武、方晓恬：《群众路线与党报通讯员制度——以晋冀鲁豫〈人民日报〉为例》，《传媒》2021年第10期。

的战斗堡垒。[1]"鼓励基层创新、推动改革落地"等重要论述都启示新闻工作者要重视基层的力量，坚持从群众中来、到群众中去，构建以人民为中心的新闻传播事业。不同于将精英群体作为主要受众的西方新闻学，中国共产党始终强调新闻事业要服务最广大人民群体，工农通讯员运动正是这一根本原则的历史体现。本节将重访中国共产党建立工农通讯员制度的历史过程，在具体史料中深入讨论这一制度如何创造了"一边学一边写"的新闻生产模式，这种模式又如何实现了新闻生产与工农兵知识再生产的双向促进、共同发展，由此获得的知识将为新时代打通"最后一公里"的新闻生产提供有益启示。

一、中国共产党以群众路线为指引建立工农通讯员制度

中国共产党建立的工农通讯员制度将最广大工农兵群众作为新闻报道的主体与主角，是以群众路线为指引探索出来的中国特色新闻实践。历史是由人民群众创造的，毛泽东等中共领导人在这一马克思主义理论的指引下，在艰难的革命环境中探索出了以基层工农群众为发展动力的群众路线。在大革命和土地革命时期，毛泽东通过调查研究发现农民阶级是中国革命的真正力量；在敌强我弱的抗日战争和解放战争时期，毛泽东提出群众路线的根本方法并强调"政治动员"的重要性。1942年延安文艺座谈会上，毛泽东提出，"我们的问题基本上是一个为群众的问题和一个如何为群众的问题"；1943年延安整风期间，毛泽东在《关于领导方法的若干问题》中正式提出"群众路线"，即"在我党的一切实际工作中，凡属正确的领导，必须是从群众中来，到群众中去"；新中国成立后，毛泽东为核心的中国共产党创造性地将民主集中制与群众路线紧密相连；1956年党的八大，邓小平在《关于修改党章的报告》中系统阐释群众路线，指出党的领导工作是否正确，取决于是否采用"从群众中来，到群众中去"的工作方法。作为方法论的群众路线，贯穿社会主义革命与建设发展的始终，也成为中国共产党建立工农通讯员制度的重要指引。

回顾中国新闻通讯员发展的历史，传统的"通讯员"或者是"通信员"，是记者或者新闻传播者的一种称谓，可以在中国新闻史上找到发展足迹：宋代的"内探""省探""衙探"被视为中国通讯员前身；1872年创办的、作为中国现代报纸开端标志的《申报》创刊后，开始面向社会公开招聘"访员""访事"，

---

[1] 中共中央文献研究室、中央党的群众路线教育实践活动领导小组办公室编《习近平关于党的群众路线教育实践活动论述摘编》，党建读物出版社、中央文献出版社，2014，第12页。

也是类似通讯员的一种形式；从辛亥革命到1920年代，"通讯员"往往又称为"通信员""访员""访事"等，叫法不一，但总体发挥的作用就是为报社供稿。中国新闻史中的很多知名报人都曾担任过"通讯员"。毛泽东曾任湖南《大公报》的馆外撰述员，1933年8月13日，毛泽东以"子任"为笔名在中央军委机关报《红星报》上发表了平生第一篇通讯文章《吉安的占领》，以生动的语言描述了红军第一方面军攻打吉安的情况，总结了战斗经验；[1]周恩来曾任天津《益世报》的旅欧通讯员；黄远生曾任《申报》《时报》的特约通讯员，被称为"中国第一个真正现代意义上的记者"，他的"远生通讯"是当时中国新闻界的一大品牌；中国马列主义传播者、无产阶级新闻战士邵飘萍曾任《申报》的通讯员；范长江曾任北平《晨报》、天津《益世报》的特约通讯员，著名的《中国的西北角》就是范长江为《大公报》撰写的旅行通讯的合集。[2]但这些近代报纸通讯员，都是专业记者、知识分子，在中国共产党领导下开展的新闻实践中，通讯事业发生了传播主体由"通讯员"向"工农通讯员"的转型，这一转型也是中国特色新闻生产模式从"自上而下"到"自下而上"的转型。笔者将1920—1948年与中国共产党建立工农通讯员制度相关的政策、事件、报刊、人物等，整理成表1.5，尝试清晰展示建立该制度的线性历史过程。

表1.5 中国共产党建立工农通讯员制度的过程（1920—1948）[3]

时间	内容
1920年8月15日	上海共产主义小组周刊《劳动界》创刊。其第2、3期刊登《启事》："欢迎工人投稿"。该周刊第1至19期共发表工人投稿和通讯30多篇，《劳动界》通过发现工人积极分子组织起马克思主义工人队伍
1921年8月	中国共产党于上海创办《劳动周刊》，鼓励工人"都拿材料来供给这个唯一的言论机关"
1922年9月	中共中央于上海创办《向导》周报，开始建立自己的通讯网
1926年9月	"中共第三次中央扩大执行委员会议决议案"中提出"组织工农通信员"

---

[1] 子任：《吉安的占领》，《红星报》1933年8月13日第4版。

[2] 杨新正：《中国新闻通讯员简史》，人民日报出版社，2014，第25-38页。

[3] 综合参考鑫震：《中国通讯员小史》，《新闻天地》2001年Z1期；杨新正：《中国新闻通讯员简史》，人民日报出版社，2014；邹阳阳、严三九：《多层嵌套的情感动员：革命时期党报工农通讯员群体实践再思考》，《中国出版》2022年第5期等。

续表

时间	内容
1929年6月25日	"中共六届二中全会宣传工作决议案"指出,要"建立与训练工农通信员,是地方党部与支部共同应负的责任"
1929年12月25日	中共中央颁布《关于中央党报通信员的条例》
1930年5月10日	中共中央再次正式发布修订的《中共中央党报通讯员条例》,此后,中国共产党文件中的"通信员"被改为"通讯员"
1930年9月	中共六届三中全会通过了《组织问题决议案》,指出"党报必须建立全国系统的工农通讯员,经过他们使党报与广大群众密接起来"
1931年1月27日	中共中央政治局通过了"关于党报的决议",强调"建立中央党报的通信网,指定各地同志负责通信、写文章,督促发行,建立工农通讯员及读报班"
1931年	中国共产党于11月7日在中央苏区江西瑞金建立红色中华通讯社,培养通讯员,建立通讯网是红中社主要的业务之一,创办后不久就发展了通讯员200多人
1938年4月	中共中央发出《关于党报问题给地方党的指示》,特别指出"帮助建立通讯工作"
1938—1941年	《救亡日报》从上海迁到广州,发起"文艺通讯员运动";迁至桂林后,在报纸上开辟"通讯网"专栏
1939年12月1日	新华社通讯科在延安创办了一个新闻业务刊物《通讯》,毛泽东给封面题字,读者是陕甘宁边区通讯员
1940年3月25日	陕甘宁边区的《边区群众报》于延安创刊,报纸指出,广大通讯员来信来稿,是办好报纸取之不尽、用之不竭的资源
1941年7月4日	中共中央宣传部关于各抗日根据地报纸杂志的指示,"一切报纸必须有自己的普遍的通讯网,足够的通讯员和特约记者"
1942年	《解放日报》改版,一个重要改变是强调发展和培养通讯员,强调党报要依靠全党来办,依靠群众来办
1942年8月25日	《解放日报》发表社论《展开通讯员工作》,强调把普遍的、健全的通讯网,视为党报的"支柱"
1942年9月9日	中共中央西北局《关于解放日报工作问题的决定》指出,"各分区党委及县委的宣传部部长,均应担任《解放日报》通讯员"
1942年11月17日	《解放日报》再次发表社论《给党报的记者和通讯员》,强调"党报的记者和通讯员,都是党报的工作者"

续表

时间	内容
1943年3月20日	中共中央西北局再次发出关于解放日报问题的通知,首次提到"各级党委应负责整顿各地通讯员"
1943年6月1日	毛泽东在延安整风时发表《关于领导方法的若干问题》,提出群众路线是一种有关政治与组织的工作方式
1943年9月1日	陆定一在《我们对于新闻学的基本观点》中指出,"必须赞成把专业的新闻工作者与非专业的新闻工作者结合起来的路线"
1943年10月8日	八路军陕甘宁边区留守兵团政治部发出《关于开展部队通讯工作的指示》,要求革命军人要学会拿枪、笔杆、锄头
1944年3月4日	新华总社发出关于通讯社工作致各地分社与党委电,提出"实行记者、基干通讯员、普通通讯员三者互相结合的办法"
1945年12月22日	冀鲁豫区党委机关报《冀鲁豫日报》召开各县通讯员代表大会,明确"为群众、写群众、群众写"的办报方针
1948年4月2日	毛泽东发表《对晋绥日报编辑人员的谈话》,再次强调"全党办报、群众办报"

在1920—1948年的中国革命时期里,从"欢迎工人投稿"到"建立与训练工农通信员",再到"党报的记者和通讯员,都是党报的工作者",中国共产党在逐步探索中使最广大劳动群众成了新闻实践的主体,由这一主体构成的通信网络也日渐成为党报的"支柱"。列宁曾说,"报纸不仅是集体的宣传员和集体的鼓动员,而且是集体的组织者",中国共产党早期创办的《劳动界》《劳动周刊》《向导》等,都充分依靠通讯员供稿,在工人中培养通讯员成为年轻的中国共产党人,这是在工人中宣传马克思主义、吸收工人参加革命的重要途径;在陕甘宁边区,共产党人通过创办《边区群众报》等,依靠基层力量实现党的宣传,也使工农通讯员运动成为党密切联系群众的手段。重访这段历史可见,工农通讯员包括普通工人、农民、士兵,他们提供通讯稿件的方式不仅包括用文字书写,也有口述;他们不仅是新闻稿源的提供者,更是在参与通讯写作过程中的学习者,党的新闻工作者接受工农通讯员来稿,有时修改比自己撰写花费的时间更长,但却借此过程提高了工人、农民、士兵的文化水平,实现了普及教育的社会目标。在群众路线的指引下,工农通讯员运动开创了新闻工作者与劳动群众的有机互动模式,为党报补充了来自基层的、真实鲜活的报道素材,也创造了具有中国特色的、从群众中走来的新闻生产方式。

二、"一边学一边写":新闻生产与劳动群众知识生产的互构

现有关于工农通讯员运动的研究较多集中于中国共产党以群众路线为指引,将其制度化的过程,本节尝试在此基础上具体进入史料,对党报指导工农通讯员写作等历史本文进行分析,回访黎城、内邱、北流等通讯工作小组的实践,探查工农通讯运动的历史细节,由此提炼概括新闻实践中的中国特色。在革命与建设的艰苦时期,很多群众并没有向报纸投稿的习惯,一些群众对自身文化水平不自信,因此,党报工作者首要任务就是帮助群众明确参与报纸工作的好处。太行地区开展动员工农通讯写作的积极经验是由文化水平略高的通讯员带着工农群众一起写稿,工农群众会感觉到自身文化水平、分析总结工作的能力都有所提高,最后自然变成报纸通讯员。这一过程在实践中,被总结为"集体创作"的工作方式,《人民日报》刊载的《通联工作座谈纪要》进一步概括了这种"知识分子与群众相结合"的写作方法:

> 没有骨干通讯员,很难组织健全的通讯小组,最初的骨干通讯员多半是知识分子,报馆应再三提醒他们,使他们很好的帮助与团结工农分子。提倡集体创作,互助写稿。在这种互相帮助的过程中,提高工农分子的文化水平,并使知识分子逐渐结合实际。骨干通讯员要特别注意涵厚,在一般稿件上多帮助工农同志写,自己则注意撰写全面的,典型的及报馆特别委托的稿件。[1]

组建通讯小组不仅有助于工农群众,也能够有力地帮助报纸工作者,报纸要真正成为"集体的宣传者与组织者",就要发动群众提供来自基层最真实的新闻素材。党报工作者践行群众路线的一个重要方面就是坚持一切从实际出发的原则,重视群众稿件,认真倾听这些来自群众的声音,因为这些稿件是从实际中获得,最能反映与推动实际,深受群众喜爱。因此,广泛动员基层群众投稿,成为党报工作者一项重要工作。中共晋冀鲁豫中央局常务委员、晋冀鲁豫中央局宣传部部长张际春曾发表《大家来做个积极的工作者和通讯员》,号召群众积极为报纸投稿:

---

[1] 李庄:《通联工作座谈纪要》,《人民日报》1946年6月5日第2版。

所谓"全党办报""全军办报"或"大家办报",也就是说大家要来关心报纸,替报纸写稿,作通讯员。党、政、军、民、学各方面工作的同志,大家把他工作过程中所遇到的情况,和经验具体生动的介绍出来,给大家学习参考,教育大家,这是替报纸服务,实际是替工作服务;大家是个积极的工作者英勇斗争的战士,同时也是个积极的通讯员,这样我们的报纸就一定会办好,我们各方面的工作也一定会作好;这样报纸就真正起了"集体宣传者与组织者"的作用。[1]

这一时期的《人民日报》曾多次发表文章,提倡通讯工作要遵循"从上而下首长负责带头"与"从下而上大家动嘴动笔"相结合的方法。《人民日报》曾在1946—1949年推出《通讯往来》栏目,将报纸发展成党报工作者与基层通讯员的沟通媒介,报纸需要哪些新闻、如何解决工农通讯员选题写作上的困难等,这些问题的提出和解决都在报纸上公开报道。这样的报道使更多工农通讯员间接学习到了通讯写作。据统计,《人民日报》1947年发表34篇《通讯往来》,1948年发表76篇《通讯往来》,1949年发表24篇《通讯往来》。《通讯往来》的发布者是新闻通讯科,基本发布在每期第一版上的,指导各地通讯员工作的文章。下文为《通讯往来》示例:

《通讯往来》
一、大名王志坚同志:请报导大名新收复区进行反奸复仇实现土地改革的情形及经验,来稿可找冀南记者团电台播发。
二、邯郸市萧方同志:请用具体事实报导邯市自十一月以来物价、市场、商业以及市民生活的情形。[2]

《通讯往来》第十二号
各地通讯员同志:
春耕已经开始,同时又处在彻底消灭封建与爱国自卫战争空前紧张的时期,务希大力报导群运、春耕、参战结合进行的详细情形、办法与经验。为使报导及时与深入,希直接参加上述工作的通讯员与特约通讯

---

[1] 张际春:《大家来做个积极的工作者和通讯员》,《人民日报》1946年6月7日第2版。
[2] 本报通讯联络科:《通讯往来》,《人民日报》1947年3月2日第1版。

员同志，抓住一两个村或一个区创造具体经验作连续的报导。[1]

这一示例生动呈现了党报工作者指导工农群众写作的过程，即编辑将选题通过《通讯往来》传达给群众，群众完成"命题作文"，不断提升自我。黎城通讯工作组总结的经验是坚持"作什么、写什么"与"大家事、大家写"原则，具体就是"报纸——通讯要与实际工作结合，反映实际从而指导实际。自己做的事，自己创造的经验由自己写出，将会特别亲切、具体与切合实际，因而指导作用会更大"[2]；北流通讯工作组坚持"集体写作"，即"发扬集体写作与自己的事自己写，自己写不来找别人帮助，并提倡带徒弟办法，这样不但扩大了通讯组织，而且提高了群众写作的情绪与能力"；[3] 内邱通讯工作组在广泛动员通讯员过程中，提高了党报工作者的思想觉悟，认识到要将人民群众作为报纸工作的中坚力量，提出知识分子通讯员要做到"工农化"转型：

> 对照起来看，问题十分明白：建立农村通讯网依靠少数知识分子（教员、干部）呢？还是广大工农分子（翻身英雄模范、干部、贫雇积极分子、农会员）呢？答案是：只有发动广大工农分子参加组成的通讯网，并依靠他们确掌农村通讯报导，农村新闻工作就有广阔的发展前途，为工农兵服务等一切问题也将容易解决；反之，通讯工作就无法在农村中扎根，无论如何动员号召，也无论一时如何热闹，终必陷于停滞和垮台的结局。[4]

这些集体讨论、集体学习的创作过程充分落实了毛泽东在《对晋绥日报编辑人员的谈话》中提到的，"报纸工作人员为了教育群众，首先要向群众学习"。工农通讯运动实现了党报工作与群众的有机互动：对报纸工作者而言，他们借助通讯工作解决了特殊时期报纸稿源紧缺问题，获得了基层新闻，强化了将群众作为新闻工作主体的思想觉悟；对工农通讯员而言，他们在参与写作过程中

---

[1] 本报通讯联络科：《通讯往来》第十二号，《人民日报》1947年4月17日第1版。

[2] 《发扬黎城通讯工作经验 开展群众性的通讯运动》，《人民日报》1947年3月12日第2版。

[3] 王培义、杨柯、王东魁、王履魁、王瀚清：《北流通讯组的介绍》，《人民日报》1947年11月20日第4版。

[4] 本报通联科：《从内邱通讯工作来看建立农村通讯网的基本问题》，《人民日报》1947年9月25日第4版。

提高了文化水平，锻炼了工作能力，提高了思想觉悟，建构起自身主体性；对报纸受众而言，通讯内容涉及春耕、物价、土改等，通过报纸这一媒介可以获得有益的生产生活经验。实现多方有机互动，共同服务于社会主义革命与建设，正是中国式新闻实践的特色所在。

三、"人民监察通讯员"：以通讯工作走好群众路线的经验

新中国成立后，"一边学一边写"的通讯工作实践不断被提炼成党报工作的重要经验，通讯员网络不断吸纳社会各阶层，队伍日益壮大。1950年5月1日，胡乔木在《中央人民政府新闻总署关于改进报纸工作的决定》报告中提到，"报纸应当把建立和领导通讯员网和读报组的工作当作重要的政治任务。报纸的通讯员网应当以人民群众中的积极分子为主体，除工人农民中的积极分子外，也要吸收政府机关中的积极的工作人员和进步的知识分子参加。报纸编辑部应当经常地用通讯和开会等方法去指导和鼓励通讯员的工作，帮助他们学习写出重要的、公正的和迅速的报道，并写出群众中的和他们自己的对于政府工作、生产建设事业和其他社会生活的意见"。[1]1950年全国新闻工作会议也指出，改进报纸工作要坚持"联系实际、联系群众、开展批评与自我批评"，根据这一指示，报纸编辑部开始广泛建立通讯员网络和读报组，吸纳群众参与到报纸工作中。1950年5月，《人民日报》在全国组织建立了2101个读报小组，开设了《读报组反映》《读报组活动》等栏目；1951年人民日报通讯员由原来仅有的200多人迅速发展到万人以上。人民日报社还出版了内部刊物《人民日报通讯》，作为培养通讯员的园地。[2]

在实践中，党报工作者还创造性地设立了"人民监察通讯员"。1950年7月24日，《人民日报》发表《人民监察委员会聘请监察通讯员》指出，"中央人民政府政务院人民监察委员会，为密切联系与推动群众监督国家机关及公务人员，特决定在中央直属各机关、各国营企业部门及全国性的人民团体（工、青、妇）内，聘请热心公务的工作人员，担任该委监察通讯员"；[3]1951年7月6日，中央人民政府政务院第29次会议通过了《各级人民政府人民监察委员会设置监

---

[1] 胡乔木：《中央人民政府新闻总署关于改进报纸工作的决定》（一九五〇年五月一日），载中国社会科学院新闻研究所编《中国共产党新闻工作文件汇编》（中），新华出版社，1980，第75-77页。

[2] 方汉奇主编《中国新闻事业通史》第三卷，中国人民大学出版社，1999，第121-123页。

[3] 《人民监察委员会聘请监察通讯员》，《人民日报》1950年7月24日第1版。

察通讯员试行通则》,通则规定了人民监察员的权利与义务;[1]1952年8月25日,《人民日报》刊载了周恩来关于加强人民监察通讯员和人民检举接待室的指示:

> 普遍发展人民监察通讯员;各级人民监察委员会要普遍设立人民检举接待室者;设置人民意见箱,不要积压群众意见;必须遵照中央人民政府政务院1951年6月7日公布的"关于处理人民来信和接见人民工作的决定"处理人民群众和人民监察通讯员的检举和意见;各级人民政府和人民监察机关必须加强人民监察通讯员、人民检举接待室的领导。[2]

从近代报刊发展通讯员,到革命时期中共建立工农通讯员制度,到新中国成立后设立人民监察通讯员,这些实践使党的新闻工作者落实了群众路线,也完成了由"知识分子办报"到"群众办报",再到"群众监督"的新闻范式转型。这些具有中国特色的实践提供了与西方专业主义新闻不同的发展道路。一方面,西方专业主义新闻通过规定新闻价值、写作技巧等"职业化"规则,将普通群众与新闻生产区隔开来,受众只是新闻报道被动的接受者,而坚持"一边学一边写"的工农通讯员运动打破了专业主义文化壁垒,使人民群众参与到新闻生产中;另一方面,西方专业主义新闻通过"扒粪运动"等形式监督政府,但他们所代表的群体并非基层群众,而"人民监察通讯员"的设立使群众通过给报社写信的方式,发出了基层的声音,成为党发现问题、解决问题的关键一步。工农通讯员运动诞生于中国革命与建设的实践中,将建构人民主体性作为根本目的,实现了中国最普通劳动群众的文化再生产,使他们当家作主、以人民的名义监督政府,以新闻的特有方式加强了党与人民群众的血肉联系。

党报通讯员制度是党和群众之间沟通的桥梁,是全党办报、群众办报的中国特色新闻实践。新世纪以来,以新闻专业主义为价值追求的西方新闻观念及职业范式风靡中国新闻学界业界,并在很大程度上消解了马克思主义新闻思

---

[1] 中央人民政府政务院:《各级人民政府人民监察委员会设置监察通讯员试行通则》,《人民日报》1951年9月11日第3版。

[2] 周恩来:《关于加强人民监察通讯员和人民检举接待室的指示》,《人民日报》1952年8月25日第1版。

想，[1] 这也成了业界、学界热烈探讨马克思主义新闻观的时代背景和现实语境。在新的历史条件下重新认识党报通讯员制度，有助于重新理解党报理论和马克思主义新闻观，重新树立历史唯物主义的研究视角，提示学界从中国实践和中国化道路的意义上不断丰富党报理论体系。

第三节　中国特色新闻理论中的全球视野

从实践层面看，新闻学在中共领导的社会主义革命与建设过程中探索出了具有中国特色的发展路径，例如以调查研究为方法、开展工农通讯运动等独特实践，这些在上两节中得到论述。但在理论层面，关于这一历史时期的研究较多以党报理论为主，一定程度上忽视了中国新闻学者从始至终都具备的宽阔的国际视野。随着知识社会史被引入新闻传播研究，刘海龙[2]等学者梳理出了早在20世纪初便开启的"西方新闻传播学在中国"之旅：1919年5月至1921年7月间，芝加哥学派杜威访华演讲，西方政治哲学中的"communication"在中国先后被翻译成"交际""交通"（如"减少各种因隔绝交通而发生的弊病"）等；[3]1925年，中国社会学家孙本文在美国完成博士论文《美国媒体上的中国：美国媒体对华公众意见的基础及趋势研究》，对美国媒体涉华新闻进行内容分析，讨论"舆论"等问题；1932年，美国芝加哥大学社会学教授罗伯特·帕克访华，在燕京大学社会学系讲授《社会学研究》和《集合行为》，从西方知识视角出发讲授了新闻对群体意识的影响、群众与公众的区别、公众意见的形成等；[4]1934年，燕京大学新闻学系主任梁士纯开设"实用宣传学"课程，介绍了美国公共关系研究先驱爱德华·伯内斯的《宣传》；1941年，中国社会心理

---

[1] 李彬：《中国道路新闻学（四）——挨打、挨饿、挨骂》，《当代传播》2018年第4期，第4-6页。

[2] 对于20世纪初"西方新闻传播学在中国"之旅的梳理，主要参考刘海龙：《重访灰色地带：传播研究史的书写与记忆》，北京大学出版社，2015，第106-118页；刘海龙：《中国传播研究的史前史》，《新闻与传播研究》2014年第1期，第21-36页；李彬、刘海龙：《20世纪以来中国传播学发展历程回顾》，《现代传播（中国传媒大学学报）》2016年第1期，第32-43页。

[3] 杜威：《杜威五大讲演》，胡适口译，安徽教育出版社，2005，第27页。

[4] 孙本文：《社会学名词汉译商榷》，载《孙本文文集》第八卷，社会科学文献出版社，2012，第171-184页。

学史奠基人高觉敷出版了《宣传心理学》，介绍了美国"宣传分析学会"著名成果《宣传的完美艺术》。刘海龙用"重访灰色地带"来描述重新发现西方新闻学、社会学、心理学等早期在中国传播的历史过程，这一知识社会史的方法论启示本书，在史料中发掘历史的多重可能性，呈现社会主义革命与建设时期中国新闻学知识谱系中的全球视野。

一、重访"过刊"：对世界新闻传播知识的广泛关注

本书绪论部分提到了"过刊"概念，正如陈力丹所述，1980年代是我国新闻传播研究重要阶段，最初人们的思维状态如何，在想些什么，研究些什么，经历了怎样的争论，都记载在这些为数不多的"过刊"上。[1]因此，"过刊"成为重考1980年代历史的重要史料。受此启发，本节尝试重新发现两本20世纪五六十年代的"过刊"：复旦大学新闻系的《新闻学译丛》与中国人民大学新闻系的《批判资产阶级新闻学资料》。为了使研究更具有说服力，笔者还考察了同时期学术期刊《新闻业务》上的同类文章，通过耙梳这些"过刊"文章可见，在20世纪五六十年代的历史时期，中国学界通过译介方式广泛引入世界新闻传播理论，具有宽阔的视野。

（一）复旦大学新闻系与《新闻学译丛》。1929年，复旦大学创立新闻系，成为中国新闻高等教育历史最悠久的学校，首任系主任谢六逸便提出"期与国外大学新闻学科媲美"的办学理念；1935年，新闻系举办"世界报纸展览会"，展出33个国家的2000多种报纸，被誉为"中国新闻史上的创举"。[2]自建系起，复旦大学的新闻学一直保持着放眼全球的研究传统，较早引入一批美国新闻学书刊，既有《美国新闻学大纲》《报纸编辑》《美国新闻史》《报纸与社会》《全能的记者》《美国新闻学提纲》《新闻学的探讨》《特写的写作与出售》《今日的新闻报道》《阐明性报道》等新闻学教材，也有当时知名的《编者与出版者》等新闻杂志、《纽约时报》《新闻周刊》《泰晤士报》等欧美报刊。这些外文资料包罗万象，既介绍了西方新闻传播学理论，也展示了西方专业主义的新闻实践，这些资料成为《新闻学译丛》编辑出版的主要来源。《新闻学译丛》于

---

[1] 陈力丹编著《不能忘却的1978—1985年我国新闻传播学过刊》，人民日报出版社，2009，第1-3页。

[2] 孙瑞祥：《孙瑞祥：大众传播学破冰中国暨复旦回忆——国际传播学先驱施拉姆访华35周年记》，http://dy.163.com/v2/article/detail/D3KIQ66E0521PA4F.html，访问日期：2019年12月6日。

1956年3月20日创刊,于1957年6月停刊,前后共出版了5期,成为新中国成立后最早引介西方新闻传播理论的刊物。复旦大学新闻系78级学生孙瑞祥曾这样回忆这一刊物:

> 我清楚地记得,在新闻系资料室书架上陈放着一套1956年创办的介绍国外新闻学研究成果与动向的内刊《新闻学译丛》。我从其中刘同舜和郑北渭两位老师当时发表的文章中,第一次读到了一个完全陌生的词汇"群众思想交通"。这是介绍有关"mass communication"的文章,当时这个词汇被译为"群众交通"或"群众思想交通",这应该是我见到的国内最早介绍大众传播研究相关知识的文章了。[1]

从1956年的《新闻学译丛》到1978年的《外国新闻事业资料》,复旦新闻系在引介西方传播研究理论方面一直走在最前沿。这两种过刊在内容上具有承接性,《外国新闻事业资料》在1978年创刊第1期就发表了《美国资产阶级新闻学:公众传播(Mass Communication)》[2],其内容正是对1956—1957年间《新闻学译丛》中关于"mass communication"译介的继承。无论是孙瑞祥的回忆,还是两种刊物的内容,都体现出20世纪五六十年代出现的西方新闻传播理论与改革开放后兴起的大众传播研究具有历史承接性,这也进一步证明中国新闻传播理论一直在与世界理论接轨。《新闻学译丛》第1期《编者的说明》指出:

> "新闻学译丛"是以介绍苏联、各人民民主国家和资本主义各国共产党、工人党和进步报刊的工作经验为目的的一个期刊,它可以作为各兄弟学校新闻系的教师和学生,以及新闻工作者、宣传鼓动干部进行研究与工作的参考读物。[3]

---

[1] 孙瑞祥:《孙瑞祥:大众传播学破冰中国暨复旦回忆——国际传播学先驱施拉姆访华35周年记》,http://dy.163.com/v2/article/detail/D3KIQ66E0521PA4F.html,访问日期:2019年12月6日。

[2] 艾吉,等:《美国资产阶级新闻学:公众传播(Mass Communication)》,郑北渭译,《外国新闻事业资料》1978年第1期,第10-16页。

[3] 复旦大学新闻系:《新闻学译丛》,复旦大学新闻系(教学参考材料),1956年第1期。

从当时中国高等教育发展环境看,1952年7月,北京大学中文系编辑专业（后改为新闻专业）成为全国院系调整后第一个新闻专业；同年9月复旦大学完成院系合并,在教学上学习苏联理论。1954年,复旦大学新闻系主任王中参加北京大学新闻专业教学计划讨论会,带回苏联莫斯科大学新闻系教学计划,因此译丛创立的主要目的是学习苏联社会主义新闻理论,对莫斯科大学1954年出版的"党和苏维埃报刊理论和实践"教学大纲进行了翻译和学习。但随着复旦大学对外国新闻事业资料的引进,译丛也开始引入美国新闻传播研究理论,本书梳理出《新闻学译丛》中40篇相关文章（详见表1.6）。

表1.6 《新闻学译丛》关于美国新闻传播理论的介绍[1]

刊期	编译来源	题目
1956年第2期	威廉·福斯特	美国《工人日报》——为和平而斗争的战士
1956年第2期	《美国新闻学大纲》	美国报刊简史
1956年第2期	《美国新闻学大纲》	美国报纸的组织机构
1956年第2期	别莱施可夫	美国报纸和报人
1956年第2期	别莱施可夫	哥伦比亚大学新闻系
1956年第3期	《美国新闻学提纲》	新闻中的读者兴趣问题
1956年第3期	郑北渭编译	美国107所大学设有新闻学课程
1956年第3期	美国《编者与出版者》杂志	调查读者对科学新闻的兴趣
1956年第3期	美国《编者与出版者》杂志	七分钟传递一张照片——美国三百家报社采用照片传送机
1956年第3期	美国《编者与出版者》杂志	美国报纸一个月用纸40万吨
1956年第3期	美国《编者与出版者》杂志	美国报社里最新式的照片收录设备
1956年第3期	《停止垄断的出版业》	没有森林,就没有新闻自由
1956年第3期	乔治·马立昂	拆穿自由、独立报纸的西洋镜
1956年第3期	本刊编辑	《纽约时报》的头版和评论版
1956年第3期	美国《编者与出版者》杂志	1955年美国各种报纸的销数统计
1956年第3期	美国《编者与出版者》杂志	美国"采访与写作"参考书目
1956年第3期	美国《编者与出版者》杂志	埃及的报纸
1957年第1期	摘译自《编者与出版者》杂志	读者喜欢看些什么

---

[1] 复旦大学新闻系:《新闻学译丛》,复旦大学新闻系（教学参考材料）,1956年—1957年。

续表

刊期	编译来源	题目
1957 年第 1 期	摘译自《报纸编辑》一书	当新闻变为新闻的时候
1957 年第 1 期	摘译自《美国新闻史》一书	黄色新闻与煽情主义
1957 年第 1 期	刘同舜摘译	美国报纸的电视增刊
1957 年第 1 期	摘译自《报纸与社会》一书	国际新闻的报道问题
1957 年第 1 期	摘译自《全能的记者》一书	美化新闻导语
1957 年第 1 期	译自美国《新闻学提纲》一书	写导语的技巧
1957 年第 1 期	摘译自《全能的记者》一书	哪些是新闻学中的议论,哪些不是议论?
1957 年第 1 期	摘译自《全能的记者》一书	美国报纸的编辑准则
1957 年第 1 期	译自美国《新闻学提纲》一书	头版上哪一栏最为重要?
1957 年第 1 期	译自《报纸与社会》一书	标题的理论与实践
1957 年第 1 期	译自美国《新闻学提纲》一书	专栏与专栏作家
1957 年第 1 期	乔治·马立昂	几乎是十全十美的新闻
1957 年第 1 期	摘译《编者与出版者》杂志	新闻学参考书目
1957 年第 1 期	本刊编辑	美国的主要报纸统计
1957 年第 2 期	摘译自美国《特写的写作与出售》一书	关于特写
1957 年第 2 期	摘译自美国《全能的记者》一书	人情味特写与特写文章
1957 年第 2 期	摘译自美国《今日的新闻报道》一书	访问是一种艺术
1957 年第 2 期	摘译自美国《全能的记者》一书	改写与连续报道
1957 年第 2 期	摘译自美国《新闻学提纲》一书	报纸上的文艺评论
1957 年第 2 期	摘译自美国《新闻学提纲》一书	报纸上的社论版
1957 年第 2 期	摘译自美国《阐明性报道》一书	新闻价值
1957 年第 2 期	摘译自美国《新闻学的探讨》一书	美国报纸的职能
1957 年第 2 期	热文诺夫	美国资产阶级报刊
1957 年第 2 期	尤里奇	美国资产阶级报刊怎样欺骗读者——书刊评介

（二）中国人民大学新闻系与《批判资产阶级新闻学资料》。除了复旦大学，中国人民大学新闻系在20世纪中期也译介了西方新闻传播理论。中国人民大学前身是1937年诞生于抗日战争烽火中的陕北公学；新中国成立初，中共决定创办中国人民大学；1954年，在胡乔木的指示下，中国人民大学开始筹创新闻系，1955年正式成立，安岗为首任系主任，中宣部从人民日报社等新闻单位抽调干部到新闻系担任教学，自建系起，人大新闻系就始终保持马列主义、毛泽东思想的重要指导。[1] 可以说，人大新闻系自建立以来，就以马列主义、毛泽东思想为指导，但这并没有影响人大新闻系在新闻传播理论引介上的多元化。1958年，人大的张隆栋摘译了威廉·爱琳的《大众传播研究》，将"mass communication"译为"公众通讯"，仅晚于复旦大学两年。对于人大新闻系的办学传统和对国外知识的学习，人大新闻系学子陈日浓回忆道：

> 1956年，我考进中国人民大学新闻系，人大新闻系给我印象最深的一点是"老区的传统"，即"新闻是为党和人民服务的"。人大新闻系是按照苏联教学模式办学的，讲"实事求是、实践、为人民服务"。我们特别强调实践，到了学校一年后，就把我们送到社会上去实践，比如周末到公交车服务等，有人售票，我们就报站名，或者到基层办报，到公社办公社报等。人大新闻系的教学也具有国际视野，1957年起，安岗开始着手创办"国际新闻班"，从普通班里挑英文好的同学，一共组成4个"国际新闻班"。这个班的同学后来都是驻外记者。新华社需要驻外记者，我们也正是适应这个需要，人大当时有这样的远见，是很不容易的。[2]

陈日浓回忆到的"国际新闻班"进一步还原了历史，具有深厚马列传统的人大新闻系也时刻保持对西方的关注，对世界前沿理论的关注。笔者受此启发，进一步耙梳史料，借中国人民大学新闻系译介的国外书刊重新审视当时的学术视野。1960年，新闻系内部编印了6册被称为《批判资产阶级新闻学资料》的"内部材料"，笔者将书目及主要内容进行概括（详见表1.7）。这些"内部材料"对西方新闻学理论及实践进行了全方位介绍。20世纪五六十年代，美国大众传

---

[1] 中国人民大学新闻学院：《中国人民大学新闻学院历史概述》，《新闻学论集》第25辑，2010，第315-338页。

[2] 参考对陈日浓的访谈。

播研究吸纳新闻学、社会学、心理学等形成一门学科并快速发展的时代，同时期的中国新闻学研究者充分关注到了这一学科，并在此后学科现代化进程中将其融入新闻传播研究整体框架。因此，这一时期对美国大众传播研究的关注，例如表1.7中对施拉姆著作的翻译，也是关注世界新闻传播研究的重要面向。表1.6和表1.7详细呈现了20世纪五六十年代新闻学界两套重要译丛的主要内容，一定程度填补了学界对这段历史研究的史料空白，这些译丛呈现了西方新闻传播学哪些理论？中国学者在翻译的基础上开展了哪些讨论？当时的新闻学界如何通过对"mass communication"等大众传播概念、《报刊的四种理论》等著作的译介开展与西方大众传播研究的对话？本书将在下文以"反思与批判"为题回应这些问题。

表1.7 中国人民大学《批判资产阶级新闻学资料》内容介绍[1]

题目	作者	主要内容
《新闻学原理》	卡斯柏·约斯特	起源；生产的原理；新闻第一；新闻的选择；新闻的舍弃；新闻的真实；新闻的采集与处理；报纸的个性；社论版；社论的责任；出版自由；社论方针；社论的构造；新闻伦理。
《新闻伦理学》	纳尔逊·安特宁·克劳福德	出版的商业道德；报业是一种职业；社会对报纸的指责；报纸的缺点，包括实利主义的指责、现实的解释；客观原则的应用，包括平衡和比例、刺激主义以及社论的领导；树立职业标准，即法律的规定、报人的组织；树立职业标准，包括报纸的责任和教育机构。
《报刊的四种理论》	韦尔柏·斯拉姆	报刊的集权主义理论；报刊的自由主义理论；报刊的社会责任理论；报刊的苏联共产主义理论。
《新闻学原理》	小野秀雄	关于新闻学；报纸的形成；报纸内容的本质；具有现实性的事实的本质；新闻报道素材的本质；新闻报道的本质；关于报纸内容本质的结论；关于报纸发行的本质；新闻事业的本质；关于新闻本质的结论；新闻自由；所谓新闻的力量；新闻的基本职能；新闻三种职能的再研究；新闻伦理纲领。

---

[1] 中国人民大学新闻系：《批判资产阶级新闻学资料》，中国人民大学新闻系（内部材料），1960。

续表

题目	作者	主要内容
《明日新闻事业》	威士里·C.克拉尔克	公众通讯事业的展望；日报；周报；广播事业的将来；杂志；广告；辛迪加，新闻摄影；公众通讯研究。
《一种自由的死亡——新闻的技术与政治》	杰克·凯赛尔	今日的真理——昨日的真理；对自由的民意投票；新闻是国家的工具；作为私人企业的新闻；责任、奴役和强大；报纸——"现代文明的大问题"。

二、反思与批判：对西方新闻传播研究的本土化借鉴

（一）对"mass communication"各种不同版本的译介。本节开篇提到了20世纪20年代到20世纪40年代间中国学界对"communication"的翻译，通过知识考古，值得指出的是，对"mass communication"翻译的时段，应该视为1956年左右，随之引入中国的也正是当时在世界范围内快速发展的大众传播理论。在1956年第3期的《新闻学译丛》上，刘同舜翻译了乔治·马立昂所著的《停止垄断的出版业》第30章《拆穿自由、独立报纸的西洋镜》，刊载了美国新闻自由委员会关于大众传播消费报告，成为中国新闻界最早对"mass communication"的翻译（译为"群众交通机构"或"群众交通"）：

> 群众交通机构是一种大企业，他们的老板就是大企业家。战前，美国消费者在四万家群众交通机构方面化（花）了25亿美元，相当于该年总销（消）费数字的二十七分之一。报业是雇佣劳动力的大主顾。在同一年内，报业支出的薪金和工资几近10亿美元，相当于全国薪金和工资支出总数的4%。报业共雇用了15万以上的职工。[1]

随后，在1957年第1期的《新闻学译丛》上，复旦大学新闻系教师郑北渭摘译了《新闻学的探讨》第1章《今天与昨天的报纸》，命名为《美国报纸的职能》，文章概括了"群众思想交通工具"（大众传播工具）的三种职能：传递讯

---

[1] 乔治·马立昂：《拆穿自由、独立报纸的西洋镜》，刘同舜译，《新闻学译丛》1956年第3期，第61-67页。

息、影响群众、娱乐大众,郑北渭在文章中将"mass communication"翻译为"群众思想交通":

> 报纸是"群众思想交通"(mass communication)工具之一。其他主要的"群众思想交通"工具有:杂志、广播、电影等。这些工具有一种到三种的职能,他们可以传播消息和知识,可以用言论来影响群众,最后是一种娱人的作用。要做到企业化,他们最起码要能很成功地做好三种之一。[1]

1957年1月24日,复旦新闻系系主任王中在上海人民广播电台发表讲话(讲稿题为《新闻学原理大纲》),第2节中再次提到"mass communication",译为"群众交通":

> 中国新闻学来自日本、美国。也有中国化的,如戈公振的是中国化的。美国、日本将报纸、广播、电视等总称为mass communication,姑且译作"群众交通"。是讲联系的意思。新闻学家取得的学位是哲学博士。日本也叫新闻学家为社会学博士。[2]

中国人民大学"内部材料"《明日新闻事业》将"mass communication"译介为"公众通讯",具体可见《明日新闻事业》第1章《公众通讯事业的展望》[3]、第9章《公众通讯研究》,其对"公众通讯"的编译如下:

> 对新闻事业或者对一般认为内容更广泛的"公众通讯"的未来,企图作任何推测,都是冒险的事情;公众通讯存在于整个生活之中,是其中一个不可分割的组成部分;从最广泛的意义上来说,几乎连整个教育体系都可以包括在"公众通讯"的范围之内;报纸、杂志、书籍、广播、

---

[1] 《美国报纸的职能》,郑北渭译,刘同舜校,《新闻学译丛》1957年第2期,第77-79页。

[2] 王中:《新闻学原理大纲(1957年)》,载赵凯主编《王中文集》,复旦大学出版社,2004,第36-112页。

[3] 克拉尔克·威士里.C主编《批判资产阶级新闻学资料(五):明日新闻事业》,中国人民大学新闻系(内部材料),1960,第1-22页。

电视、新闻纪录电影都是"公众通讯"的主要手段;"公众通讯"也适用电话,电话是"公众通讯"的工具之一。

由上文呈现的史料可见,在20世纪五六十年代,中国新闻学界将西方大众传播研究中的"mass communication"译成"群众交通机构""群众交通""群众思想交通""公众通讯"等不同版本,基于中国实践强调的"群众"(mass)在不同版本中被突出。对于报纸、杂志、广播、电视等西方媒介,在这一时期也有所引介,例如中国人民大学"内部材料"《明日新闻事业》,该书是由美国叙拉古斯大学新闻学院院长克拉尔克主编的,第1章《公众通讯事业的展望》系统介绍了"公众通讯"(即大众传播工具)在人们日常生活中发挥的重要作用,书中各章节由报纸、杂志、广告等系及广播电视中心主任及教员执笔,详尽地介绍了西方新闻学实践。

(二)对传播政治经济学的译介。除了对"mass communication"等西方大众传播概念的译介外,西方传播政治经济学也受到了中国学界的关注。刘同舜在将"mass communication"翻译成"群众交通机构"的同时,也鲜明指出了大众传播所满足的是美国大企业的经济利益,大众传播机构通过广告等形式赚消费者的钱:

> 单是广告费这一项,"消费者"向"群众交通"企业的支出已年达65亿元之巨。未经选择的数字就不会告诉人们所有这些具有重大意义的变化——由于各种日益滋长的可笑的全力以赴的精神而造成的报业畸形发展的情况。的确,在几条大鲸和无数小鱼之间,在报业的几个巨头甚至是任何一个巨头和一大群普通从业者之间,存在着及其不均衡的对比关系。[1]

除了美国学者对于大财团垄断报业的反思,苏联学者的批判也被引入,例如《新闻学译丛》1957年第2期刊载了H.热文诺夫的《美国资产阶级报刊》和B.尤里奇的《美国资产阶级报刊怎样欺骗读者——书刊评介》两篇文章,指出"美国报刊是建立在私人企业的基础上的,成为资产阶级在思想上和政治上影

---

[1] 乔治·马立昂:《拆穿自由、独立报纸的西洋镜》,刘同舜译,《新闻学译丛》1956年第3期,第63页。

响群众的工具",[1] 揭露出美国人倡导的新闻自由,本质上是采用虚伪报道欺骗人民,利用受众的钱满足美国垄断企业资本家的利益。另外,作者还指出了美国新闻业在冷战中的"煽动"作用:

> 在二次世界大战的年代中,特别是大战结束后,美国的反动报刊不止一次地登载关于苏联和各人民民主国家的虚假的、挑拨性的稿件。1946年12月"纽约时报"发表了一系列照片用来"证实"苏联在进行军备竞赛。这些捏造马上被揭穿了。原来,照片上反映的是1944年在前线积极作战时期苏联军事工厂工作的情况。[2]

回看经历了2008年金融危机后的时代境况,赵月枝等传播政治经济学者从马克思主义理论出发,将丹·席勒、达拉斯·斯迈斯(Dallas Smythe)等西方传播政治经济学者的研究引入中国新闻传播学界,从大众传媒结构出发分析其为资本服务的本质,区分其与以人民为中心的社会主义新闻事业的根本不同。由此可见,这些内容在20世纪五六十年代已经出现,可见传播政治经济学的理论范式在中共新闻史上一直存在。

(三)对大众传播研究方法的译介。上文提到作为中国新闻工作根本方法的调查研究,在西方知识的译介中也曾出现。在《新闻学译丛》1956年第3期上,郑北渭、陆新康摘译了美国《新闻学提纲》一书上的文章《新闻中的读者兴趣问题》,提出"读者兴趣是新闻价值的试金石",文章列举了决定读者兴趣的因素,包括"新闻必须及时""新闻发生的地点与报纸发行地点决定读者兴趣""新闻报道的内容应该刺激读者的思想和感情"。[3] 同一期上,李景云摘译了《编者与出版者》杂志上的文章《调查读者对科学新闻的兴趣》,介绍了美国宣传机构进行的全国性调查;该调查由美国全国科技作家协会倡议,由纽约大学负责领导,经费来自洛克菲勒基金委员会,旨在了解在美国报纸、杂志、广播及

---

[1] H. 热文诺夫:《美国资产阶级报刊》,渔舟帆译、童威校,《新闻学译丛》1957年第2期,第90页。

[2] B. 尤里奇:《美国资产阶级报刊怎样欺骗读者——书刊评介》,史和译、刘家继校,《新闻学译丛》1957年第2期,第95页。

[3] 乔治·穆脱:《新闻中的读者兴趣问题》,郑北渭、陆新康译,《新闻学译丛》1956年第3期,第35-41页。

电视节目上,哪些科学新闻是美国受众喜爱的。[1] 在《新闻学译丛》1957年第1期上,郑北渭摘译了《编者与出版者》杂志上的文章《读者喜欢看什么》,记录了美国丹尼尔·斯塔奇等人于1956年从事的调查研究,旨在了解美国读者对报纸版面内容的喜爱程度。文章中刊载了"报纸读者对版面内容的喜爱程度统计"图和表,并据此得出"男读者爱看图片新闻,体育运动版及滑稽画版;妇女喜欢图片新闻,饮食烹调版、滑稽画版以及社交版"等结论。[2]

当时的新闻学者在译介的基础上,对两种范式的调查进行了比较。早在抗日战争和解放战争时期,中国共产党就在党报中开辟了读者来信栏目,与以民意调查为代表的西方读者调查相比,中共读者调查重视人民群众借由来信反映出的生产、生活困难问题,而不是订阅报纸的消费者统计。在20世纪五六十年代,美国的读者调查通过数据统计了解消费者对传播内容的兴趣偏好,据此对商业报刊盈利策略进行调整;同时期中共读者调查则通过阅读群众来信,解决人民实际困难。不同的调查范式、对于读者的不同态度展示了两种大众传播范式的区别,美国的读者调查服务于资产阶级新闻集团的利益,而社会主义新闻服务于人民群众的生产和生活。

(四)对美国新闻传播研究著作的译介。施拉姆的《报刊的四种理论》自出版以来,被视为传播研究重要著作,中国人民大学"内部材料"就译介了这本书。西伯特、柏德森、施拉姆共同撰写的《报刊的四种理论》于1956年由美国教会全国委员会作为研究大众传播媒介的资料出版,书中介绍了由统治者支配舆论的集权主义理论、倡导言论自由并修正集权主义的自由主义理论、对自由市场形成制约的社会责任理论,以及将报刊视为统治力量工具的苏联共产主义理论,所谓四种理论,其实在具体论述的过程中,只有集权主义和自由主义两种理论,社会责任理论是对自由主义的修正,没有指出资本主义市场经济的弊端。对于苏联共产主义理论,施拉姆指出其是旧式集权主义理论的延续,尽管第四种理论意指苏联报刊,但一定程度上也将中国纳入其中。[3]

改革开放后,很多新闻学者对《报刊的四种理论》进行了反思,例如郭镇之的《对"四种理论"的反思与批判》[4]、刘海明的《施拉姆在"报刊的苏联共

---

[1]《调查读者对科学新闻的兴趣》,李景云译,《新闻学译丛》1956年第3期,第42页。

[2]《读者喜欢看些什么》,郑北渭译,《新闻学译丛》1957年第1期,第19-21页。

[3] 布莱德·西柏特、西渥多·柏德森、韦尔柏·斯克兰:《批判资产阶级新闻学资料(三):报刊的四种理论》,中国人民大学新闻系(内部材料),1960年。

[4] 郭镇之:《对"四种理论"的反思与批判》,《国际新闻界》1997年第1期,第38-43页。

产主义理论"论述中的误读》[1]、禹纯顺的《〈报刊的四种理论〉：作为媒介帝国主义的理论前奏》[2]等。这些研究还原了理论诞生的时代背景，即在美国意识形态的主导下，报刊制度被划分为"自由"和"专制"，用"二元对立"的框架服务资本主义意识形态。施拉姆本人1982年访华时，都提出会依据中国的新闻发展对该理论进行修正。[3]对这种理论的批判是对文化帝国主义的批判，也是对建构世界新闻新秩序的期待。

（五）对西方新闻专业主义的译介。在实践层面，这一时期还出现了对西方新闻业务中采、编、写等实践范式的译介，以及对民主、自由等新闻价值的介绍。在《新闻学译丛》1957年第1期上，刘同舜摘译了美国《新闻学提纲》一书上的文章《写导语的技巧》，提出新闻写作要清晰地报道某一事件的六个方面，以便满足读者需求，包括"何人""何事""何时""何地""为何""如何"，也就是新闻写作的"5W1H"；[4]在《新闻学译丛》1957年第2期上，刘同舜摘译了《简明性报道》一书上的文章《新闻价值》，提出五种新闻价值：及时性、接近性、显著性、重要性、人情味，指出学习这些价值可以了解读者兴趣、提高编辑部工作效率。[5]这些译介一方面介绍了美国新闻专业主义工作方法，一方面介绍了西方新闻专业主义范式中的"客观""自由""民主"的新闻价值。

以上五方面归类了两套译丛的基本内容，在过往中共新闻理论体系中融入了国际视野，丰富了20世纪五六十年代的新闻学研究体系，也由此提出了一个与现有研究对话的维度：早在20世纪五六十年代，西方专业主义的新闻范式和在世界范围内兴起的传播研究就已经被中国学者关注到。与全球化时代向西方看齐的趋势有所不同，这一时期的新闻工作者对这些理论与实践持反思态度，坚持把实践作为方法，在反思西方现代化的基础上建构自主知识体系，这也是重访历史为今天带来的启示。

三、人类命运共同体：中国特色国际新闻传播的理论视野

---

[1] 刘海明：《施拉姆在"报刊的苏联共产主义理论"论述中的误读》，《湖南大众传媒职业技术学院学报》2005年第6期，第26-29页。

[2] 禹纯顺：《〈报刊的四种理论〉：作为媒介帝国主义的理论前奏》，《湖南城市学院学报》2010年第2期，第66-69页。

[3] 参考对陈崇山的访谈。

[4] 《写导语的技巧》，刘同舜译、汪英宾校，《新闻学译丛》1957年第1期，第42-47页。

[5] 《新闻价值》，刘同舜译、陈韵昭校，《新闻学译丛》1957年第1期，第42-47页。

上文呈现了复旦大学新闻系的《新闻学译丛》和中国人民大学新闻系的"内部材料",这些文本都是对西方新闻传播学的译介,供当时中国学者学习和讨论。但仅对外文书刊进行翻译的文本,并不能很好体现中国学者的思考,笔者在两套译介基础上,考察了当时新闻学术期刊上的相关讨论,例如《新闻业务》关于"美国新闻学"的讨论(详见表1.8)等。由表1.8文章可见,当时的中国学者对美国报业史、"新闻自由"等价值都开展了讨论,并且持辩证和批判的态度。

表1.8 1956—1966年《新闻业务》关于西方新闻学的讨论

刊期	作者	题目
1957年第9期	漱因	从美国记者访华问题看美国的"新闻自由"
1957年第9期	张报	两种通讯社——两种报道
1957年第9期	盛树人	美国谣言和情报的大本营——美国新闻署
1957年第9期	何微	谈趣味性
1957年第11期	武希辕	从报纸的商品性联想到一段美国报业丑史
1958年第16期	高迅	美国无冕之王"帝国"的没落
1961年第3期	乐山	李普曼——美国资产阶级的策士
1961年第5期	乐山	美国扶植古巴流亡报纸进行颠复(覆)活动
1962年第5期	张隆栋	拆穿美国总统的记者招待会
1962年第9期	张隆栋	美国垄断集团的代言人——政治专栏作家
1962年第11期	张隆栋	德鲁·皮尔逊是个什么样的人
1963年第Z1期	张隆栋	"盖洛普民意测验"的欺骗性与反动性
1965年第Z1期	彭震	"合理想象"论是资产阶级的新闻理论

由表1.8文章可见,有学者揭示美国"盖洛普民意测验"的欺骗性,指出美国大选的民意测验实际上是由两党操纵,通过挑选访问对象和引导提问等方式来引导结果,这些民意测验的结果并不是真正客观中立的,本质上是为资本主义政治经济利益集团服务;[1] 有学者讨论了1956年美国国务院颁布的"不准美国记者访问中国"禁令,借此指出美国的"新闻自由"就是"美国记者连到中国来看一看的自由都没有,只有在地球的背面制造诬蔑中国的谣言的'自

---

[1] 张隆栋:《"盖洛普民意测验"的欺骗性与反动性》,《新闻业务》1963年Z1期,第64-65页。

由'"。[1]对美国新闻学的反思也是批判文化帝国主义的过程，中国新闻学界普遍认识到，美国的"新闻自由"是在官方支持下的意识形态宣传，是美国冷战战略的组成部分。在1960—1965年间，一位笔名为"乐山"的作者在《新闻业务》《世界知识》杂志上共发表22篇文章，介绍美国情报和外交机构。其中《世界知识》1963年的第13期至23期刊载了乐山的"美国国家制度谈（连载）"，通过11篇文章系统介绍了美国的政府机构：总统与白宫、立法机构——国会、州议会和州政府、外交机构——国务院、最高决策机构——国家安全委员会、中央情报局、美国新闻署、五角大楼、联邦调查局、联邦法院和州法院、警察和监狱。乐山通过查阅美国参议院委员会提交的美国外交政策与对外宣传关系研究报告，指出美国当时的很多宣传活动都是服务于冷战战略的。以美国新闻署为例，这一机构包括脱胎于二战期间的美国战时情报局、附设于美国驻外各使馆的美国新闻处、与战争和美国官方关联密切的"美国之音"[2]。虽然以"新闻"命名，但美国新闻署并没有遵循美国新闻学者在世界推广的"客观""中立"的新闻立场，更没有在报道中做到独立于政府和企业的利益。乐山通过史料揭示出了它的主要任务：

> 肯尼迪政府认为美国新闻署的目的是"促进美国外交政策目标的实现"，为此它的主要任务是：
> "1.利用各种交往工具——个人接触、交换、图书馆、新闻、广播、电影、电视、展览、书籍、出版物等等在国外造成一种有助于实现美国外交政策目标的舆论气候；
> 2.向全世界反映出一个强大的、民主的、充满了活力的美国的形象，使世界各地的自由人民感到值得与美国合作；
> 3.就美国拟制中的政策、计划、官方声明所可能引起的外国人民的反应，向总统、国务卿和其他高级官员提出意见。"[3]

美国知名新闻人李普曼也在1961年被乐山介绍过，他提出，李普曼并非为

---

[1] 彭慎：《美国的"新闻自由"》，《新闻业务》1956年第6期，第25页。

[2] "美国之音"（The Voice of America，简称 VOA），在1942年与战时情报局同时成立，二战期间接受战时情报局领导，1945年战时情报局撤销以后改由美国国务院直接领导。

[3] 乐山：《美国新闻署》，《世界知识》1963年第19期，第18-20页。

学术作出贡献的新闻传播学者，而是以学者身份介入美国政治的人，他曾鼓吹以渗透和分化的手段破坏古巴革命，为肯尼迪冷战外交献计献策，是"美国资产阶级鞠躬尽瘁的策士"。[1] 这些文章以美国政府文件为证据，证实了美国大众传播机构在冷战中扮演的角色，以及美国新闻标榜的"自由""民主"的虚伪性。

如果说以上讨论是对美国冷战意识形态知识的反思与解构，那么关注第三世界国家的新闻传播事业就是社会主义中国对真正自由、平等的世界新闻传播秩序的建构，当时的中国新闻学者具有前瞻性地关注到了亚非拉等第三世界国家。回看当时的时代背景，1954和1955年，日内瓦会议和亚非会议先后召开，亚非各国人民对于西方通讯社垄断世界新闻、利用话语霸权对第三世界国家进行歪曲报道的行径表示抗议。尼赫鲁总理曾在给东京举办的国际新闻学会亚洲会议的贺电中说，"西方通讯社所发布的有关亚洲国家的新闻，其目的主要是满足欧美的需要，亚洲各国应努力合作，争取在亚洲国家中适当地交换和传布新闻"。新华社当时不断拓宽在亚非地区的记者网，对亚非国家的社会发展进行实事求是的报道，受到第三世界国家读者的欢迎。[2]

1955年12月，毛泽东同新华社社长吴冷西谈话时指出："应该大发展，尽快做到在世界各地都能派有自己的记者，发出自己的消息。把地球管起来，让全世界都能听到我们的声音"。[3] 在这一指示下，新闻工作者广泛开展对第三世界国家的报道工作（详见表1.8），《解放日报》的"国际知识"专栏先后介绍过刚果主要政党和工人阶级的成长、"加丹加联合矿业公司"和铀的资料、卢蒙巴总理反帝斗争事迹等；[4]《人民日报》国际版报道巴拿马人民要求收回巴拿马运河的反美爱国斗争，刊登毛泽东讲话，鼓舞中国人民坚定亚非拉民族解放运动胜利的信心；[5] 在1963年12月周总理访问非洲和阿尔巴尼亚期间，中国新闻工作者将当地群众作为摄影主角，用镜头记录了热情的非洲人民和他们对

---

[1] 乐山：《李普曼——美国资产阶级的策士》，《新闻业务》1961年第3期，第48-49页。

[2] 刘捷：《新华社的国际新闻和国外记者网》，《新闻业务》1957年第12期，第59-60页。

[3] 毛泽东：《让全世界都能听到我们的声音》（一九五五年十二月），载中共中央文献研究室、新华通讯社编《毛泽东新闻工作文选》，新华出版社，2014，第226页。

[4] 刘昭明：《解放日报的〈国际知识〉专栏》，《新闻业务》1961年第7期，第40页。

[5] 司马达：《长全世界人民志气 灭美帝国主义威风——看人民日报国际版关于巴拿马事件的报道》，《新闻业务》1964年第2期，第6-7页。

中国的友谊。[1]

表1.9 1957—1966年《新闻业务》关于"报道第三世界"的文章

刊期	作者	题目
1957年第12期	刘捷	新华社的国际新闻和国外记者网
1961年第5期	大公报国际部	谈国际宣传中突出特点的问题
1961年第7期	刘昭明	解放日报的《国际知识》专栏
1962年第2期	小兵	评中国青年报国际照片的编辑工作
1963年第3期	童言	国际朋友访问记采写杂谈
1963年第Z1期	刘习良	何塞·马蒂和《祖国报》
1964年第2期	司马达	长全世界人民志气 灭美帝国主义威风——看人民日报国际版关于巴拿马事件的报道
1964年第3期	丁补天	一次出色的国外摄影采访——评周总理访问非洲和阿尔巴尼亚的摄影报道
1965年第3期	何培刚	这个国际时事专栏编得好
1965年第6期	丁维峻	当好工农兵学时事的"秘书"——北京日报国际版的编辑工作
1965年第11期	本刊编辑	发挥集体智慧 为革命而写作——记协国内部召开座谈会交流国际评论写作经验
1965年第12期	本刊编辑	解放军报的国际评论工作

表1.9所呈现的世界新闻报道格局体现出，20世纪五六十年代的中国新闻学研究已经突破了"西方中心主义"视角，广泛报道第三世界国家的发展，这一宽阔的全球视野与习近平总书记提出的"构建人类命运共同体"形成历史呼应。当今世界处于百年未有之大变局，人类命运共同体理念为世界各国人民的前途命运提供了独特的中国智慧与中国方案，也为国际新闻传播的理论与实践提供了有益方法论。

---

[1] 丁补天：《一次出色的国外摄影采访——评周总理访问非洲和阿尔巴尼亚的摄影报道》，《新闻业务》1964年第3期，第35-37页。

第四节　中国特色新闻实践对"5W"传播模式的重构

本章第三节提出，20世纪五六十年代的中国新闻学者已经具备关注世界传播研究的理论视野，但对传播研究进行理论溯源，要从美国学者提出的"发展主义""发展传播学"说起。美国社会学家勒纳于1958年出版了《传统社会的消逝》(*The Passing of Traditional Society：Modernizing the Middle East*)[1]，该研究是一个在中东六个国家进行的长期调查，其中就涉及对中东地区1600多人口接触媒介情况和他们对待媒体态度的考察。勒纳较早建构起大众传播与现代化的关系，提出传播媒介是一种信息与思想的扩散器，可以传达社会变革消息，扩散现代化价值观，并在这一过程中提高人民的阅读水平和文化水平，最终推动社会实现现代化；施拉姆将这一思想在大众传播研究领域继续发展，于1964年出版了《大众传播媒介与社会发展》(*Mass Media and National Development：The Role of Information in the Developing Countries*)[2]，从大众传播研究视角剖析了大众传播对推动传统社会向现代化转型的作用。他提出，大众传播将在三方面促进国家发展：一是为民众提供关于国家发展的信息，二是为民众提供参与国家发展决策的途径，三是为民众提供培训技能的途径，通过提高民众教育水平促进国家发展。施拉姆还出版了《我国儿童生活中的电视》(*Television in the Lives of Our Children*)[3]、《大媒介，小媒介》(*Big Media, Little Media: Tools and Technologies for Instruction*)[4]等专著，具体研究媒介技术如何在国家政治、经济、文化、教育等多方面发挥影响；提出"创新-扩散"理论的罗杰斯也一直从事"传播与发展"研究，他于1962年出版了《创新的扩散》

---

[1] Lerner Daniel, *The Passing of Traditional Society: Modernizing the Middle East* (Glencoe: Free Press, 1958).

[2] Wilbur Schramm. *Mass Media and National Development：The Role of Information in the Developing Countries* (Stanford: Stanford University Press, 1964).

[3] Wilbur Schramm, Jack Lyle, Edwin B. Parker, Lawrence Z. Freedman, *Television in the Lives of Our Children* (Stanford, Calif: Stanford University Press, 1961).

[4] Wilbur Schramm. Big *Media, Little Media: Tools and Technologies for Instruction* (Beverly Hills: Sage Publications, 1977).

（*Diffusion of Innovations*）[1]，于1969年出版了《农民的现代化：传播的冲击力》（*Modernization Among Peasants: the Impact of Communication*）[2]，"创新-扩散"理论就来源于1927—1941年间的"艾奥瓦杂交玉米种"实验，罗杰斯提出，大众媒介为农民传播现代化农业知识，人际传播帮助改变农民的态度和行为，这些传播的过程逐步形塑了农民的现代化人格。

勒纳、施拉姆、罗杰斯建构的发展传播学，正是美国冷战社会科学中的组成部分，他们人为设置了传统与现代的二元对立，提出西方国家的发展道路是发展中国家摆脱贫穷、从传统走向现代的模板，借此推广现代化意识形态。然而，到了1970年代，资本主义国家不仅自身出现石油危机、环境污染等问题，向亚、非、拉等国家推销的发展传播学也没有取得良好效果。在反思过程中，罗杰斯于1976年在《传播研究》（*Communication Research*）上发表文章《传播与发展：主导范式的消逝》（*Communication and Development: The Passing of the Dominant Paradigm*），提出中国两个十年基于本土系统产生的"现代化奇迹"（miracle of modernization）激发了他不少反思（stirred up a good deal of academic thinking）。或者出于对发展传播学在第三世界国家推广失败的反思，或者受到毛泽东"走自己的发展道路"思想的启发，罗杰斯对国家发展道路进行了重新概括："每个国家，也许每个村庄，都可以根据自己的道路发展"（every nation, and perhaps each village, may develop in its own way）。[3] 可以说，中国从本土实践中提炼出来的新闻传播经验已然进入美国学界视野，以罗杰斯为代表的学者开始尝试将以中国为代表的第三世界国家案例融入发展传播学研究框架中。

重访社会主义革命与建设时期的历史，发现以"赤脚医生"为代表的农村合作医疗解决了专业医疗资源不足的问题，创造了世界瞩目的中国式初级卫生保健模式；以有线喇叭为代表的本土化媒介完善了农村信息传播网络，工农通讯员、土记者、代课教师等非专业人士通过"一边学一边做"的互动模式，提高了中国整体文化水平。这些实践使中国在艰苦的革命与建设时期实现了政

---

[1] Everett M. Rogers, *Diffusion of Innovations* (New York: Free Press, 2003).

[2] Everett M. Rogers, *Modernization Among Peasants: the Impact of Communication* (New York: Holt, Rinehart and Winston, 1969).

[3] 同时参考：Everett M. Rogers, "Communication and Development: The Passing of the Dominant Paradigm," *Communication Research*, 1976, 3(2): 213-240；赵月枝：《全球视野中的中共新闻理论与实践》，《新闻记者》2018年第4期，第11页。

治、经济、文化各方面的独立发展，这种独特性同样体现在新闻传播的实践领域中。1948年，拉斯韦尔（Harold D. Lasswell）提出构成大众传播过程的五种基本要素，即大众传播研究的"5W"：谁（Who），说了什么（Says What），通过什么渠道（In Which Channel），对谁说（To Whom），取得了什么效果（With What Effect），具体对应传播者、传播内容、传播渠道、受众、传播效果五个方面。[1] "5W"以五个元素为单位拆解分析了大众传播的过程，是发展传播学理论的代表，在世界传播学起源阶段被奉为经典。但这一理论诞生于大众媒介较为发达的西方社会，同时期的中国并没有这些现代化的广播、电视等，而是在艰苦的环境中创生了有线喇叭广播、黑板报、墙报（壁报）等传播媒介，创造了读报组、工农通讯运动等"一边学一边写（读）"的水平式互动而非线性演进的大众传播模式，这些实践获得了比发展传播学在第三世界更好的推广效果。基于以上思考，本节将结合第一、二节讨论的内容，开展与"5W"的对话，基于中国本土化实践对西方线性大众传播模式进行拆解和重构，对这段历史的重访将更为细致地凸显新闻传播学的中国特色。

一、传播者（Who）与受众（To Whom）的双向互动传播

在"5W"线性大众传播模式中，传播者与受众处于"主动"与"被动"的两边，尽管后来的学者修正了这一模式，添加了"反馈"（feedback）环节，但没能从根本上改变自上而下的传播结构。在中共新闻实践中，知识分子与劳动群众，都同时是传播者和受众，通过身份的不断转换，实现传播的有机互动。在中国革命与建设时期的乡村传播中，知识分子为不识字群众读报纸、办黑板报，墙报（壁报）上的宣传内容，识字的群众可以一边学一边教不识字的群众；随着农村识字率的提高，更多群众开始变成传播者，通过写通讯、写黑板报等形式表达自己的声音，自上而下的线性传播变成了水平的互动式传播，就像《人民日报》报道过的"群众性通讯运动"一样。以"群众性通讯运动"为代表的中共新闻实践打通了"自上而下"和"自下而上"两条新闻传播渠道："自上而下"是发挥知识分子的引导作用，传播者不仅要完成传播任务，还要帮助受众实现文化再生产；"自下而上"是群众的"集体创作"，通过"一边学，一边写""作什么、写什么"，被动的受众逐步转变为主动的传播者。[2] 这一过

---

[1] 哈罗德·拉斯韦尔：《社会传播的结构与功能》，何道宽译，中国传媒大学出版社，2017。

[2] 《发扬黎城通讯工作经验 开展群众性的通讯运动》，《人民日报》1947年3月12日第2版。

程对受众的改变不仅是获得了新闻和知识,也建构起了人民主体性。中共河北定县地委宣传部部长李太曾这样介绍读报组给村民个体带来的改变:

> 几个月来开展读报工作的经验告诉了各地干部:读报组对贯彻党和人民政府的政策、提高人民觉悟、推动工作的作用是很大的。有这样一些例子:安平北侯町青年妇女张敬满,由父母包办与当村杨瑞林订了婚,她不同意,经常哭泣,又不敢向父母提出退婚。读报组讲解了婚姻法后,她提出退婚,并且实现了。[1]

通过参加读报组,青年农村妇女了解了婚姻法,捍卫了自己的权利,这正是中国特色新闻传播实践给人民群众带来的变化。还有一些原本没有文化的工农兵通过做工农通讯员,不仅学会了写字,还通过努力成为知识分子,后来走上了领导岗位,例如:

陈登科是涟水县政府科长赵静尘的通信员,赵静尘一边教陈登科读报,一边鼓励他写,然后修改了投稿。后来陈从《盐阜大众》通讯员变成了工农记者,解放后,成了农民出身的著名作家。秦广智是冀鲁豫日报的农民通讯员,从小没念书,还瞎了一只眼,后来参军学了写字,冀鲁豫日报还专门报道了《农民通讯员秦广智》。农民出身、识字不多的基层干部颜景詹,新中国成立后成了江苏省农垦部门的负责人。1946年,美国记者罗尔波专门采访了颜景詹关于学文化和写文章的经过,颜景詹回忆说,自己曾经一边打游击战一边写稿,"一手拿枪杆子,一手拿笔杆子"。[2]

二、反映人民生活、满足实际需求的传播内容(Says What)

在"5W"线性大众传播模式中,内容生产由传播者垄断,发展传播学强调传播者的专业性,由西方国家知识精英将他们认为受众需要的传播内容传播出去。但正是因为缺乏对本土因素的考量,传播内容不符合第三世界国家的发展实际,收效甚微。在中共新闻实践中,传播者与受众双方的沟通渠道已经被循环互动模式打通,作为传播者的知识分子在与人民群众同吃同住同劳动的过程中及时发现群众亟待解决的问题;同时作为传播者的劳动群众通过写信、写

---

[1] 李太:《怎样领导农村读报组》,《人民日报》1951年1月10日第6版。

[2] 参见杨新正:《中国新闻通讯员简史》,人民日报出版社,2014,第81-85页。

通讯稿、写黑板报等方式反映现实问题，因此这一模式中的传播内容及时、现实地反映了群众生产生活中的问题，以人民群众需求为指引。延安市新市场开创了黑板报，作为一种西方视野中"非现代"的大众媒介，就地取材的黑板报发挥了"从群众中来"的本土化优势，当地群众可以随时将问题写上去，黑板报的传播内容便可以很好发挥对生产生活的指导作用。例如在开展卫生运动时，新市场黑板报就集中登卫生相关内容。它还创造性绘制了简洁易懂的战争形势图，十分吸引读者。还有延安市桥镇乡的黑板报，群众自己建立编委会进行内容生产与传播，"乡文书（有文化的人）"帮忙写作，当地群众把受表扬叫"上黑板报"，受批评叫"爬黑板报"，黑板报发挥了鼓励群众争做好事的积极作用。[1]这种将新闻生产与社会发展联系在一起的模式的案例还有很多，例如邵阳市读报组关于防旱的传播内容：

> 邵阳市郊区凤公庙读报组，为了加强防旱工作，带头组成防旱互助组，并配合该村塘坝修整委员会，宣传防旱工作的重要性，使群众树立了"人力可以胜天"的信心，并带动全村农民，修好塘坝，挖了山圳。
>
> 贫农颜长清以前生产不积极，读报组员向他进行三四次说服教育，他转变过来了。现在，他的一亩一分多田，已积有各种肥料五千多斤，比读报组员平均的积肥数目还多。他又开了两口小鱼池，准备养鱼苗，作为副业生产。[2]

基于本土需求生产出来的新闻内容才能真正指导实践，服务社会与人民自身的发展。这样的实践也使中共新闻活动成为社会主义发展中的组成部分。在抗美援朝时期，读报组积极介绍前方战况，使当地群众了解国际局势，在读报组的组织下，三百多名读报组员给金日成将军写信，表示关切与支援朝鲜解放战争，读报组成了当时拓宽人民群众国际视野的重要途径。[3]在对一些文化程度不高的群众进行宣传时，为了取得良好的效果，有的读报员创新方法，将读报与文娱活动结合起来，把报纸上的传播内容变成快板、歌曲等，以形式多元

---

[1] 方汉奇主编《中国新闻事业通史》第2卷，中国人民大学出版社，1996，第747-750页。

[2] 《湖南邵阳专区许多读报组在防旱抗旱春耕生产运动中发挥了重大的作用》，《人民日报》1952年4月22日第6版。

[3] 李太：《怎样领导农村读报组》，《人民日报》1951年1月10日第6版。

的传播内容丰富群众业余生活。

> 农忙时，就把读报组和变工互助组结合起来，把报纸带到地里，在休息时间，由读报员读报。群众说这种方法是"读报生产两不误"；冬闲时则采取大组读报形式，并且把读报和文娱活动结合起来，在读报前后教大家唱歌、唱秦腔、说快板，等等。因此，听报成了大家最喜欢的事情之一。读报员经常把报上的消息编成快板或故事，说给大家听；并把重要的政策、法令，及时通过黑板报、广播筒宣传出去。遇有重要的事情，读报委员会还有计划地组织大家进行讨论。[1]

三、创造"从群众中来"的本土化传播媒介（In Which Channel）

中共新闻实践中的大众媒介不同于西方国家以信息技术为支撑的广播、电视、通信卫星等现代化传播工具，而是中国共产党在艰苦环境中就地取材创造的，如黑板报、墙报、壁报、门板报等。这些媒介简便易行，只要有一块黑板，有一面墙、一扇门板、一支粉笔即可，制作成本低，且被当地群众所熟悉，可谓是真正"从群众中来"的本土化媒介。有研究指出，在陕甘宁边区，墙报（壁报）、黑板报被视为一种重要的新闻舆论工具，是"现有条件下几经摸索到的群众办报的最好形式"，是延安报刊的重要组成部分。这是一种基层报刊，有公办的，有群众办的。群众办的，由政府予以帮助指导。延安的墙报（壁报）、黑板报几乎到处可见。[2] 这样的传播媒介贴近生活，同时具备即时"反馈"的能力。识字的农民会将生产生活中遇到的问题和困惑写在黑板报和墙报（壁报）上，党员同志会及时依据问题进行反馈和处理，合理解决矛盾，引导舆论。这些本土化媒介在战争和革命年代发挥了重要的宣传和引导作用，受到中共极大的重视。1944年3月22日，毛泽东在中共中央宣传委员会召开的宣传工作会议上发表《报纸是指导工作教育群众的武器》讲话，重点提到了"墙报"：

> 报纸可以当做重要的工作方式和教育方式。墙报也算是一种报，办

---

[1]《宁夏中卫县二区四乡半数村民参加了读报组活动》，《人民日报》1952年4月22日第6版。

[2] 方汉奇主编《中国新闻事业通史》第2卷，中国人民大学出版社，1996，第747-750页。

墙报也可以当做重要的工作方式。但是我们还不会使用它，还拿不出一种轰动全城的革命墙报，吸引全延安的人来看。我想一个伙食单位，比如说有一百个人，就可以出墙报一张。这里总有一个首长，他就要把墙报当做自己组织工作、教育群众、发动群众积极性的武器……首长负责，亲自动手，墙报才能办得好。要把墙报办得又有革命的内容，又生动活泼，成为组织各机关工作的一种工作方式。[1]

新中国成立后，人均知识水平仍旧偏低，现代化信息传播手段也并不丰富，为了建立与地方经济社会发展相适应的传播体系，让农民及时了解党的方针政策和新中国发展，革命年代创造的本土化媒介继续在乡村传播中发挥作用。1952年，陕西省委宣传部的一份文件中提到，"读报组是党教导人民群众和加强党与人民群众联系的最好的组织形式之一，也是人民群众自我教育的一种很好的组织形式，是推动各项工作的重要力量"。[2]1950年代的《人民日报》更是积极开展对如何办好黑板报的指导：

文字要力求通俗，使我们的黑板报能为广大群众所接受。编排要多样活泼。黑板报文字的段落要清楚醒目，使其不致单调乏味……为了帮助群众理解文章的内容，插画是不可缺少的。[3]

黑板报的内容必须切合群众的需要。如农村中发生疫病，黑板报就要宣传防疫。工厂内发薪的日子，黑板报就要附带公布工资米或折实单位的牌价。大同文化馆经常与大同市各机关保持联系，把各机关要告诉群众的事在黑板报上登出来。同时又把文化馆问事处所收到的群众提出的问题，送到有关机关去解答，然后在黑板报上答复群众。[4]

---

[1] 毛泽东：《报纸是指导工作教育群众的武器》（一九四四年三月二十二日），载中共中央文献研究室、新华通讯社编《毛泽东新闻工作文选》，新华出版社，2014，第157-158页。

[2] 沙垚：《新中国成立之初农村读报组的历史考察——以关中地区为例》，《新闻记者》2018年第6期，第50-57页。

[3] 刘景书：《如何办好黑板报？》，《人民日报》1950年10月16日第3版。

[4] 钟毓琳：《怎样办黑板报？》，《人民日报》1951年1月27日第3版。

四、收获"到群众中去"的良好传播效果（With What Effect）

中共新闻实践利用群众可接触到的一切物质载体开展传播，获得了比发展传播学在第三世界推广更好的传播效果。据史料记载，在毛泽东赴重庆谈判的日子里，"陕甘宁边区城乡的黑板报前，成了人们汇聚的中心，只要是报道毛主席在重庆的消息，没等写完，人们就围上抢着看，不识字的听人念，总担心漏掉什么没听全"。[1] 这些"从群众中来"的传播方式真正落实了"到群众中去"的良好传播效果。在黑板报、墙报（壁报）上宣传过的内容，大喇叭会再播一次，识字和不识字的群众都可以了解到国家政策、国际局势和生产讯息，这些看似简单的媒介，收获了"到达群众、教育群众、发动群众"的传播效果。

1944年11月16日，陕甘宁边区文教大会通过了《陕甘宁边区文教大会关于发展群众读报办报与通讯工作的决议》。决议高度赞扬了边区通讯员、读报组、黑板报等本土化传播方式，提出要进一步"使读报组成为能够持久的团结群众推动工作的核心"；要创办黑板报，"使之真正成为当地群众有威信的善于表扬而慎于批评的舆论机关"；要"普遍的组织工农通讯学习组"等。这些"不专业""非现代"的传播方式以距离群众最近、传播到达率最高的方式宣传了党的方针政策，使不识字的群众学习了文化知识，将松散的农民组织起来参加革命与生产，以最高效的方式解决群众困难，获得了良好的传播效果。

> 随着边区经济文化的发展，报纸在群众中的作用已日益加强，最近一年来，全边区有一万多群众加入读报组，各分区许多村镇都已办起为群众所欢迎的黑板报，工农通讯员已发展到一千人以上。这些活动，已经证明是发扬民主、帮助领导、改进工作和学习文化的极有力的武器。凡是有好的读报组和黑板报的地方，那里对政府政策法令和上级号召就容易贯彻，生产卫生教育各项工作就容易开展，而且可以少开多少会；凡是有好的通讯组织的地方，那里工作的情况和经验就容易了解，而且干部在政治和文化上就能得到迅速的进步。因此，更大量的发展这些活动，并使这些活动真正健全充实起来，向各地已经发现的模范看齐，是

---

[1] 红岩革命纪念馆编写组：《毛主席赴重庆谈判》，四川人民出版社，1978，第91-92页。

今年边区群众文化工作的重要任务之一。[1]

本节致力于与西方大众传播中"5W"的五个元素逐一对话，但在具体展开论述时分成四个部分，其中关于两个"W"的讨论存在于同一部分。因为不同于"5W"呈现的线性大众传播结构，中共新闻传播实践在起源阶段就强调循环式、水平式的互动，传播者（Who）与受众（To Whom）角色是互换的，这种互换所带来的互动，一方面创生出了"黑板报、墙报、壁报、门板报"等来自人民群众的本土化传播媒介（In Which Channel），一方面生产出了"和群运、春耕以及彻底消灭封建与爱国自卫战争充分结合"的服务于社会发展的传播内容（Says What），这种不同于西方大众传播的新闻生产模式最终获得了"青年农村妇女学习法律捍卫婚姻权利""不识字的农民通讯员通过自身努力成为领导干部"等具有良好社会效益的传播效果（With What Effect）。中国特色新闻传播实践以"从群众中来、到群众中去"为指导，形成了与"5W"的对话，通过创新工作方式方法突破西方传播研究的线性结构，在完成新闻工作同时，也完成了塑造社会主义新人的历史使命。

本章重访新中国成立后的中共新闻传播实践，由此发现了一条不同于西方的独立自主的发展路径。不同于西方商业调查，社会主义读者调查立足于解决群众生产、生活困难，加强党与群众的联系；不同于西方专业主义新闻生产，工农通讯员"一边学、一边写"，既实现了新闻生产，又提高了工农兵的文化水平；不同于"5W"和"创新-扩散"理论框架中自上而下地传播，党领导人民在艰苦的革命与建设时期创造了黑板报、门板报、大喇叭广播、读报组等本土化传播媒介，实现了知识的水平式"创新-扩散"。王洪喆曾这样概括"中国发展"的特点：中国的发展始终是为了冲破技术和资本的限定、物质的限定，以新生事物的发明与"新人"的创制为路径。在这个过程里，其方法论总是以创造性地打破常规和持续地提炼基层经验为特征。[2] 这一概括也是对社会主义革命与建设时期边干边学、土洋结合的中国特色新闻实践的最好概括。

---

[1] 《陕甘宁边区文教大会关于发展群众读报办报与通讯工作的决议》（一九四四年十一月十六日），载中国社会科学院新闻研究所编《中国共产党新闻工作文件汇编》（上），新华出版社，1980，第168-169页。

[2] 王洪喆：《反思"走向未来"：中国未来话语的时间殖民及其冷战起源》，载《中国话语》，《开放时代》2019年第1期，第26页。

重访获得的历史经验启示新时代新闻工作者，"从实践中走来"的中国方法和中国经验才是新时代建构中国特色新闻传播学自主知识体系的根本。中国方法，即在社会科学研究中"把中国作为方法"。沟口雄三在《作为方法的中国》中提出，"中国的近代既没有超越欧洲，也没有落后于欧洲。中国的近代从一开始走的就是一条和欧洲、日本不同的独自的历史道路"。[1] 沟口提供了基于中国历史发展内在理论认识中国的方法论，在当时极大打开了学界视野。但真正做到"把中国作为方法"，还要进一步在全球发展史中理解中国的革命与建设，回归实践和时代总结中国经验，回应中国问题。

中国经验，是建构中国社会科学自主知识体系的核心，只有不断发掘中国历史与文化中的独特经验，才能突破在西方理论框架中讨论中国问题的局限。贺雪峰提出中国研究的两种进路：第一种是"理论-经验-理论"，即在已有研究中寻找空白，然后套用中国经验对话，称为社会科学研究"小循环"；第二种是"实践-理论-实践"，即在实践中探索问题，提炼理论后再回到实践中检验，称为社会科学研究"大循环"。[2] 不同于以现代化技术为支撑的西方新闻传播学，中国新闻工作起源于艰苦的斗争环境，由此形成的理论不能以"小循环"为方法在书本上找到答案，而要遵循"大循环"，在广阔天地的调查研究中发掘真问题。中国革命在最困难的时期探索出了不同于西方的发展实践：动员"最大多数人民"为自身"根本利益"而建设中国的"参与式社会主义"。[3] 这是中国最宝贵的经验，同一历史时期的新闻工作以群众路线为指导、以调查研究为方法、以基层社会为天地、以人民群众为主体，可以说也创生出了一种"参与式新闻生产"。无论是"参与式社会主义"还是"参与式新闻生产"，都是从实践中探索出来的中国经验，这些宝贵经验正是今天建构中国特色新闻传播学自主知识体系的深厚根基。

---

[1] 沟口雄三：《作为方法的中国》，孙军悦译，生活·读书·新知三联出版社，2011，第12页。

[2] 贺雪峰：《经验研究与社会科学的主体性》，载《中国话语》，《开放时代》2019年第1期，第38-39页。

[3] 黄宗智：《"参与式社会主义"的中国道路？》，《文化纵横》2023年第1期。

第二章　反思与重构：重访西方现代化对中国新闻传播研究的影响（1965—1982）[1]

中国式现代化理论，是党的二十大一个重大理论创新，是科学社会主义的最新重大成果。中国式现代化，打破了"现代化＝西方化"的迷思，为人们以更加新颖和广阔的视野反观西方国家现代化进程提供了不同路径。[2] 本章重访1965—1982年的根本目的在于发掘西方现代化对中国知识界产生影响的重要源头，由此更好开展"反思与重构"。本章重访的历史时期正值美国向世界广泛推广现代化理论，二战后，美国学术界率先发起研究发展中国家现代化变迁的理论，通过建构"传统‐现代"二元对立，将美国等资本主义国家树立成现代化社会典范。[3] 这就使得中国等发展中国家在探索现代化道路上的独特经验，被主流理论所忽视。回到新闻传播学领域，重访西方现代化范式的新闻传播研究如何经由香港[4] 等在中国兴起，成为在今天探讨建构新闻传播学自主知识体系时不可缺失的一环。本章将首先厘清冷战时期香港的特殊位置为其知识体系建构带来的影响，但与过往研究略有不同的是，本章将基于在香港搜集的珍贵史料及对香港学人的口述史访谈，论证香港新闻传播研究并没有简单复制

---

[1] 本章关于"香港传播学"的研究是在北京大学新闻与传播学院长聘副教授王洪喆老师指导下完成，特此说明，并对王洪喆老师表示诚挚的感谢。相关内容也可参考方晓恬、王洪喆：《寻访"缺失的一环"：冷战、现代化与香港传播研究的起源（1965—1982）》，《新闻与传播研究》2022年第10期。

[2] 韩震：《中国式现代化打破"现代化＝西方化"迷思》，《理论导报》2023年第2期，第15-17页。

[3] 梁孝：《西方现代化理论的意识形态反思——一种方法论的视角》，《齐鲁学刊》2021年第6期，第52页。

[4] 本章重访的香港现代化新闻传播学的兴起历程，在同时期的台湾也曾出现。但关于台湾新闻传播学兴起的历史过程，台湾学者林丽云的《台湾传播研究史：学院内的传播学知识生产》（巨流图书有限公司，2004）已阐释清晰，故本书仅补充香港的案例。

西方范本，而是基于20世纪六七十年代香港经济起飞、社会运行体制日益完善的实际情况，开展了多视角的自主探索，这种自主的问题意识同样影响了改革开放初期中国沿海地区的新闻传播学发展，这些全新的发现将为今天反思西方现代化补充一种新的视角。

第一节 冷战、现代化与香港新闻传播研究兴起

关于西方现代化与社会学科，美国学者雷迅马通过详尽史料揭示，在冷战战略指引下，美国主流学者通过推销具有"普世性"的"发展主义"和具有科学性、客观性的社会科学，尝试影响广大第三世界国家的"发展"政策。[1] 关于西方现代化与新闻传播研究，美国学者辛普森也做了扎实的实证研究，"二战后几十年间，为了满足冷战的需要，美国军方、情报机构、政府部门、重要的基金会组织等如何推动传播学者们从事说服技巧、民意测量、刑讯审问、政治与军事动员、意识形态宣传等课题的研究。这些以宣传和胁迫为目的的研究项目不但在传播学'奠基人'的选拔上发挥了重要作用，而且帮助确立了学科的核心问题与主导范式"。[2] 但已有研究并未回答，在此种状况下诞生的世界传播研究进入中国后，对本土新闻传播研究产生了哪些影响？想要回答这一问题，首先要厘清的就是香港这特殊的一环，本节将具体回应冷战时期美国以哪些形式扶持和影响了香港的知识生产，使其诞生之际就承袭了西方现代化范式，这些特点又如何反映在大众传播研究上。

一、美国在港推行文化冷战历史回顾

关于冷战时期香港文化领域受到的影响，张杨、翟韬等历史学研究者已形成丰富的研究成果。1949年，新中国成立，美国在亚洲地区推行文化冷战战略。有学者研究发现，美国在香港、东南亚各地均设有新闻处，通过广播、电影、书籍等多渠道宣传树立美国正面形象；美国还启动文化教育项目，通过向青年群体提供去美国学术交流的机会传播美国价值观。香港被视为搜集中国内

---

[1] 雷迅马：《作为意识形态的现代化 社会科学与美国对第三世界政策》，牛可译，中央编译出版社，2003。

[2] 辛普森：《胁迫之术：心理战与美国传播研究的兴起（1945—1960）》，王维佳、刘扬、李杰琼译，华东师范大学出版社，2017，《中译本序言》第1页。

地信息的"窗口",尤其是东南亚的华人会将香港当作获得内地消息的主要渠道。此外,香港还拥有庞大的内地来港"难民"知识分子,其中不乏学者、科学家、教育工作者、文化人士等,这一群体更是重点宣传对象,美国期待他们在未来可以成为反抗共产主义、宣传美国"自由""民主"的主力军。[1]

美国推行文化冷战时,一个重要平台就是驻港的组织与机构,如美国亚洲基金会、亚洲协会、美国新闻处等,笔者列举了部分有代表性的组织和机构(详见表2.1),借此分析这些组织和机构的特点。第一,这些组织与机构看起来大都是半官方、非官方的,基金会也都是以私人名义建立的,但实质上却都与美国中央情报局、美国新闻署等官方有关联,通过各种渠道受到政府资助,服务于冷战计划。以驻香港的美国亚洲基金会为例,冷战时期,港英政府曾表达过对美国过多涉足香港高等教育的不满,亚洲基金会便隐蔽支持了以"孟氏"命名的教育基金会,他们认为"这比打上美国标签更容易获得当地民众和政府持续稳定的支持",于是在1952年9月,孟氏委员会(后更名为孟氏教育基金会)作为亚洲基金会的隐藏组织成立,孟氏基金会明确表示,"如果不能阻止华人学生落入红色中国的陷阱,他们将最终成为共产主义摧毁民主生活方式和民主思想的武器和弹药"[2]。第二,这些组织与机构的扶持对象以内地赴港"难民"知识分子为主,他们被视为有可能在未来影响中国的精英,争取这一群体,为他们提供资助、送他们去美国读书,成为美国文化冷战的组成部分。借由这些遍布香港的隐蔽组织与机构,美国开始不断影响香港的文学、教育等领域。

---

[1] 翟韬:《"文学冷战":大陆赴港"流亡者"与20世纪50年代美国反共宣传》,《世界历史》2016年第5期,第69-70页。

[2] 张杨:《亚洲基金会:香港中文大学创建背后的美国推手》,《当代中国史研究》2015年第2期,第94-95页。

表 2.1　美国驻香港推行文化冷战战略的组织与机构 [1]

名称	性质	主要职能
亚洲基金会（Asia Foundation）	半官方组织	原名为"自由亚洲委员会"，成立于朝鲜战争时期，属于美国中央情报局秘密支持的组织，致力于扶持"难民"知识分子，反击共产主义宣传
洛克菲勒基金会（Rockefeller Foundation）	私人基金会	中国最早接触到的美国基金会，它致力于教育、民权、贫困等问题的研究，是美国推行文化冷战的重要基金会之一
福特基金会（Ford Foundation）	私人基金会	1936年，美国"汽车大王"亨利·福特之子埃兹尔·福特捐资成立了福特基金会，主要研究教育、人权、科技、艺术、国际传播等重大问题，开展出资创办研究机构、颁发奖学金、捐款、捐赠图书仪器、向国外派遣专家等活动，利用强大的资金影响美国政府的内外政策
亚洲协会（Asia Society）	民间组织	亚洲协会成立于1956年，由洛克菲勒家族创办，致力于沟通美国与亚洲各个国家与地区的联络，服务于美国文化冷战
援助中国"难民"知识分子协会（Aid Refugee Chinese Intellectuals Inc.）	非官方组织	援助中国"难民"知识分子协会是最早援助"难民"知识分子群体的私人组织，1952年由美国众议员周以德牵头成立，1953年以合同方式接受美国政府的资助，致力于扶持在香港的"难民"知识分子
美国新闻处（United States Information Service，简称"美新处"）	美国新闻署分支机构	美新处依托香港丰富的传媒资源和传媒地位，从事新闻、文教、出版等事业，将美国图书在香港翻译出版，宣传美国民主、自由的价值观，服务于文化冷战，是美国政府十分倚重的对外宣传机构
自由阵线社集团（Freedom Front）	受美国资助的机构	自由阵线集团包括自由出版社、友联出版社等机构，是一些内地赴港的青年党成员创办的传媒机构，受到美国驻亚洲高层外交官员、中央情报局和美新处的资助

[1]　同时参考翟韬：《"文学冷战"：大陆赴港"流亡者"与20世纪50年代美国反共宣传》，《世界历史》2016年第5期，第67-81页；张杨：《亚洲基金会：香港中文大学创建背后的美国推手》，《当代中国史研究》2015年第2期，第91-102页；张杨：《冷战共识——论美国政府与基金会对亚洲的教育援助项目（1953—1961）》，《武汉大学学报（人文科学版）》2013年第3期，第60-68页。

在文学领域，1951年，美新处在香港推出"书籍翻译"和"原创中文书籍出版"两个项目，这些由美国原著翻译过来的中文译本，以及香港本土作家创作的中文书籍，都在美新处授意下，以"扬美""反苏反共"为主题；1953年，美新处明确提出原创书籍的工作重点为"反共小说"，通过资助作者操控文学作品的生产过程，比如让作者描写中国内地"黑暗现实"等。著名华裔作家张爱玲曾因生活拮据受到美新处资助，她的《秧歌》和《赤地之恋》也是在这种背景中创作出来的。[1] 王梅香在博士论文《隐蔽权力：美援文艺体制下的台港文学（1950—1962）》中细致考察了美新处如何通过各种手段隐蔽支持台港文学的生产过程，例如对文学作品进行改变形式、改写内容、塑造人物和情节等形式的包装，借机宣传反共思想。[2]

在教育领域，美国心理战略委员会将亚洲意识形态斗争的焦点群体定位为青年人，认为"从长期来看，资助未来的中国领袖要比制造一批重型轰炸机重要得多"。[3] 亚洲基金会开始扶持中文书院，宣扬要为内地"难民"知识分子提供光复传统文化的平台。这一时期，美国基金会大量在香港高等教育上投入，资助访问美国项目等。赵绮娜发现，美国国会曾通过《美国新闻与教育交换法案》（即《史墨法案》），该法案授予联邦政府运用所有的教育、新闻和宣传资源，在海外进行文化与心理战。1950年代到1960年代，有三千多位台湾精英，包括作家、教师、学者等，接受美国政府邀请赴美访问，这些学者访问归来后，大都认可美国的"自由""民主"和现代化科学技术，将美国的民主政治看成是台湾应该学习的范本。[4]

新中国成立以来，香港身不由己地成了冷战中东西方必争之地，尽管这一时期的香港是英国殖民地，但英国基于对全球政治的考量，并没有投入过多干预力量，因此给了美国很大空间。美国采用本土渗透策略，通过香港人日常接触到的图书、报纸杂志、广播电视进行反共宣传。此外，美国通过对精英灌输

---

[1] 翟韬：《"冷战纸弹"：美国宣传机构在香港主办中文书刊研究》，《史学集刊》2016年第1期，第77-79页。

[2] 王梅香：《隐蔽权力：美援文艺体制下的台港文学（1950—1962）》，博士学位论文，台湾清华大学社会学研究所，2015。

[3] 张杨：《亚洲基金会：香港中文大学创建背后的美国推手》，《当代中国史研究》2015年第2期，第93页。

[4] 赵绮娜：《观察美国——台湾菁（精）英笔下的美国形象与教育交换计画（划），1950—1970》，《台大历史学报》第48期，第97-163页。

美国价值观尝试影响香港未来，无论是美新处翻译人员，还是从事复兴儒学的知识分子，都成为美国争取的对象。美国国内的人文社会科学学者也积极参与到了政府主导的冷战中，开创"中国学"研究，并得到了美国亚洲基金会、福特基金会、洛克菲勒基金会等的大力支持。这些美国官方、民间组织重视"中国学"研究的首要动力便是"敌情研究"，在港的美国力量一方面扶持钱穆等学者创办中文书院，借机让香港青年学习美国的社会科学方法；一方面重点扶持新亚研究所、友联研究所、孟氏研究服务中心等机构，通过访谈内地"难民"搜集情报。[1] 正如《文化冷战与中央情报局》[2] 开篇所引的名言一样，"好的宣传就是做得不像宣传"。回顾这一时期的香港，美国通过图书、报刊、广播等与香港市民广泛接触的平台，在香港开展着"不像宣传"的宣传。在文学、教育受到影响的同时，新闻传播研究也在所难免。

二、诞生于新亚书院的香港新闻学

在美国对港文化战略中，新闻传播是非常重要的环节。一方面，大众传播具有宣传功能，香港又有着非常发达的传媒业，美国推行文化冷战时非常重视对广播、电视等大众传播的利用，因此香港的新闻传播研究在实践层面深受美国影响；另一方面，从香港新闻传播研究从实践进入学科教育的演进历程看，新闻学的诞生地新亚书院恰好是美国重点资助的"流亡书院"，传播研究的诞生地香港中文大学也是亚洲基金会全力支持、暗中推动创建的。盘查清楚美国从哪些层面具体影响了香港新闻传播研究的兴起和发展，就显得十分必要。新亚书院成立于1949年10月10日，官网上这样介绍其发展历史：

> 自1952年以后，新亚的教育理想渐获社会的同情与赞助，其中赞助最有力的是美国雅礼协会。1953年，雅礼协会派卢鼎教授来港。他极赞同新亚的教育理想，乃于1954年开始与新亚合作。除美国雅礼协会外，还有美国亚洲协会、美国哈佛燕京学社、洛克菲勒基金会、英国文化协

---

[1] 张杨：《冷战与亚洲中国学的初创——以费正清和亚洲基金会为个案的研究》，《美国研究》2018年第4期，第124页。

[2] 该著作讲述的也是美国中央情报局如何暗中指挥自由文化代表大会在欧洲的文学、新闻、艺术等领域推行文化冷战的。参考弗朗西丝·斯托纳·桑德斯：《文化冷战与中央情报局》，曹大鹏译，国际文化出版公司，2002，《前言》第1页。

会及香港孟氏教育基金会等。[1]

逐一梳理官网中提到的组织与机构，可清晰地发现美国如何通过资金影响香港新闻传播学教育的发展。1901年，美国建立了非政府机构雅礼协会（Yale-China Association），由耶鲁大学牵头，以促进中美两国民间文化交流为名，参与中国教育事业，为国际教育交流项目提供资金支持。周爱玲发现，1953年，雅礼协会委任耶鲁大学历史系主任卢鼎教授（Professor Harry Rudin）来香港做社会调查，调查结果是香港人当时的"经济与健康状况令人不可容忍"，"资助当时'难民'的物质需要应该是最迫切和优先的工作"，但雅礼协会董事会经过反复商讨决定，"虽然香港难民对医疗和物资援助确有迫切的需要"，但他们还是要把钱用于"帮助华人青年男女接受专上教育"。[2]对此，他们的解释充分暴露了美国的冷战动机：

> 如果香港青年男女不能找到理想的教育机会，他们便会投向共产中国（Red China），因为他们在那里可以得到免费教育。因为西方在这个时期要共同关注的，是拯救人的精神灵魂思想的斗争，中国耶鲁的董事会非常急切地希望能阻挡中国共产党得到这个胜利。[3]

雅礼协会还积极争取福特基金会支持新亚书院。福特基金会在1953年实现了转型，从一个区域性筹款组织改组成为国际化资助者，其项目大都是独立的，转型后成了美国推行对外文化宣传的主要资助机构。这些机构普遍以资金扶持为主要手段，打着对外文化交流的名义，打通国家与资本的联合渠道，共同服务于冷战。当时，雅礼协会提出，如果福特基金会愿意为新亚书院提供20万美元资助，他们便会每年资助新亚书院2.5万美元，为期5年，共计12.5万美元。福特基金的董事会派代表莫耶博士（Raymond T. Moyer）进行协商，从双方讨

---

[1] 该段介绍出自香港中文大学新亚书院主页的书院历史介绍，网页参见：http://www.na.cuhk.edu.hk/zh-hk/aboutnewasia-zhhk/history-zhhk.aspx，访问日期：2019年12月6日。

[2] 周爱灵：《花果飘零——冷战时期殖民地的新亚书院》，罗美娴译，商务印书馆（香港）有限公司，2010，第78页。

[3] 周爱灵：《花果飘零——冷战时期殖民地的新亚书院》，罗美娴译，商务印书馆（香港）有限公司，2010，第79页。

论的过程可见，尽管存在一些利益分歧，但福特基金会最终还是决定支持这一计划。

  莫耶博士的意见是，今天大家所需要强调的，乃是能对共产主义本身的威胁有所认知的教育方法——就是认识到共产主义的本身破坏一切不可剥夺的基本人权，并对共产主义这威胁有肯定的回应和对策。莫耶博士认为，对远东地区采取鸵鸟态度是不会有成果的，取而代之的，应该是西方世界在那里建立一个教育的反击火线，来打击和对抗近来投向共产主义的火热情绪。[1]

  雅礼协会与福特基金会能够达成支持新亚书院的共识，本质在于他们有着相同的目的，即利用香港高等教育服务于美国外宣目的。除了雅礼协会、福特基金会，参与这一计划的还有亚洲协会和亚洲基金会等。1956年，美国洛克菲勒家族创办了亚洲协会，该组织以促进美国与亚洲国家之间交流为名，致力于研究亚洲政策，推行教育文化项目，具有很大的影响力。亚洲协会曾经就把新闻办的华人交流计划（Intra-Asian Chinese Program）总部设在香港，因为香港"被正确地公认为出产自由世界华文刊物和媒体的最重要中心"，他们将香港作为研究当代中国共产主义的新闻基地，为海外华侨提供有关"共产主义管治中国的不良影响"的报道。[2] 亚洲协会更是对后来创建的新亚新闻系给予了非常大的资金、人力等方面的支持。

  美国亚洲基金会同样将新亚书院放在资助名单中最重要的位置上，他们认为新亚书院的标签是"由华人社会知识界具有领袖地位的知名学者牵头，其学生在反共斗争中表现出积极的参与精神"。新亚书院不仅享受孟氏教育基金会学生奖学金项目的资助，还额外得到26个奖学金名额。此外，亚洲基金会还为新亚研究所提供了1.5万美元的启动资金，因为该研究所"就中国传统文化的

---

[1] 周爱灵：《花果飘零——冷战时期殖民地的新亚书院》，罗美娴译，商务印书馆（香港）有限公司，2010，第80页。

[2] 周爱灵：《花果飘零——冷战时期殖民地的新亚书院》，罗美娴译，商务印书馆（香港）有限公司，2010，第86页。

积极价值展开研究，可以使中国人认同这一传统文化，进而反击共产主义"。[1]这些美国民间组织、私人基金会大力支持新亚书院的原因就是希望通过资金将他们稳定在西方建制的高校中，更好地灌输美国价值观。来港内地知识分子本身的处境和价值取向也为美国提供了契机，这一点在钱穆的《新亚遗铎》序言中得到验证：

> 成立新亚书院的目的，是要在当时中国内地一片反中国文化的气氛之下，在香港作中华文化的代表，并保护、恢复、传扬和延续中国文化。书院的创办者虽然来自不同的背景，有不同的信念，但他们都有一个共同点，就是不喜欢反传统文化，他们认为反传统文化的力量中，共产主义是最危险的。他们认为共产主义背叛了中华文化的基本，也因此他们宁可自我放逐，流亡香港。[2]

作为"金主"的美国在很大程度上影响了新亚书院的课程设计、未来规划。在接受美国雅礼协会资助后，耶鲁大学代表郎家恒（Charles Long）以雅礼代表名义参加新亚董事会，成为董事会执行秘书，同时参与新亚书院的课程设计。他起先负责一、二年级普通英文课程的整顿，随后代理一年级外文系主任。钱穆曾说，"新亚同学英文程度之普遍提高，和外文系之迅速成长，郎先生有莫大之功绩"。[3] 英文水平的极大提高，并不是钱穆等知识分子坚持复兴儒学的初衷，但随着美国亚洲基金会势力在书院建立过程中的不断渗透，新亚书院也在原来宗旨上不断妥协，这些妥协为美国推行文化冷战提供了更大的空间。

对于新亚书院的历史盘查有助于更好理解诞生于此地的新闻系。20世纪五六十年代，亚洲基金会基于文化冷战战略，决定在亚洲地区重点扶持一些具有"现代性"的学科，比如法律、新闻、大众传媒、政治学、社会学等。[4] 作为重点资助的"流亡书院"，新亚书院在创立之初就曾把新闻学科（当时称为

---

[1] 张杨：《亚洲基金会：香港中文大学创建背后的美国推手》，《当代中国史研究》2015年第2期，第99页。

[2] 参见钱穆：《新亚遗铎》，生活·读书·新知三联书店，2004。

[3] 钱穆：《新亚遗铎》，生活·读书·新知三联书店，2004，第110页。

[4] 张杨：《冷战与学术：美国的中国学（1949—1972）》，中国社会科学出版社，2019，第192页。

"新闻社会")列入其中。

> 书院初设文史、哲学教育、经济、商学、新闻社会、农学六系。农学系第一年开设系，因未能设立附属农场，中途停办。新闻社会系在第一年开设系，因校舍不敷，亦停办。[1]

从"新闻社会"这一称谓可见，新闻成为学问正是为了服务于社会发展，作为当时一门新兴的学科，新闻学在学制设计上被列入了社会科学类，只是因为经济拮据，新闻系停办了，但到了1965年，香港中文大学新亚书院正式创立新亚新闻系，开设两年学制，从大学二年级招生，第一批学生是分别来自香港中文大学英文系、社会系、工管系、中文系的6位学生。[2]1965年，在亚洲基金会的资助下，香港中文大学新亚书院正式创立新闻系，提供两年制报刊新闻专业课程等，表2.2展示了当时主导新亚新闻系发展的重要学者及其教育背景。总体回顾香港新闻学进入高等教育体系的历史过程，可以说其不仅在资金等方面依靠美国，早期师资更有着深厚的美国学缘。由此便不难理解香港新闻传播研究所体现出的西方现代化特色。

表2.2 新亚新闻系早期师资[3]

学者	在新亚新闻系发展中的角色	教育背景及经历
张丕介	新亚新闻系首任系主任	1949年前往香港，与钱穆、唐君毅等共同创办新亚书院，出任新亚书院总务长兼经济系主任
喻德基（Frederick Yu）	新亚新闻系早期课程规划者	1947年赴美，1948年获得爱荷华大学新闻学硕士学位，1951年获得爱荷华大学哲学博士学位，1958至1959年获福特基金会资助在哈佛大学和麻省理工学院做研究，1962年进入哥伦比亚大学授课，兼任夏威夷东西文化中心研究员、香港中文大学客座教授

---

[1] 该段介绍出自香港中文大学新亚书院主页的书院历史介绍，网页参见：http://www.na.cuhk.edu.hk/zh-hk/aboutnewasia-zhhk/history-zhhk.aspx，访问日期：2019年12月6日。

[2]《香港传播学教育与研究概况——访香港中文大学新闻与传播学院院长李少南》，载袁军、龙耘、韩运荣：《传播学在中国——传播学者访谈》，北京广播学院出版社，1999，第352-353页。

[3] 参考苏钥机：《细说中大新传50年》，《明报》2015年10月31日 D4版。

续表

学者	在新亚新闻系发展中的角色	教育背景及经历
魏大公	新亚新闻系第二任系主任	美国密苏里大学新闻与传播学院毕业，1966至1987年在香港中文大学任教，是新闻传播学系的创始人之一
克雷顿（Charles C. Clayton）	支持新亚新闻系建设的美国知名新闻人	美国新闻记者协会主席、南伊利诺伊大学新闻学院教授

三、成长于香港中文大学的大众传播研究

如果重访香港新闻学要从新亚书院说起，那么传播研究课程在香港的肇始，就要从香港中文大学说起。1950年代中期以后，亚洲基金会等美国组织已经不满足于仅仅资助中文书院，而是尝试推动各中文书院合并，建立大学，从而更深刻长久地影响香港高等教育。新亚书院、崇基学院、联合书院正是在这种情况下合并成了香港中文大学。上节已经对新亚书院进行了详尽的盘查，据史料考证，崇基学院、联合书院也与美国基金会有着千丝万缕的联系。

> 一九五一年成立的崇基学院是由广州岭南大学前校长李应林、上海圣约翰大学校董欧伟国，以及香港圣公会领袖何明华会督共同创办，经费由圣公会筹措，其后得到英、美两国几个宗教教育基金会资助。
> 联合书院的出现，则以哥伦比亚大学校长兼福特基金会和亚洲协会董事柯克与八间专上院校代表在一九五六年的会晤为契约，由于柯氏的建议，亦由于热心社会公益及教育的蒋法贤医生的领导，平正、华侨、广侨、文化、光夏等五间院校于同年决定统一资源和人才，共同组成"香港联合书院"。其后，联合书院陆续获得亚洲协会和孟氏基金会等机构资助，开始稳定发展。[1]

1963年，在多方势力推动下，新亚书院、崇基学院、联合书院最终联合成

---

[1] 陈方正：《与中大一同成长：香港中文大学与中国文化研究所图史（1949—1997）》，香港中文大学出版社，2000，第15-17页。

立了香港中文大学，然后，这所以"中文"命名的大学却在成立后大力推行英文教育；一生致力于推行新儒家文化的钱穆先生最终辞职，且从未公开过真正的辞职原因。香港中文大学成立后将"促进中西学术和文化传统的交流与合作""使香港高等教育在将来对中国做出影响"作为目标，接受了这样模式下教育的香港青年，也开始逐步认可西方国家的文化与政治理念。正是因为新亚书院和香港中文大学从建立到成长，都受到美国文化战略的影响，香港新闻传播研究才会很大程度承袭了西方现代化范式。而非常具体地回访这段历史会发现，美国传播学奠基人施拉姆及其学生余也鲁对香港传播研究的发展产生了极大的影响。

随着香港新闻学的稳定成长，大众传播研究逐步进入学界视野。在香港传播研究完成建制过程中，余也鲁等学者如何深受美国影响，进而建构起北美传播研究与香港传播研究的联系，是不可回避的问题。余也鲁早年曾在香港美新处工作了15年，最初3年在新闻组翻译从华盛顿电传来的国情咨文、总统当选演说等文稿，这是当时香港重要的国际新闻来源。1952年，美新处创刊《今日世界》[1]，余也鲁和妻子在该杂志上开设专栏。1960年，美新处增设书籍出版部门，余也鲁从事核阅译文工作。该部门出版《老人与海》等美国文学名著，还帮助其他出版社出版介绍美国文化的书籍。[2] 在美新处丰富的工作经历成为他了解到美国大众传播研究并产生浓厚兴趣的重要原因。1964年，余也鲁通过慧丝博士（Dr. Doris Hess）[3] 写信给施拉姆，表达了想跟他学习大众传播研究的意愿，并表示"很想将此新科目介绍给中国和亚洲"，施拉姆回信："来吧，我给你一个奖学金，够付学费，即刻办入学手续"。亚洲协会的袁伦仁（Yuan L.Z.）[4] 得知后称，"好极了。我想，亚协能提供旅费和生活费用"。亚洲协会还特意给施拉姆发了一个信息，说明余也鲁是过去取得学位然后回香港办一个系

---

[1]《今日世界》是一本介绍美国文化的月刊，每期印数20万份，在香港以及整个东南亚都很畅销。

[2] 余也鲁：《万水千山都是诗——余也鲁回忆录》，海天书楼有限公司，2015，第210、211、212页。

[3] 慧丝博士是余也鲁的朋友，毕业于锡拉丘兹大学，是第一位拿到传播学博士学位的美国女性。她向余也鲁介绍了传播学这一全新的学科，还送给他一本施拉姆的书和施拉姆的通讯地址。

[4] 袁伦仁（也音译为"袁伦尊"）是亚洲基金会在香港的代理人，创立奖学金项目，帮助青年人前往美国接受高等教育。

的人。余也鲁本人也确实与钱穆先生有过口头约定，说帮他创办一个传播系或一个中文系，后来这一计划因钱穆先生辞职搁浅。[1]

1964年9月，余也鲁开始在斯坦福大学学习传播学硕士课程，在施拉姆指导下选修了"心理学""心理统计学""传播入门""案例分析""电脑入门"等课程，和博士生一起学习"高级研究方法"，积极参与施拉姆的"媒体功效"等课程。在美期间，印度政府派三名官员来学习卫星教学，期待借助现代化信息技术推动印度社会基层教育发展，施拉姆也推荐余也鲁参加了这门"卫星广播课"。一年后，余也鲁修满了学分，施拉姆准予毕业，福特研究会又给了他5000元奖助金进行环美之旅，这是让受资助者认识美国计划中的一部分。[2]

在香港美新处工作以及追随施拉姆学习大众传播研究的经历使余也鲁开始尝试在香港推广美式传播研究，他的第一个成果是浸会学院传理系。1966年，余也鲁参加西柏林会议，与牧师张有光谈起在香港建立传播学系事宜，张牧师联系到香港浸会书院首任校长林子丰，由副校长晏务理（Dr. Maurice Anderson）[3] 亲自与余也鲁商谈。1968年，浸会学院传理系正式成立，美国《时代周刊》杂志免费为该系成立刊登广告。传理系初建之时师资队伍很强大，密苏里大学新闻系毕业的黄应士教授新闻采访，美国加州州立大学的泰德·斯迈斯（Ted Smythe）教授利用休假的一年来港教授研究方法，台湾政治大学教授漆敬尧教授公共关系，还有余也鲁在斯坦福大学的同学伯纳德（Bernard Liebes）博士、知名新闻人张国兴等的不断加盟。连当时美新处处长夫人都被请来教英文评论写作。浸会传理系重点培养学生运用现代化大众传媒的技能，在很多美国驻港基金会和机构支持下进购了先进设备：传理学院设立新闻专业时，美国 Lit & Lit Foundation 总干事出资5000美金购买了20部 Royal 袖珍打字机；传理系设广播电视专业时，美国亚洲高等教育基金会资助5万美金，购买 Sony 电视摄影机、音箱操控与制作调控设备等，建立起电视实验室；传理系设影艺专业时，亚洲高教基金会捐赠了30万元；传理系筹建现代化广播实验室

---

[1] 余也鲁：《万水千山都是诗——余也鲁回忆录》，海天书楼有限公司，2015，第224、225、229页。

[2] 余也鲁：《万水千山都是诗——余也鲁回忆录》，海天书楼有限公司，2015，第228、230、232、233页。

[3] 晏务理是社会学博士，任浸会学院社会学系系主任，对多媒体推动社会现代化很感兴趣。

时，美新处捐赠了录音机和收音设备。[1]

在浸会传理系发展稳定的情况下，余也鲁转战香港中文大学，探索大众传播研究型课程的发展。余也鲁通过好友宋淇[2]与香港中文大学校长李卓敏建立了联系。1974年5月，余也鲁进入香港中文大学，担任讲座教授、新闻系主任、传播研究中心主任。在他的建议下，新亚新闻系由两年学制改为四年，更名"新闻与传播学系"。胡仙[3]捐150万港元设立"胡文虎传播讲座席"，余也鲁依托这一项目邀请到施拉姆，共创香港传播研究硕士课程。1977年，施拉姆来到香港中文大学，将一千多本从美国带来的图书捐给系图书馆，为研究生讲授大众传播学课程，施拉姆教授的"内容分析"成为当时传播学硕士生学习量化研究的基础。施拉姆还亲自指导了该系第一届四位硕士生李少南、梁后养、陈景华、杨志刚，[4]他自己出钱送给每人一部"德州仪器"计算机，用来处理研究数据。他带着四位研究生开展研究，在最后的学术报告上落了他们四人的名字。[5]因为施拉姆的盛名，丹尼尔·勒纳（Daniel Lerner）、伊利胡·卡茨（Elihu Katz）、白鲁恂（Lucian Pye）、伊契尔·索勒·普尔（Ithiel De Sola Pool）[6]等美国知名学者纷纷来港演讲，[7]对香港传播研究后继者的学术成长产生了重要启蒙，当时很多学生选择赴美读博。

---

[1] 余也鲁:《万水千山都是诗——余也鲁回忆录》，海天书楼有限公司，2015，第241、259、263、264、266页。

[2] 宋淇是余也鲁的朋友，是时任香港中文大学校长李卓敏的助理。

[3] 胡仙是余也鲁的朋友，南洋著名华侨企业家、报业大王胡文虎的女儿，美国哥伦比亚大学新闻专业毕业，创办《星岛日报》等。

[4] 参考对李少南、杨志刚的访谈。李少南在浸会学院传理系念书时结识了余也鲁，随后考取第一届香港中文大学传播研究硕士班，在美国密歇根大学获得哲学博士学位后回香港任教，后担任香港中文大学新闻与传播学院院长；杨志刚一直从事与高等教育相关工作，担任香港浸会大学协理副校长（外务）；陈景华担任香港中文大学学生事务处处长。

[5] 参考对杨志刚、李少南的访谈。

[6] 四位学者都是美国知名学者，认同利用西方国家的现代化方案推动第三世界国家的发展，他们的理论都对北美传播研究的兴起和发展起到重要影响。勒纳出版了著名的《传统社会的消逝》，卡茨提出了"使用与满足"理论，白鲁恂关注第三世界国家政治现代化问题，普尔提出"媒介融合"。

[7] 余也鲁:《万水千山都是诗——余也鲁回忆录》，海天书楼有限公司，2015，第244、245页。

除了余也鲁和施拉姆，朱立、李金铨等本土青年教师对香港传播研究兴起的贡献也不容忽视。1974年，朱立前往美国夏威夷东西方中心（East-West Center）传播研究所担任"研究见习"，1975年5月回到香港中文大学，在传播研究中心做"项目专家"，和余也鲁一起创办《亚洲传播季报》，在系里教授"中共的新闻传播""传播学概论""传播与社会"等课程，1986年担任系主任。[1] 李金铨早年在台湾"中央通讯社"工作，台湾政治大学的老师徐佳士曾推荐他读施拉姆的《传播媒介与国家发展》等书，受到传播研究启蒙后申请了东西方中心硕士，他还曾担任施拉姆的学生代表。1978年，李金铨追随施拉姆回到香港中文大学教书，其间教授"大众传播理论"课程，讲稿最后出版为《大众传播理论：社会，媒介，人》，成为海峡两岸暨香港学子的启蒙教材。[2]

施拉姆在香港中文大学任教两年后，计划与余也鲁把香港中文大学新闻与传播学系建成亚洲第一个传播学院，把新加坡、马来西亚、菲律宾等地想读传播学硕士、博士的人都吸引到香港来。为此，施拉姆去找当时的香港中文大学校长马临，谈了一两个钟头，回来后对余也鲁说："Let's go! Go Back to Hawaii! Forget about this!"，之后便离开香港。[3] 就在1982年，余也鲁正式退休，李金铨接受了明尼苏达大学副教授聘任，二人相继离开香港中文大学，但此时的香港传播研究建制已初具雏形。回顾1965至1982年这段香港传播研究创业史，作为最早受美资助专门学习大众传播的学者，余也鲁将在美获得的学科发展经验、学术资源充分用于香港新闻传播研究建制，并充分借助亚洲基金会、美新处、亚洲协会等机构的资金支持；美国学者也通过施拉姆、余也鲁不断赴港讲授大众传播研究，在这些综合力量作用下成长起来的香港传播研究的确承袭了美国现代化范式。但随后，于香港中文大学硕士毕业、赴美读博的李少南、

---

[1] 王彦：《香港新闻传播学界的成名与想象（1927—2006）——专访台湾政治大学名誉教授朱立》，《国际新闻界》2017年第5期，第92-93页。

[2] 笔者于2017年8月16日于香港九龙塘太平洋咖啡馆访谈了李金铨教授，李金铨教授于2018年发表了回忆文章，依据时间顺序，本文相关引用均以李金铨教授本人发表的文章为准。参考李金铨：《传播纵横：学术生涯五十年》，《新闻记者》2018年第7期，第19、29页。

[3] 余也鲁、施清彬、崔煜芳、章琪琦：《中国传播学研究破冰之旅的回顾——余也鲁教授访问记》，《新闻与传播研究》2012年第4期，第6页。

陈韬文[1]、苏钥机[2]等青年学者[3]开始接过香港传播研究的接力棒,以更为开阔的视野反思原有范式,立足香港本土实际探索学术的独立发展路径。

杨念群在《"五四"九十周年祭——一个"问题史"的回溯与反思》[4]中提出,"五四"不仅是一场"思想运动",更是一场影响深远的"社会改造"运动。"五四"研究不应过度依赖"思想史",而是要将其看作近代历史运动中的一个环节重新审视,实现研究路径由"思想史"向"社会史"的转型。与这一转型相似的是,学科史研究也不应仅仅以思想史视野展开,而应该引入社会史,即将知识生产还原回其发生的时代情况和社会背景中。基于此,本节对冷战时期香港知识生产的社会环境、时代背景进行盘查,将社会因素、人的因素融入学科史的研究中,这样才能深入理解今天的香港新闻传播研究,也为学科史研究提供一种新视角。

第二节 香港新闻传播研究与西方现代化范式的对话

上节系统梳理了冷战、现代化与香港新闻传播研究的关联,如果因此认为冷战时期诞生的香港新闻传播研究简单复制了西方范本,不仅忽视了历史的复杂性,也遮蔽了香港本土学者对建构自主知识所做出的努力。基于此,本节将以文本分析为方法,耙梳香港新闻传播研究在这一时期的主要内容,通过媒介研究与社会现实的勾连,考察一代香港学人为"以知识服务发展"所做的贡献。

一、重访"过刊":《亚洲信使》中的香港新闻传播研究

1965年至1982年间,被称为香港经济起飞的"七十年代",1971年,麦理

---

[1] 参考对陈韬文的访谈。陈韬文1979年入学念香港中文大学传播研究硕士班,在读期间,李金铨曾将施拉姆让他去东西方中心开国际会议的机会给了陈韬文;在这次会议上,陈韬文结识了自己后来的美国博士生导师。

[2] 参考对苏钥机的访谈。苏钥机本科学习社会学,1980年入学念香港中文大学传播研究硕士班,其间接触到很多美国访问过来的教授,曾做过 Alex Edelstein 的课程助教,逐步对传播学产生兴趣,赴美读博。

[3] 同一时期,浸会书院毕业的梁伟贤也从美国学成回港。

[4] 杨念群:《"五四"九十周年祭——一个"问题史"的回溯与反思》,世界图书出版公司,2009。

浩出任港督后,他大力推行改革,公共房屋、免费义务教育、公共援助、交通、劳工法规和社会福利都长足发展,香港经济迎来了蓬勃发展时期。在1960年代末,香港就已经集齐了所有成功经济体系应有的要素:广大的贸易网络和稳固的工业基础,现代的国际银行业务体系,完善的公共服务,以及受过相当程度教育的劳动力——大量来自中国内地的人还为香港提供了充足的生产者和消费者。由1960年代进入1970年代,香港本地生产总值以每年平均百分之十的速度增长,而由1970年代初到1980年代初,则共增加了四倍。[1]大众传媒业也在这一整体环境中飞速发展,香港是当时亚洲人均拥有最多报纸、电台、电视台、通信卫星电视、有线电视的城市,在这样的社会及传媒环境中诞生的香港新闻传播研究,尤为关注现代化的媒介信息技术和社会调查方法。

笔者有幸在香港中文大学传播研究中心查阅到《亚洲信使》(The Asian Messenger),这一刊物记录了香港新闻传播研究兴起阶段的主要研究内容。《亚洲信使》于1975年至1982年间共出版16期,主编为余也鲁,副主编朱立,施拉姆以及当时一些世界著名传播学者也受邀在此发表文章。编委会成员包括李沛良、廖光生、林聪标三位先生,他们都有很高的社会地位:李沛良先生(Dr. Rance Lee)是香港社会学家,曾任香港中文大学崇基学院院长;廖光生先生(Dr. Kuang-sheng Liao)曾任中国国民党籍英属香港区侨选"立委";林聪标先生(Dr. T.B. Lin)曾任香港中文大学新亚书院院长,他们的大力支持充分证明了大众传播研究在当时所受到的高度重视。

对《亚洲信使》进行文本分析可见,该刊有两个主要栏目:一是"新闻动态"(News Capsules),主要是亚洲新闻活动简讯,刊登中国内地、香港和亚洲其他地区、北美、欧洲等地关于社会发展、新闻事业等方面的消息,内地新闻占比最大;另一个是"专题报道"(Special Reports),刊登偏研究的文章,对亚洲地区对大众传播研究的发展尤为关注,施拉姆、余也鲁、李金铨等都积极为这一栏目供稿。此外,还有一些围绕大众传播与国家发展开设的栏目,如"出版概况"(Publications)、"调查"(Research)、"传播者"(Communicators,报道世界传播学名人)、"科技与创新"(Technology & Innovations)、"会议咨讯"(Future Conferences & Seminars)等。后者以简短形式发布关于亚洲地区新闻传播研究最新进展,如会议、新书、传播科技以及各国传媒人动态等。笔者以"媒介"作为关键词,对《亚洲信使》进行文本分析(详见表2.3),发现《亚

---

[1] 高马可:《香港简史——从殖民地至特别行政区》,林立伟译,中华书局(香港)有限公司,2013,第198-200页。

洲信使》秉持"媒介研究服务于社会发展"的目标，充分关注新闻事业、媒介技术在各发展中国家"落地"及具体应用的情况，在广泛借鉴中探索大众媒介与社会发展的关系。本章将在下节借《亚洲信使》的文本还原香港新闻传播研究早期研究形态。

表2.3　《亚洲信使》中"媒介"研究文章[1]

刊期	文章名称
1975年冬第1卷第1期	《对印度及南非国家媒介审查制度的考察》《解决新闻纸短缺非一朝一夕之事》《"无烟"媒介》《香港媒体发起反色情运动》《亚洲通讯卫星》《通讯卫星简史》《推动世界传播事业的公平发展》
1976年春第1卷第2期	《台湾的图书盗版问题》《各国家与地区的语言使用问题》《请讲普通话》《大众传播推动性别平等》《电影中的性与暴力》《"盗版"广播节目》
1976年秋第1卷第3期	《印度的"卫星直播教学电视实验"》《"卫星直播教学电视"的社会意义》《官方对"卫星直播教学电视实验"的态度》《印度尼西亚通信卫星上线》《台湾"媒体热"》《电视对我们做了什么？我们又对电视做了什么？》《奥运会上的新闻报道之争》《第三世界新闻集团：谁是老大哥？》《不结盟国家成立第三世界新闻通讯社联盟》
1976年冬第2卷第1期	《发展传播学的经验与教训》《亚洲各地纷纷开展计划生育》《泰国皇家陆军电视台》《会话版〈圣经〉出版发行》《美国传播学大师施拉姆加盟香港中文大学传播学硕士项目》
1977年春第2卷第2期	《埃塞俄比亚"福音之声"广播电台国有化》《"沉浸式"文化学习》《世界各国电影发展概况》《有争议的电影漫谈》《1980年奥运会新闻报道之争启动》
1977年秋、冬，第2卷第2期、第3卷第1期	《国际信息传播格局是否存在不公平？》《如何提高大众传播的"可信度"？》《香港各地区出版概况》
1978年春第3卷第2期	《亚太地区电视发展概况》《"渐进主义"新闻学》《对跨国新闻信息流向的评估》《印度培训新闻工作者的方法》

[1]　表格中文章主要出自《亚洲信使》中"专题报导"(Special Reports)栏目，因为这一栏目刊载研究型文章。该刊其他栏目偏向于新闻简讯。表格中题目均为笔者翻译，原文均为英文文章。

续表

刊期	文章名称
1978年冬、1979年春，第3卷第3期、第4卷第1期	《电视给社会造成不良影响了吗？》《好莱坞影片大放异彩》《大众媒介促进人类的沟通与理解》
1979年秋、1980年春，第4卷第2期、第4卷第3期	《对西方女性媒体人工作的考察》《电视暴力与儿童》
1980年冬、1981年春，第5卷第1期、第5卷第2期	《媒介中的色情问题》《媒介与暴力》《日本电影行业的创新》《韩国电影60年》
1981年冬第5卷第3期	《日本的电视与儿童》《亚洲图书出版》
1982年春第6卷第1期	《英国大众传播研究》《欧洲媒体所有权、新闻编辑、出版管理等问题研究》《大众报业发展史（1841—1971）》《亚洲的邮政发展》《电化教育介绍》《澳大利亚的新闻教育》《施拉姆和余也鲁访问中国大陆——弥补传播学的"知识沟"》

二、信息技术与香港大众传播研究

对《亚洲信使》进行文本分析可见，当时的香港学者十分关注信息技术在大众传播研究中的应用。具体关注的面向包括：第一，关注亚洲各国传媒业的发展。考察广播、电视等大众传播工具的使用和普及，关注通信卫星等信息技术在亚洲的发展，例如开辟专栏讨论印度的"卫星直播教学电视实验"等。第二，讨论西方大众传播理论。《如何提高大众传播的"可信度"？》《英国大众传播研究》等都是在美国主流大众传播理论框架中开展讨论，探寻大众传播实践的效果及其给社会带来的变革。第三，反思大众传播发展存在的问题。《电视暴力与儿童》《电影中的性与暴力》等讨论的都是电视暴力，这与"14项大众传播效果研究里程碑"中的"佩恩基金研究：电影对儿童的影响"和"暴力与媒体：动荡的60年代"等议题十分相似。[1]

综观这一时期大众传播研究总体趋向，信息技术话题所受关注较多。正如

---

[1] 洛厄里、德弗勒：《大众传播效果研究的里程碑》，刘海龙等译，中国人民大学出版社，2004，第18、265页。

上文所述，知识的选择性诞生来源于现实的社会需求。伴随着香港经济起飞，利用现代化信息技术推动社会发展成为各领域研究重点。回溯历史，1982年，施拉姆和余也鲁前往广州、上海、北京讲学时，都曾重点介绍了"信息"，这也是施拉姆在香港讲学时期的重点内容。1977年，施拉姆受余也鲁邀请来香港中文大学传播研究中心做"胡文虎讲座教授"，将美国发展传播学介绍到香港，施拉姆在香港中文大学第一场公开演讲在碧秋楼进行，题目为《信息时代的到来》（The Coming Age of Information）：

> 信息时代到来的标志有哪些？一个标志是劳动力分配的改变，普林斯顿经济学家弗里兹·马克卢普（Fritz Machlup）以翔实的数据，谨慎地估计称，美国大概有40%到50%的劳动力正在从事生产、搜集和传播信息或与之相关的工作，他预估知识产业会成为排在农业之后的全世界第二大产业；信息时代到来的另一个标志是资本流向的改变。马克卢普在1962年预测说，美国大约有15%的国民收入将用于信息服务行业，大众传播、教育、电话、电报、邮政、图书馆、电讯、广告和民意调查等行业都将受到资本的青睐。日本预计，电讯和计算机产业将占大约6%的国民生产总值，加拿大科学理事会（Canadian Science Council）预测，到了1980年代，计算机产业将占大约5%的国民生产总值，在法国，计算机产业的规模已经超过了汽车产业；信息时代到来的第三个标志是信息流动状态的改变，未来的信息流动速度将更快，承载的信息量将更大。[1]

施拉姆在演讲中指出信息时代即将到来，提出通信卫星、广播电视、计算机在全球信息产业中将发挥日益重要的作用，他通过翔实的数据展示了世界未来产业格局的变化，这对当时的香港学子产生了深刻的影响，他们更加相信信息技术是实现现代化的重要一步。从《亚洲信使》来看，这一时期的香港学界开始充分关注印度尼西亚、马来西亚、印度、韩国、日本等亚洲各地的信息技术发展。

印度尼西亚：印度尼西亚预计于1976年7月通过通讯卫星使分散的

---

[1] Wilbur Schramm：《The Coming Age of Information》,《香港中文大学新闻传播系学术年刊》,1978，第59-65页。

3000多个岛实现连接，这将使印度尼西亚成为继美国、加拿大、苏联之后，第四个实现这一通讯连接的国家。印度尼西亚教育部期待将通讯卫星技术运用于教育中，为此专门请来了联合国教科文组织关于广播电视教育的专家提供专业性建议，电化教育计划被提上日程；

马来西亚：1974年8月，马来西亚启动了一个通信卫星项目，使马来西亚半岛和沙巴州（马来西亚州）通过电话和电视实现了即时的信息传输；这意味着边远地区沙捞越（马来西亚州）知道了电视的存在，这一通讯卫星信号的传输的实现得益于建立在米昔拉和亚庇的地面接收站；

印度：1974年8月，印度开启了为期一年的"卫星直播教学电视实验"，实验主要依靠美国ATS-6（应用技术卫星）的技术。该项目的实施旨在对印度包括边远地区在内的5000个村庄播放电视广播教育节目，内容包括计划生育、农业技能、民族融合等；

亚洲其他国家：韩国目前在建立第二个地面接收站；文莱在建立第一个地面接收站；亚洲最富有的国家日本将于1977年实现卫星绕轨道运行。[1]

上文提到的印度尼西亚、马来西亚、印度、韩国、文莱等都是这一时期香港新闻传播学者较多关注的国家，这些案例的共同点都是尝试借助通信卫星实现对尚不发达地区的传播，例如印度、印度尼西亚等将通信卫星技术运用于教育。很显然，这些大众传播的实践探索都受到发展传播学理论的指引，期待通过美国路径实现自身发展。《亚洲信使》在这一时期保持了对这些国家地区使用信息技术情况的持续关注，但发现随着技术应用深入基层，印度一些偏远地区由于基础设施建设跟不上等问题，无法实现大力传播现代化与发展相关内容的效果，发展传播学在亚洲也并没有取得预期效果。详细对这一时期香港大众传播研究分析可见，当时的学者们并没有在技术逻辑上直接认同"西方化＝现代化"，而是基于本土实践不断反思，在研究视野上也较多关注媒介技术在不同发展中国家"落地"的具体效果。

三、在香港重新发现"发展新闻学"

除了在大众传播研究中关注不同区域的传播效果外，香港新闻传播研究在

---

[1] "Satellite Communication in Asia," *The Asian Messenger*, no.1(Winter 1975):22-23.

这一时期独立自主的发展还体现在对"发展新闻学"的关注。20世纪50年代，发展中国家强烈要求改变东西方信息流动不平衡现状，建立世界新闻新秩序，发展新闻学概念因此诞生。1963年，加纳总统克威姆·恩克鲁玛提出，"新闻媒介必须有助于建立一个进步的政治和经济制度使人民免遭贫困与匮乏"，"新闻媒介必须面向群众，教育并鼓励他们为平等和世界各地的人权而奋斗"，[1]这一理念被视为发展新闻学的肇始。1978年，"世界信息新秩序"首次出现在不结盟国家政府间会议上；1980年，讨论这一问题的经典之作《多种声音 一个世界》问世。尽管发展新闻学和发展传播学兴起背景不同，但其本质都是在思考大众媒介与国家发展的问题，都以实现现代化为终极目标。发展传播学致力于向世界各国介绍现代化传播媒介，发展新闻学致力于督促学者利用大众媒介介绍不同国家更丰富多元的大众传播经验。[2]

《亚洲信使》也发表了很多与发展新闻学相关的文章。1975年的《亚洲信使》针对亚洲地区大力推广卫星电视教育的现象，指出世界上大部分通信卫星技术都被美国垄断，只有建立公平的国际传播政策，才能实现发展中国家的真正发展。[3]1976年的《亚洲信使》关注了当年两个重要事件：在哥斯达黎加召开的拉丁美洲政府间新闻政策会议，提出拉美各国要建立自己的国家新闻机构和区域性新闻机构；60个不结盟国家在新德里召开会议，协商成立第三世界新闻通讯社联盟。文章指出，西方媒体在报道发展中国家的发展问题时，只关注这些国家的冲突和矛盾，很少推广他们独立自主的发展经验。[4]同时期的中国也充分关注世界传播新秩序与亚洲地区发展问题。1981年，中国人民大学的林珊在《国际新闻界》上发表《"发展新闻学"与建立世界新闻新秩序》，称发展新闻学是建立世界新闻新秩序的办法之一，有助于纠正发达资本主义国家对发展中国家关于发展问题报道上的偏颇。[5]香港在这一时期对社会发展的关注与亚洲国家是同步的，都将如何实现发展、如何报道发展作为中心议题，期待亚洲各国间能分享经验，共同发展。

---

[1] 阿特休尔：《权力的媒介——新闻媒介在人类事务中的作用》，黄煜、裘志康译，华夏出版社，1989，第175页。

[2] 罗鸣主编《中国发展新闻学概论》，社会科学文献出版社，2010，第33、38页。

[3] "A Fair World Communication Policy," *The Asian Messenger*, no.1(Winter 1975):23.

[4] "Third World News Pools: Who Is the Big Brother?" *The Asian Messenger*, no.3(Autumn 1976): 38-40.

[5] 林珊：《"发展新闻学"与建立世界新闻新秩序》，《国际新闻界》1981年第3期，第19页。

施拉姆来到香港中文大学后,也利用地理优势从事了发展新闻学研究,香港中文大学传播研究中心订阅了十多份来自中国内地和印度、日本、韩国、菲律宾、新加坡、马来西亚、印度尼西亚等地的报纸杂志,[1] 施拉姆带领学生阅读这些报刊文本,观察亚洲国家的媒介使用、新闻流通等情况,出版了专著《第三世界的信息流动:对亚洲的个案研究》;该书对18份亚洲国家日报进行了内容分析,对国际通讯社在同时段内传到亚洲国家的新闻进行内容分析,对比东西方报道,分析了第三世界国家为何以及如何指控发达国家通过垄断话语权控制信息流动、对发展中国家社会发展进行不公平报道。[2] 施拉姆承认西方国家存在对第三世界国家发展的不公平报道,提出应该综合考虑新闻编辑"把关人"效应、报纸版面、东西方文化差异、读者等因素。他建议加强不同国家新闻人之间、新闻人与读者之间的对话,提出西方国家应该帮助发展中国家进行新闻训练,东西方国家的新闻人都应该提升对发展新闻学的理解。施拉姆认为,发展新闻学不应该是第三世界国家所认为的"正面宣传",而应该是那些具有长远社会意义的新闻,例如中国、印度等第三世界国家关于改善大众教育、提高大众医疗水平的新闻等。[3] 值得进一步讨论的是,施拉姆对于东西方信息流动不平衡的思考,侧重于报道和方法层面,淡化了世界新闻生产背后的政治经济背景,倡导正面宣传第三世界国家发展经验,一定程度上回避了西方国家片面报道背后的结构性问题。从这一时期香港传播学者整体研究情况来看,他们对改变世界不平衡信息结构进行了探索,呼应了第三世界国家建立世界新闻新秩序的倡议,展示了独立自主发展的精神。

本节借助对《亚洲信使》等史料的文本分析,尝试展示香港新闻传播研究受冷战影响的另一面,即对学科发展独立自主的探索。上节历史梳理中反复提到的美国东西方中心传播研究所,正是美国发展传播学研究的重镇,施拉姆曾在此担任所长,香港传播研究创业者余也鲁、李金铨、朱立先后在这里读书、做研究,香港传播研究第二代主力军陈韬文等也曾前往中心开会、访问等。但详细重访这段历史可见,这些学者并不完全认同西方传播学,而是不断基于经

---

[1] 王彦:《香港新闻传播学界的成名与想象(1927—2006)——专访台湾政治大学名誉教授朱立》,《国际新闻界》2017年第5期,第92-93页。

[2] Wilbur Schramm, Erwin Atwood, *Circulation of News in the Third World: A Study of Asia* (Hong Kong: Chinese University Press, 1981), p.11.

[3] Wilbur Schramm, Erwin Atwood, *Circulation of News in the Third World: A Study of Asia* (Hong Kong: Chinese University Press, 1981), p.178-181.

历和实践提出反思，例如李金铨对东西方中心传播研究所的回忆：

> （美国东西方中心）第一任所长是美国农业部退休的专家，他的重点不在学术研究，而在第三世界的"行动"项目，例如以传播手段在印度、巴基斯坦、菲律宾推广节育和农业知识……当时的教材很少，最流行的是施拉姆所编辑的《大众传播》和《大众传播的过程与效果》，虽然力图从其他老资格学科引进思想的元素，这两本书的脉络还是以接续哥大的旨趣为主。国际传播主要是围绕着麻省理工的几位政治社会学家，由勒纳发其端，接着又有白鲁恂（Lucian W.Pye）和普尔（Ithiel de sola Pool）等重要学者。这是冷战的知识产物，他们认为大众传播是促进第三世界现代化的利器，以防止国际共产主义的蔓延和鲸吞蚕食，统称为"发展传播"。[1]

这段学者回忆再度验证了《亚洲信使》文本呈现的内容。回看1970年代的香港，经济的繁荣带来了对于发展和现代化的热烈追求，大众传播的理论与实践正迎合了这一实际的社会需求，但在具体推进的过程中，香港新闻传播学者并没有直接认同美国逻辑，而是对第三世界国家和地区的大众传播实践案例展开多元的讨论，例如研究者们借助印度偏远地区通信卫星教育案例提出，现代化的信息技术只有与当地基础设施建设、民族风俗文化等多方面原因相匹配，才能真正推动发展。只有保持这样的问题意识，才能使知识的生产、理论的演进始终服务于实践的现实发展，而非理论，用同一套理论指导不同的实践。这些对不同亚洲国家的关注，也展示了当时香港新闻传播学者破除西方中心主义视角的努力。

第三节　资金与师资：香港对内地新闻传播研究的扶持

本章前两节讨论了西方现代化范式新闻传播研究在香港兴起的历史细节，

---

[1] 笔者于2017年8月16日于香港九龙塘太平洋咖啡馆访谈了李金铨教授，李金铨教授于2018年发表了回忆文章，依据时间顺序，本书相关引用均以李金铨教授本人发表的文章为准。参考李金铨：《传播纵横：学术生涯五十年》，《新闻记者》2018年第7期，第19-20页。

以及一代学人基于本土实践提出的反思,在"传播学在中国"的知识地图上补充了香港的重要部分。但也由此引出了两个问题:香港如何在美国与中国内地之间架起桥梁,使现代化范式传播研究从毗邻香港的沿海地区登陆,由南向北逐步落地?在现代化范式传播研究落地过程中,海峡两岸暨香港学者又进行了哪些"反思与重构"的探索,从而推动西方知识与本土实践的融合?向芬、陈培爱[1]等关于厦门大学如何在余也鲁帮助下建立内地第一个以"传播"命名的系进行了考察,为解决这些问题提供了重要史料线索,本章借厦门大学和深圳大学两个具有代表性的案例回应两个问题。

一、厦门大学:内地第一个以"传播"命名的系

香港对内地传播研究建制的帮扶首先从厦门大学开始,余也鲁对此付出的努力,是其中不容忽视的部分。1982年初,余也鲁在访问上海时,老报人徐铸成就曾和他谈过,想要在中国创办以"传播"命名的系。根据吴予敏回忆,当时余也鲁考虑在厦门大学、华南师范大学、深圳大学三者中选一所学校,建立内地第一个传播学专业。本来想选毗邻香港的深圳大学,以便联络沟通,但深圳大学学科基础不如其他两所,余也鲁派学生朱立继续考察,最后决定,厦门大学是老牌名校,学科建制成熟,厦门又是经济特区,是首创内地传播学的最优选择。[2]

1982年夏末,刚卸任的厦门大学校长曾鸣率团访问香港,同余也鲁商议在厦门大学设立内地第一个以"传播"命名的系。1982年8月,曾鸣邀请余也鲁访问厦门大学,与学校高层商议课程设置。同一时间,福建省委书记项南刚刚访美归来,在美国参观了几所设有传播研究课程的大学,他期待在自己建设新福建的蓝图中,加入传播与媒体人才培养的计划,项南书记亲自邀请余也鲁、徐铸成到福州商讨。项南书记曾说,"只有通讯了,厦门特区才会'特'起来,此事为当务之急,即使明年招生将至1987年才有学生毕业,为'四化'大业计,为时已至急了"。得到项南支持后,厦门大学党委成立了以徐铸成为主任的厦门大学新闻传播系筹建组,厦门大学校友、香港《大公报》老报人刘季伯和厦门大学副校长未力工为副主任,中宣部新闻局新闻理论与教育处洪一龙处

---

[1] 同时参考向芬:《开传播风气之先的厦门大学新闻传播系——厦门大学新闻传播系创办始末》,《东南传播》2008年第8期,第78-80页;陈培爱:《记华夏传播研究的奠基人——余也鲁教授》,《中华文化与传播研究》2013年第1期,第19-28页。

[2] 参考对吴予敏的访谈。

长、钱辛波[1]，以及复旦大学的一些学者也积极献计献策，筹建组还从外文系、中文系抽调陈安全、陈扬明等中青年教师支援新闻传播系。[2] 项南书记决定由省工程队负责在厦门大学建传播大楼，厦门大学捐出一笔近百万的建楼经费。随后，项南书记亲自带着厦门大学新闻传播系的草案赴京汇报，在一周之内便走完了设系的批准流程。[3] 1983年6月30日，经教育部批准，厦门大学新闻传播系正式建立，创立了中国内地第一个以"传播"命名的"新闻传播系"，开设了国际新闻、广播电视、广告三个专业。新华社《对外参考》发文称赞厦门大学"填补了我国高等教育文科的一项空白，在我党对外宣传史上是首创的事业"；上海《文汇报》称"厦门大学新闻传播系开设的广告专业，是我国高等院校中首创的新专业"；海外媒体也纷纷报道，称"中国广告业已有好苗头——厦门大学开办了广告学专业"。[4] 建系当年招收了第一批研究生，主要是国际新闻和广告学两个专业，第二年开始招收本科生，国际新闻专业招生20人，广告学专业招生15人。招生启事《厦门大学成立新闻传播系 今年正式招生三十五名》上明确了招生要求与就业方向：

> 国际新闻专业从外文类招生，要求有较高的英语水平，学制为五年，主要是培养能从事对外宣传及派驻国外的新闻工作者。广告学专业从文科类招生，要求有一定的美术基础，学制为四年，主要是培养能从事社会主义广告研究、教学、宣传、管理及设计制作的专门人才。广告学专业在国内还是第一个设置。
> 厦门大学新闻传播系还将设置广播电视专业，为广播电台、电视台培养能掌握现代传播手段的新闻采访与编导人才。[5]

---

[1] 钱辛波曾担任中国社会科学院新闻研究所副所长、《新闻学刊》主编、中国新闻学会联合会副会长兼秘书长。

[2] 潘潮玄：《更爱厦大的省委书记项南——项南与厦大》，《国际高等教育研究》2018年第1期，第41页。

[3] 向芬：《开传播风气之先的厦门大学新闻传播系——厦门大学新闻传播系创办始末》，《东南传播》2008年第8期，第78页。

[4] 王怡红、胡翼青主编《中国传播学30年：1978—2008》，中国大百科全书出版社，2010，第41-45页。

[5] 杨金德：《厦门大学成立新闻传播系 今年正式招生三十五名》，《新闻记者》1984年第4期，第6页。

余也鲁对厦门大学新闻传播系的创立倾注了很多心血，从收集国外资料、培训师资、联络境外专家讲学，他凡事都是亲力亲为。在传播学系基础设施建设方面，余也鲁提出建造中的厦门大学新闻传播系大楼应该模仿香港中文大学新闻传播系大楼，他亲自促成厦门大学建筑设计师到香港考察学习。余也鲁提出，香港中文大学"百万大道"旁边的"碧秋楼"是当时最先进的传播教育场所，一层有电子计算机中心和600平方米的电视演播室，新闻传播系教室和办公室设在二层，二层有两间配有当时最新教学媒体的新型教室，余也鲁希望中国内地传播学教育与"电化教育"都能有这样的教学设备。在师资与教学方面，余也鲁曾为了挑选一位优秀的英文教师，专门打越洋电话与美方候选人谈了30多分钟。[1]

创系之初，关于传播研究的教学内容，当时的教师都要一切从头学起。据厦门大学广告学教研室主任、被誉为"中国广告第一人"的陈培爱回忆，作为中国第一个广告学专业，当时一无师资，二无教材，三无课程设置。陈培爱曾于1986年9月至1987年1月，前往香港中文大学进修，学习传播学、广告学、公共关系学等专业课程，同时利用宝贵机会阅读港台地区出版的广告学教材，并结合实际对这些理论进行本土化创新，于1987年完成《广告原理与方法》初稿，这本书也是中国内地最早的一本广告学著作。[2] 在创业期，余也鲁主动和过去有联系的国外基金会沟通，帮助厦门大学补充资金和师资。他先后飞往德国、加拿大、纽约联络，最后联系到亚洲基督教高等教育联合基金会的总干事保罗·劳比博士（Dr. Paul Lauby），劳比博士当时正在主持资助亚洲各国高等教育发展计划，他曾访问过中国，对西北一两所大学有图书捐赠的计划，并打算在财政上帮助一些国家发展创新教育项目。1983年春天，劳比博士和基金会顾问、哥伦比亚大学教授胡昌度博士，共同访问厦门大学，回美后便决定了一个5年25万美金的资助计划，这笔资助对厦门大学新闻传播系的成长尤为重要。余也鲁利用这笔资助聘请了香港和美国的传播学、广告、公关专业学者前来讲学，例如美国加州大学传播学教授 Ted Smythe，以及授课时间最久、获得国家最佳外籍教师称号的 Dr. Janice Engsberg 等。这笔资助还用来选派厦门大学

---

[1] 同时参考向芬：《开传播风气之先的厦门大学新闻传播系——厦门大学新闻传播系创办始末》，《东南传播》2008年第8期，第80页；陈培爱：《记华夏传播研究的奠基人——余也鲁教授》，《中华文化与传播研究》2013年第1期，第19-28页。

[2] 陈培爱：《我的广告学术生涯》，载王怡红、胡翼青主编《中国传播学30年：1978—2008》，中国大百科全书出版社，2010，第589-591页。

青年教师到香港和美国学习，当时厦门大学有四位获得硕士学位的教师赴美进修，其中一位去斯坦福大学读了硕士后，还在普度大学取得了传播学博士学位。同时，这笔资助还为厦门大学新闻传播系从海外购买了专业的图书。[1]

余也鲁还亲自设计了厦门大学新闻传播系广告专业的规划及具体学科设置，为了落实广告制作的实务教学，他联络香港海天基金会捐款建立广告播音摄影实验室，亲自经手从实验室的装修，到摄像机、编辑机、灯光设备的配置等很多事宜。1984年6月24日至27日，余也鲁带领香港学者到厦门大学培训老师，设计教学大纲，访问团在厦门做了7场报告，介绍国外传播教育的情况和经验，就如何培养国际新闻、广告和广播电视专业人才等问题与厦门大学新闻传播系教师交换了意见，访问团还参观了厦门日报社、厦门人民广播电台、厦门电视台和湖里工业区。[2]

厦门大学创立了内地第一个以"传播"命名的系，同时首创国际新闻和广告专业，这是1980年代新闻传播学探索改革的重要事件。回到发生这段历史的时代，这些"首创"离不开港台学者的诸多帮扶，但也充分体现了沿海地区作为改革先锋在学术领域的创新精神。随着改革进一步深入，公共关系专业在另一沿海地区高校首创成立。

二、深圳大学：内地第一个公共关系专业

笔者通过对吴予敏的口述史访谈，重新发现了深圳大学在中国新闻传播研究走向现代化过程中的重要贡献。依据口述史线索，笔者找到了胡百精的《中国公共关系史》等重要史料，进一步基于深圳大学临近香港的特殊位置和当时的改革形势，深入考察了内地第一个公共关系专业兴起的过程。1984年，广州的中国大酒店、花园大酒店、白天鹅宾馆、东方宾馆等服务型企业都开设了公共关系部，广州白云山制药厂组建了首家国有企业公共关系部，基于此，1984年被称为"中国现代公共关系元年"。随着公共关系实践在中国的逐步开展，高校开始着手创办公共关系专业。1985年，成都大学教师钟文调任深圳大学，创办了大众传播系，该系下设大专层次全日制公共关系专业，成为内地第一个

---

[1] 参考对吴予敏、李少南的访谈，同时参考陈培爱：《记华夏传播研究的奠基人——余也鲁教授》，《中华文化与传播研究》2013年第1期，第19-28页；胡百精：《中国公共关系史》，中国传媒大学出版社，2014，第45-64页。

[2] 陈培爱：《记华夏传播研究的奠基人——余也鲁教授》，《中华文化与传播研究》2013年第1期，第19-28页。

公共关系专业，面向全社会函授招生。钟文等人当时去香港或国外出差，常随身带回一些最新的国外书籍资料，极大开阔了教师们的视野，深圳大学公共关系专业团队学习了西方大众传播理论，编写出了国内最早一辑"公共关系丛书"。中国人民大学新闻学院的涂光晋回忆，"那套教材对我的帮助非常大，虽然早年对国外理论的译介不一定准确，但把国外传播学、心理学和公共关系理论的大体框架引入了中国"。[1]

内地能够创办公共关系专业与当时本土经济的发展密不可分，吴予敏回忆称，1980年代初正值中国内地进行市场经济改革，深圳大学是全国第一个推行不包分配的大学，当时的中央新闻联播还重点宣传过，因此深圳大学的专业设置就要跟市场和就业紧密结合。当时在香港教书的朱立、何舟建议说，可以考虑开设公共关系专业，这个专业会让学生更容易找到工作。深圳大学请来了在珠海办传播研究所的陈韵昭、朱增朴，还有中国社会科学院新闻研究所国际新闻研究室的张黎，大家商议决定要在深圳大学创办公共关系专业。回看大众传播研究在中国兴起的历史，深圳大学也是具有标志性意义的，它创立了内地第一个以"大众传播"命名的系[2]，早期大众传播研究及公共关系专业课程也都是和香港教师（如朱立、何舟等）共同商议设计的。此外，台湾传播学者李瞻把一些台湾翻译的国外传播学书籍捐赠给深圳大学，深圳大学专门建了一个"港台馆"，供学生阅览学校购买的港台书籍和报刊。[3]

亚洲基督教高等教育联合基金会在厦门大学设立的5年25万美金的资助计划也有力地扶持了公共关系专业的起步。1986年，厦门大学新闻传播系青年教师纪华强获得了5000美元奖学金，前往香港进修传播研究和公共关系等课程，他从香港回来后，在厦门工人文化宫开办了连续三天的公共关系知识讲座，200多人的阶梯教室坐得满满的，连窗台上都挤满了人。他还记得，"余也鲁先生认为人类社会不喜欢广告这种斗争性强的沟通，而应该有更和谐的沟通。广告的哲学是斗争，公关的哲学是和谐"，他认为厦门大学新闻传播系从一起步就开眼看世界，从图书馆资料到师资队伍，皆属来自香港地区和西方的"正宗和前沿"：

---

[1] 胡百精：《中国公共关系史》，中国传媒大学出版社，2014，第61页。

[2] 需要区分：厦门大学创立了第一个以"传播"命名的系，深圳大学创立了第一个以"大众传播"命名的系。

[3] 参考对吴予敏的访谈。

我在香港进修时刚好赶上1986年香港民众发起抵制运动，反对在深圳建设大亚湾核电站。我观摩了一位美国老师以此为案例给学生们上的危机公关课。他把学生分成两半，一半人扮演内地政府，一半人扮演香港地区政府。内地政府研究如何平息民愤，怎么去跟香港民众沟通；香港地区政府则策划怎样才能让大亚湾核电站停建。策划、辩论、出新闻稿，借由学生亲自动手。后来我写公关教材时，很自然地加入了危机管理这一章；厦大新闻传播系的公关课程安排20多年没什么大变化，我发现也不需要太多变化。我们坚持的那些最基本的东西，原本就是经典，大可不变。教师更加重要，从1986年1月起，浸会学院传理系前主任张同教授在厦大教了两年《公关关系学概论》课，我给他做助教。[1]

由此足见，香港是内地公共关系专业发展的有力支持。回看香港公共关系专业发展的历史。1960年代初，英军退役少校哈维创办了香港第一家公关公司，1962年，伟达公关进入香港市场，1966年星岛日报社总编辑郑郁朗牵头成立了香港地区公关专业人员协会，到了20世纪七八十年代，香港浸会学院、香港中文大学、香港城市大学都在新闻传播学科下面设了公共关系专业，与香港在地理位置上接近的厦门大学、深圳大学也在这一时期充分利用了香港公共关系专业的师资、课程和资料。钟文在访谈中说，"当时香港有这么一批人，非常支持内地的开放。他们认为，公关的重要性已经在香港得到了证明，而改革开放的内地太需要公关专业和公关人才了。他们相信，公关将使内地更加开放和繁荣"。[2] 香港浸会学院传理系的老师来深圳大学讲课，只是象征性地收费，当时传真机在内地还是价格昂贵的"稀奇货"，一位香港老师自己从家里搬过来一台送给深圳大学公共关系专业，在钟文等校领导邀请下来深圳大学讲课的还有浸会学院传理系的林年同、香港城市大学新闻传播系的祝建华等。

大众传播研究的兴起，是一条经由港台进入内地的路径，当时很多刚接触到大众传播的研究者都是依靠港台地区的书籍学习的，内地出版的公共关系著作甚至保留了一些港台地区译介西方理论时的习惯用语。当时也有一些英文好的学者，可以阅读西方原著，郭惠民、吴友富、居延安等人是英语专业出身，有着海外经历，还能够翻译一些欧美的大众传播理论。1980年，居延安随复旦

---

[1] 胡百精：《中国公共关系史》，中国传媒大学出版社，2014，第49-50页。

[2] 胡百精：《中国公共关系史》，中国传媒大学出版社，2014，第51页。

新闻系的郑北渭教授前往美国夏威夷，参加美国东西方中心传播研究所举办的国际传播理论研讨会，曾与施拉姆面对面交流传播学问题，学习到了一些公共关系理论，之后又到美国纽约州立大学访问，系统学习美国的传播研究，他认真整理自己在美国学习的笔记，加之多年研读美国传播研究的积累，于1989年出版了《公共关系学导论》一书。[1]

除了厦门大学传播系和深圳大学公共关系专业两个案例外，改革开放后，余也鲁等港台学者利用自身学术资源在很多方面扶持了内地传播研究成长。1988年，复旦大学的戴元光、邵培仁、龚炜共同出版了《传播学原理与应用》，余也鲁看到这本书后，亲自给作者们写了一封信。余也鲁说，自己很欣慰看到了内地人写的第一本传播研究专著，他还推荐戴元光去美国访问学习，当时叫作"现代报人特别培训"。1989年5月，戴元光获得了美国奖学金，到美国边听课边做研究，他积极学习美国传播研究方法，还到美国《纽约时报》、"US to"和"美国之音"等几十家新闻单位访谈调研，在深入美国学界和业界的过程中，加深了对传播研究的理解。1991年，戴元光与美国东西方研究中心的朱谦（Godwin Chu）合作用定量方法研究中国的文化传播问题，研究中国人的观念变化。戴元光还与学生用两年时间研究中国西北、西部地区媒体的发展、传播如何引起人的价值观转变等，最后形成了25万字的研究成果，美国东西方中心传播研究所的同行称赞其"写得绝妙"，朱谦说，"我以前没有看到大陆的文化传播研究成果，现在你终于搞出来了"，台湾的汪祺教授给戴元光写信说，该书是她目前看到的国内用定量研究方法研究西北文化最好的一本书。[2]

重访厦门大学创立第一个以"传播"命名的系、深圳大学创立第一个公共关系专业等历史现场，充分可见余也鲁等港台学者在中国新闻传播学范式转型中发挥的重要作用。在资金方面，余也鲁利用在浸会创立传理系、在香港中文大学开设大众传播研究型课程的人际优势，为内地前沿专业的初创积累了基金，扶持了早期发展；在师资方面，香港学者及由香港学者牵线搭桥结识的美国学者们，不仅亲自讲学，也致力于培养青年力量，维系了前沿专业师资的稳定性；在专业建设方面，无论是书刊资料还是课程设计，都由香港和美国学者主导，但也因此使中国内地早期传播研究不可避免带有西方现代化范式的痕

---

[1] 胡百精：《中国公共关系史》，中国传媒大学出版社，2014，第45-64页。

[2] 《传播学研究的时代背景和现实基础——访上海大学文化与传播研究中心主任戴元光》，载袁军、龙耘、韩运荣：《传播学在中国——传播学者访谈》，北京广播学院出版社，1999，第18-27页。

迹。但获得港台资助并不意味着复制西方范本，下节开启的对具体研究过程的重访，将证明中国学人从未放弃对知识本土化的探索。

第四节　华夏传播研究：中国特色传播学的本土化探索

在中国传播研究学术史中，学界普遍提到具有标志性意义的会议是1982年"第一次全国传播学研讨会"[1]，这次会议是内地首次以"大众传播研究"为主题召开的会议，因此依据史料发现了另一个以"第一次"命名的相关会议，即余也鲁于1978年3月在香港主办的"第一届中国传播研讨会"。而两个"第一次"的对比也引出一个重要问题，即在内地学者刚刚接触大众传播研究时，港台学者对大众传播研究已经经历了消化吸收、反思重构的过程，开始进入积极探索本土化路径的阶段。余也鲁被视为最早提出"传播研究中国化"的学者，这一学者群体提出将中国传统文化作为传播研究重点，在施拉姆与余也鲁1982年访华之旅中，他们曾提出"中国传"，施拉姆曾借此概念表达对中国研究的兴趣：

> 我是一个一直对中国悠久的历史和文化非常景仰的美国人，现在来到了中国。这种经历是非常动人、非常愉快的。中国是一个古老的国家，曾把她五千年历史的经验、智慧提供给了世界上的人。美国历史很短，美国人在过去短短的几十年中研究大众传播中有一点点体会，把这一点点体会拿来报答五千年中国历史对全世界的贡献，实在是微不足道的。可是我觉得如能在这方面尽一点责任，我心里会是非常愉快的。[2]

余也鲁还回忆称，施拉姆在港任教的两年里，十分寄希望于中国学者能将传播理论发扬光大。施拉姆对余也鲁说过：

> 我们在西方文化背景中学习科学研究方法与理论的人，看见中国长春的文化和悠久的传的艺术，总免不了会肃然起敬。我们常想，中国人

---

[1] 本书将在下一章详细讨论该会议。参考王怡红、胡翼青主编《中国传播学30年：1978—2008》，中国大百科全书出版社，2010，第29-40页。

[2] 宣伟伯：《传学的发展概况》，《新闻学会通讯》1982年第14期，第16-18页。

那种深邃的智慧和洞达,要是有一天能用来帮助西方人多了解自己的工艺知识,增加我们在实验方面的体会,应是十分令人鼓舞的事。

许多人已注意到现代中国人在传的学问上认识的深刻和精到,不但反映了悠久的历史传统,且常能推陈出新。[1]

从时间脉络上看,港台学者更早探索中国传统文化与现代化研究方法融合,标志性会议包括1978年在香港召开的"第一届中国传播研讨会"和同年在台北召开的第二届中国传播研讨会,以及1993年在厦门召开的"首届海峡两岸中国传统中传的探索"座谈会。对这三次会议重访可见,从"中国传"到"华夏传播研究",海峡两岸暨香港的学者在相关学术活动中不断交流互动,结成共同体,不断产出成果,传播研究中国化的进程也因此不断向深入发展。

一、香港第一届中国传播研讨会:对华夏传播研究的探索

1978年3月,余也鲁在香港主办"第一届中国传播研讨会",参会学者包括海峡两岸暨香港一些大学历史学、社会学、人类学、心理学、文学与传播学等专业的学者,大家从不同角度着手研究中国传统文化中传的艺术,希望找到探索与分析的途径。余也鲁在会上做了报告《中国文化与传统中传的理论与实际的探索》:

我们除了可以在中国的泥土上学习与复验这些(西方传播)理论外,以中国人的智慧,应该可以从中国的历史中找寻到许多传的理论与实际,用来充实、光大今天传学的领域。[2]

余也鲁等港台学者尝试借助中国传统文化,开辟传播研究新领域,但在研究中国传统文化时,他们所使用的方法仍旧是调查统计、计量分析等西方传播研究方法,"中学为体、西学为用"成为港台学者研究"中国传"的特色:

---

[1] 余也鲁:《论探索(代序)》,载余也鲁、郑樑主编《从零开始:首届海峡两岸中国传统文化中传的探索座谈会论文集》,厦门大学出版社,1994,第3页。

[2] 余也鲁:《中国文化与传统中传的理论与实际的探索》,载宣伟伯:《传学概论——传媒、信息与人》,余也鲁译述,中国展望出版社,1985。

一九六〇年代，传播研究的范围有了新的扩展；不只是传媒种类增加了，也有了性质上的若干改变。通过调查研究与计量分析方法，在台、港进行了一些传播形态的研究，把美国发现的一些基本理论，在中国人当中复验，诸如意见领袖的找寻、二级传播说的求证。
……

中国历史悠久，史籍浩瀚……我们可以像其他社会科学一样，从传的体制下手。这包括传的媒介，例如文字、纸笔、活字的发明；例如邮驿、庠（庠）塾、邸报、榜文的创设；例如御史、私学、乡遂、清议的存在，都是为了通消息、达意见而有的工具或制度。从传的媒介的产生、功能与影响，可以观察到传播如何在中国社会演变中的作用，应该可以找出一些原则。[1]

1978年6月，第二届中国传播研讨会在台北召开，主办方为香港中文大学传播研究中心与台湾政治大学，余也鲁、徐佳士、朱立等30多位学者参会。大家继续从传播学、新闻学、社会学、历史学等不同专业出发，讨论中国人在传的艺术上取得的成就，比如我们的祖先用什么方法传播政令，深入民间，怎样用歌诀、民谣传达消息，革命的思想如何传播，新发明和新思想如何传播，传播工具的制作以及说服方法的推陈出新等。施拉姆亲自参加了两次研讨会，指导与会学者，同时指出，从张骞探西域，到郑和下西洋，"中国传"的研究可以为整个传播研究的疆域打开新局面。两次研讨会最终确立了研究"中国传"的十二个突破口：

（1）传与创新；（2）政治传通的结构与途径；（3）传与革命；（4）人际传播的特征；（5）说服的理论与实际；（6）环境（SETTING）与传通；（7）符号与传；（8）民间传通途径；（9）传播工具及其影响；（10）中外文化接触中"传"的活动；（11）从语言的浓缩与过滤中找"传"的原则；（12）基本的传播的观念的研究。[2]

---

[1] 余也鲁：《中国文化与传统中传的理论与实际的探索》，载宣伟伯：《传学概论——传媒、信息与人》，余也鲁译述，中国展望出版社，1985。

[2] 余也鲁：《论探索（代序）》，载余也鲁、郑学檬主编《从零开始：首届海峡两岸中国传统文化中传的探索座谈会论文集》，厦门大学出版社，1994，第8页。

1982年，余也鲁在《新闻学会通讯》第17期上发表文章《在中国进行传播学研究的可能性》，借助自己对中国历史文化的了解，将中国人熟悉的王安石变法等典故加以"传"的理论解读，并以此将中国的实践与西方的理论联系在了一起，吸引更多的内地学者开启这一方面的研究：

> 我再来谈谈传学的研究。历史研究的例子，是王安石变法。"变法"在现在的意思就是"创新"。王安石想通过一些新的制度、新的想法，来引起社会上的一些改革。他变法的时候得到了皇帝百分之百的支持，可是他的变法是失败的。范仲淹在四十年后也进行变法，他的变法成功了。两种同时都是创新，都是一种社会改革的方案，为什么一个失败，一个成功呢？王安石的方案是很好的，也是当时社会上需要的，又有皇帝支持，应该很有效，为什么他不能把方案实现呢？我们发现，他的传播工作做的不大好。他说服了皇帝，可是大臣们都反对，而且民间并不了解他的方案的好处和性质；换句话说，他没能充分地把这个观念从上面传到下面，没有上下面了解方案的好处，他就开始实行了，结果在中层遭到很大阻力，以至于他功败垂成。[1]

以上史料呈现了港台学者"中国传"研究在文本层面的内容，将"中国传"拆成"中国"与"传"可以解释这一理论框架，即用"传"的方法从事对"中国"的研究。这一范式的建构与港台学者的特殊历史文化背景相关联，回到本章开篇，钱穆等学者创办新亚书院的目的正是"光复传统文化"。在笔者开展的港台学者口述史中，被访者也较多谈到香港早期书院创建者对传统文化的情怀。理解了较早学习现代化研究方法又对传统文化有着深厚情感的一代学人，以"中国传"为题便不难理解。随着改革进程深入，港台学者将相关研究经沿海地区进一步向内地推进。

二、"华夏传播研究项目"：传播研究中国化的落地

1978年的两次中国传播研讨会都在港台地区召开，随着改革进程深入，会议地点开始延伸至内地沿海地区。1993年，"首届海峡两岸中国传统中传的探

---

[1] 余也鲁：《在中国进行传播学研究的可能性》，《新闻学会通讯》1982年第17期，第18-21页。

索"座谈会在厦门大学召开。在这一会议召开的同年,厦门大学还召开了由中国社会科学院新闻研究所和厦门大学联合举办的第三次全国传播学研讨会[1]。第三次全国传播学研讨会明确提出要"建立有中国特色的传播理论体系",学者们纷纷提出,要对国外传播理论进行消化、吸收与本土化的创新。[2]可见,利用传播理论研究中国问题的问题意识已经开始影响到了内地。1993年的"首届海峡两岸中国传统中传的探索"座谈会邀请了台湾传播专业创始人徐佳士、中国社会科学院新闻研究所所长孙旭培、复旦大学经济思想史家叶世昌、南京大学民俗学家高国藩、厦门大学隋唐五代史家郑学檬等,会议得到了美国联合基金会的支持,由厦门大学出版社出版了会议论文集《从零开始:首届海峡两岸中国传统文化中传的探索座谈会论文集》(目录详见表2.4)[3],对于论文集为何命名"从零开始",余也鲁这样解释:

> 这次座谈会应该是现代中国首次跨学科的,比较有系统的有关传学的讨论,与会的有文学、哲学、历史、语言、民俗、人类学、经济、传播及应用传学等学科的专家,各就本身专业中对传播已作和可作的研究,抒发极宝贵的意见与看法。除了"传与创新"、"环境"两个入口外,其他十个入口,都有甚具水平的论文与探讨。
>
> ……
>
> 如果要给我这个总结报告加个题目的话,只有四个字:"从零开始",因此今天不是结束,而是一次较大规模的探险的开始。让我们勇敢地跨出第一步。[4]

---

[1] 前两次全国传播学研讨会分别于1982年在北京召开、于1986年在安徽黄山召开。

[2] 铭辛文:《第三次全国传播学研讨会综述》,《新闻大学》1993年第3期,第61页。

[3] 余也鲁、郑学檬主编《从零开始:首届海峡两岸中国传统文化中传的探索座谈会论文集》,厦门大学出版社,1994。

[4] 余也鲁:《从零开始——首届海峡两岸中国传统中传的探索座谈会总结》,载余也鲁、郑学檬主编《从零开始:首届海峡两岸中国传统文化中传的探索座谈会论文集》,厦门大学出版社,1994,第288-291页。

表2.4 "首届海峡两岸中国传统中传的探索"座谈会论文目录[1]

作者	论文题目
余也鲁	论探索——回到历史，回到中国
徐佳士	简略检视台湾学界传播研究中国化的努力
郑学檬	中国传统的传播观念初探
孙旭培	谚语格言与传的原理
乔健	略说中国传说中有关语言或传的计策行为
朱增朴	论中国朝野之间的传通
吴予敏	从"礼治"到"法治"：传的观念
张玉法	辛亥时期的革命宣传：台湾地区学者研究成果之检讨
黄金贵	从"传"探索古代中国传播的类别与特征
高国藩	借物传声与以声传意——中国传统文化中声的传通探索
叶世昌	中国古代的商业和传播
张学洪	从孟城驿遗存看古代邮驿系统的结构与功能
陈亚兰	浅论先秦百家争鸣与文化大传播
倪迅	试论中国人际传播的若干特征
戴元光	论西北文化传播的特征与机制
李国正	我国春秋时期的说卦与讯息传播
郭锋	谈中国古代五行灾异符应说物象传媒体系的建构
周旻	中国古代艺术批评与符号传播的伦理化倾向初探
吴伟	中国历史上一次成功的中外文化交流——从跨文化传播的原理看佛教在中国的传播
陈安全	物我两浑 情景交融——中国古诗词中的内省传播研究
纪华强	现代公共关系在中国发展的深层文化心理基础
陈培爱	广告传播与中国传统文化的融入
余也鲁	从零开始——首届海峡两岸中国传统中传的探索座谈会总结

徐佳士在会上做《简略检视台湾学界传播研究中国化的努力》报告，梳理了近年来台湾学者的"中国传"研究成果，徐佳士将其分为八类：传播史、传

---

[1] 参考余也鲁、郑学檬主编《从零开始：首届海峡两岸中国传统文化中传的探索座谈会论文集》，厦门大学出版社，1994。

播观念、一般传播理论、人际传播、非语文传播、口语传播、政治传播、传播伦理。台湾是学习西方传播研究的前沿阵地，但徐佳士在报告中提出了反思，"台湾学者在努力消化西方理念之余，没有剩下多少精力去探究我们自己文化中关于传播的理念和智慧"，"在台湾，传播作为一个学术领域，已开始步出纯然接纳西方成果的阶段，很多在台湾所做的研究固然大致上仍旧是西方同类研究的复制，但是真正本土性的探讨已越来越多"。[1]

吴予敏是当时深圳大学的青年教师，他于1988年出版了国内第一本传播研究本土化专著《无形的网络：从传播学的角度看中国的传统文化》，这本专著与施拉姆访华有一定关联。在1986年至1988年间，吴予敏在中国社会科学院文学研究所做文学博士生，主攻中国美学史，对中国的历史文化有深厚的了解。他做博士论文时偶然接触到了施拉姆撰写、余也鲁翻译的《传学概论——传媒、信息与人》，对于这门新学科产生了浓厚兴趣，于是又读了施拉姆的《传播学概论》、麦奎尔的《大众传播模式论》和联合国教科文组织编写的《多种声音，一个世界》，这些新兴理论启发他尝试从信息传播的角度解读中国传统文化的"传"，有感而发写了一本小书，接受了"蓦然回首"丛书编委会的约稿，最终出版了《无形的网络：从传播学的角度看中国的传统文化》。年轻的吴予敏也因为出版了这本书而被邀请出席"首届海峡两岸中国传统中传的探索"座谈会，余也鲁还在会后专门和他探讨其中章节。[2]

1993年，在香港海天基金会资助下，华夏传播学术委员会成立，郑学檬担任主编，黄星民担任协调人，余也鲁、徐佳士、孙旭培、陈培爱都是委员。"首届海峡两岸中国传统中传的探索"座谈会结束后，余也鲁等与会学者设立了如下几个期待实现的目标：将会议论文出版成书；在未来两三年间出版关于中国古、近代传播方面的书；搜集海峡两岸暨香港关于"中国传"的著作，建成资料库，设在厦门大学新闻传播系图书馆；筹集资金供有志趣的青年学者从事"中国传"研究；举办第二次"中国传"研讨会。[3]

---

[1] 徐佳士：《简略检视台湾学界传播研究中国化的努力》，载余也鲁、郑学檬主编《从零开始：首届海峡两岸中国传统文化中传的探索座谈会论文集》，厦门大学出版社，1994，第10-15页。

[2] 参考对吴予敏的访谈。

[3] 余也鲁：《从零开始——首届海峡两岸中国传统中传的探索座谈会总结》，载余也鲁、郑学檬主编《从零开始：首届海峡两岸中国传统文化中传的探索座谈会论文集》，厦门大学出版社，1994，第286-291页。

1994年11月29日至30日，余也鲁、徐佳士、孙旭培、郑学檬、郑松锟在厦门大学开会，决定由孙旭培主编《华夏传播论》，并以招标形式组织"华夏传播研究项目"，这一项目先后得到香港海天基金、亚洲基督教高等教育联合基金会的资助，台湾政治大学陈世敏将其称为"传播研究中国化"的发端；1994年，台湾传播学者关绍箕在正中书局出版了《中国传播理论》；1997年，孙旭培主编的《华夏传播论——中国传统文化中的传播》也出版了。这些研究提出，中国传播理论具有纯学术和实用价值，未来研究方向应该是用西方传播理论和方法来分析中国古代、近代和现代的传播活动，要实现传播理论中国化。这些成果也展示了中国传播学人追求知识本土化的强烈意愿。

2023年是厦门大学新闻传播系成立40周年，首届"海峡两岸中国传统文化中传的探索座谈会"召开和厦门大学传播研究所成立30周年，在此历史节点追溯大众传播研究经由香港在沿海地区兴起的历史，具有重要纪念意义。已有史料已证实，冷战时期美国对香港新闻传播学的现代化产生了深刻影响，但重访的目的之一在于揭示当时及后辈学人为本土化做出努力的面向，将"冷战与学术""西方与本土"两条理论脉络勾连起来，将海峡两岸暨香港不同区域的知识生产勾连起来，客观辩证地理解历史，是回溯历史应该获得的新视野。回到历史现场，"中国传""华夏传播"的兴起不失为是一代学人对传播研究中国化的探索，也是基于当时社会现状推动中国新闻传播学范式转型和知识创新的一种现实选择。但随着研究视野不断被打开，中国学术自信的不断增强，对传播研究中国化的探索不再局限于以"传"的方法研究"中国"的文化，本书上一章所描述的"从实践中走来"的中国新闻传播学，正是对重新发现历史的一种探索。只有回归中国革命、回归中国经验，才能真正发现新闻传播学的中国特色。

第三章　融合与转型：重访中国特色新闻学与现代化传播研究方法的知识互构（1982—1986）

本章重访的1982—1986年是中国改革开放初期，经济突飞猛进发展，社会向现代化快速迈进，学界各领域都开始以"知识生产服务四个现代化"的强烈意识寻求本学科转型之路。正如社会学家周晓虹所说，1978年后，中国社会学话语体系的建设集中在努力实现社会主义现代化及与此相关的社会转型实践之上，社会学的重建要以中国一个十几亿人口大国实现腾飞过程中遇到的现实问题为研究导向。[1]在1978—1982年间，中国新闻界基本完成"拨乱反正"，正式进入新闻改革阶段。1982年后，新闻界先后经历了施拉姆访华、第一次全国传播学研讨会召开、首次以现代化方法研究读者的"北京调查"、复旦大学77级学生开展"新闻与宣传"关系讨论等重要历史事件[2]，由此可见，新闻学界这一时期也在积极以服务现代化为目标探索学术范式的转型创新。过往研究或在传统新闻学脉络里探讨新闻改革中保留的中共传统，或在传播学脉络里发掘新闻改革中借鉴的现代化研究方法，与这两条各自独立的研究线索不同，本章重访的目的在于厘清中共新闻传统与现代化传播研究方法的知识互构过程。"互构"也可以表述为"融合与转型"，即论证1980年代传播学人如何在新闻改革大趋势中对现代化研究方法进行"系统了解、分析研究、批判吸收、自主创造"，从而使新闻学重获生机，对"融合与转型"历史过程的重访将为今天需要不断面临技术迭代的新闻传播业发展提供有益经验。

---

[1] 周晓虹：《改革开放与中国社会学重建的话语叙事——以40位社会学人的生命历程为例》，《中国社会科学》2022年第12期，第146页。

[2] 这些重要历史事件在重要纪念时期都曾被反复提及，这也是本书选择这些事件并借此开展重访的原因。

第一节　确立"现代化"主题：重考 1982 年施拉姆访华

1982年施拉姆访华被视为中国新闻学界重要历史事件，被称为中国传播研究的"破冰之旅""助燃剂"，很多亲历者都对这一标志性事件进行了回顾，如徐耀魁的《施拉姆对中国传播学研究的影响——纪念施拉姆来新闻研究所座谈30周年》[1]、陈崇山的《施拉姆的理论对我的指引》[2]、姜飞的《中国传播研究的三次浪潮——纪念施拉姆访华30周年暨后施拉姆时代中国的传播研究》[3]等。这些访谈和回忆录是考察施拉姆访华的珍贵史料，但却存在过于偏重描述北京之行的问题，随着研究深入，罗昕于2017年发表《被忽视的登陆点：施拉姆、余也鲁广州讲学35周年的历史考察》，系统论证施拉姆、余也鲁1982年访华登陆点不是北京而是广州，进一步厘清施拉姆经由香港前往广州的亚洲之行，[4]与本书上一章的香港新闻传播研究形成呼应。关于"1982年施拉姆访华"的历史考察，现有研究或过于重视北京，或重新发现广州，在一定程度上忽视了在上海复旦大学的讲学经历。本节将分别展开对广州、上海、北京三地的重访之旅，梳理三地讲学在目的与内容等方面的异同。本研究也由此发现，施拉姆三地讲学不变的主题正是"现代化"，这不仅没有背离他作为奠基人创立传播学科的初衷，也在一定程度与当时中国改革的主题达成契合。可以说，施拉姆访华给中国新闻学界带来的"变"与"不变"，都应被视为是知识与社会互动的结果。

一、广州之行：中国电化教育的现代化

重访广州之行需要首先明确的是，对施拉姆的邀请并非来自新闻学界，而是当时的电化教育界，当时学者邀请施拉姆的目的在于改革初期中国教育界对学习先进教育手段的需求。对于这段历史的重访，将为新闻学界打开全新的跨

---

[1] 徐耀魁：《施拉姆对中国传播学研究的影响——纪念施拉姆来新闻研究所座谈30周年》，《新闻与传播研究》2012年第4期，第9-14页。

[2] 陈崇山：《施拉姆的理论对我的指引》，《新闻与传播研究》2012年第4期，第14-18页。

[3] 姜飞：《中国传播研究的三次浪潮——纪念施拉姆访华30周年暨后施拉姆时代中国的传播研究》，《新闻与传播研究》，2012年第4期，第19-31页。

[4] 罗昕：《被忽视的登陆点：施拉姆、余也鲁广州讲学35周年的历史考察》，《国际新闻界》2017年第12期，第22-33页。

学科视野。早在1975年，邓小平在主持中央党政军日常工作时，强调要整顿教育，重点指出教育在实现现代化过程中的重要地位；1977年10月19日，前英国首相爱德华·希思访华，邓小平谈到中国在恢复教育过程中的艰难和教育资源的短缺，希思表示愿意提供英国开放大学（The Open University，英国于1969年建立的远程教育大学）有关资料；1978年2月，国家教委（教育部）与中央广播事业局联合向邓小平与国家科学技术委员会主任方毅送交《关于筹办电视大学的请示报告》，获邓小平亲笔批示；1978年4月18日，教育部党组再次向邓小平递交报告，建议邀请英国开放大学代表团来华介绍关于现代化教学手段；1978年4月22日，邓小平在全国教育工作会议上讲话指出，"要制订加速发展电视、广播等现代化手段的措施，这是多快好省发展教育事业的重要途径，必须引起充分的重视"；1979年2月6日，中央广播电视大学正式成立。[1] 可以说，在短短两年间，恢复教育的紧迫目标使得广播、电视等大众传播工具开始应用于公共教育的普及，广播电视大学也成为新闻学界和教育学界的交叉研究地带。

随着广播电视大学的建立，1979年至1984年间的《人民日报》上涌现出很多讨论电视大学、电化教育的报道，例如《一所"没有学生"的大学》《辅导学生看好电视 上海向阳小学开设社会信息课》《瑞士的"视听教学"》《电视进入孩子们的生活》《美国业余教育的作用》《印度将使用计算机和电视教学》《微机电视辅导函授班开学》等。这些报道积极宣传了西方国家电视在知识普及、信息传播等领域的应用。

> 美国有成千上万的人在业余时间学习一种新的技能和知识。有的是在工余去补足过去没有学完的课程，有的是工作几年后重新返校学习，据统计，利用部分时间进修成人教育课程的人数从1961年的1,300万上升到七十年代末的2,000多万，平均每8个十七岁以上的人中就有一人。美国的业余教育，实际上就是成人教育。
>
> 目前，美国普通大学招生不足，而各种业余学习却完全相反。于是，普通大学的成年教育部门越来越显得重要。成年教育的学制短、收费低；上课时间也有伸缩性，可以半工半读，可以全读，有夜间上课的，也有

---

[1]《中国教育年鉴》编辑部编《中国教育年鉴（1949—1981）》，中国大百科全书出版社，1984，第62页。

周末上课的。此外,有电视教学,人坐在家里通过电视听课、电话提问以及讨论。他们所学的是实用科目,从工商企业管理一直到有线电视职业。成人教育已成为寻求新的职业的途径。[1]

为了进一步学习现代化信息技术,1978—1979年间,国家教委(教育部)先后派代表团前往日本、加拿大、英国等国家和港台地区参观访问。1979年,广东省教育厅厅长林川带队前往香港中文大学传播系,余也鲁亲自安排了访问团的行程,并做经验介绍。余也鲁向考察团学者介绍了传媒如何在教育上发挥作用,他从旧的影音教学讲起,展示了录音、电视等现代教育媒介,介绍了如何利用媒介技术进行新的教学设计,和大家分享了英国公开大学的电教化经验。他还讲解了卫星教学,以及如何利用媒体进行学校之外的普及教育、基层农业的培训和大众的自我学习。[2] 这些内容对内地领导和学者有很大吸引力,林川局长表示,"时间太短,行程太紧,把余教授请到北京去讲"。经多方协调,施拉姆、余也鲁确定了1982年4月的访问广州之旅,二人当时住在最高规格的中南局招待所——东山宾馆。

1982年4月21日,施拉姆、余也鲁在广州华南师范大学开设"现代教育传播理论讲习班",面向全国300多名电教专业研究者系统讲解传播理论。学术报告长达7天,施拉姆、余也鲁介绍了传媒教学的8个问题,内容收录在1986年出版的《传媒·教育·现代化——教育传播理论与实践》一书中,讲稿题目分别是《教学·新工具·人——怎样克服对新教育科技的阻力》《教师·媒介·效果——怎样选择教学媒介》《集中·分体·实效——教学软件制作的路线》《实验·理论·新事物——介绍五个新事物传播的实验》《广播·卫星·现代化——介绍两个卫星教学实验》《电视·图画·新学习——电视在现代化教学中的新任务》《知识·媒传·大学——现代媒传教学的理论与实施》。在广州讲学中,施拉姆、余也鲁介绍了印度为期一年的"卫星直播教学电视实验"[3]、南太平洋卫星教学等案例,并鼓励中国充分利用通信卫星技术实现现代化:

---

[1] 陈诗信:《美国业余教育的作用》,《人民日报》1982年12月17日第7版。

[2] 余也鲁:《传播学及"中国传"在中国破冰之旅(1982—2002)》,载王怡红、胡翼青主编《中国传播学30年:1978—2008》,中国大百科全书出版社,2010,第609-619页。

[3] 这一案例也是上一章所提到的《亚洲信使》中的研究内容。

我们相信，中国有一天会考虑到通讯卫星的问题，时间可能比我们想象的还快。要是中国也用卫星，一定会参考一下其他国家用通讯卫星的经验。中国若用通讯卫星，当然不是因为有只大铁鸟绕着地球赤道飞，可以增几分光荣。中国一定会考虑这颗卫星会不会对急需的现代化作出最大的贡献，对中国作出贡献。[1]

施拉姆广州之行的影响并不止于七天讲学，在随后几年里，余也鲁协助华南师范大学创办了中国第一个电化教育专业，华南师范大学至今仍旧把施拉姆的像挂在办公室，将他作为华南师范大学电教化学科建制的标志性人物。[2] 1983年2月至7月，余也鲁筹集经费，组织人力，邀请内地学者访问香港中文大学。华南师范大学的李运林、李克东前往香港中文大学传播研究中心学习，余也鲁亲自指导他们研修了《传播理论》《传播研究方法》《教育电视》《计算机辅助教学》四门课程，这批教师回到内地后，利用所学知识进行了电化教育的学科建设。1983年8月，华南师范大学获批创办了第一个电化教育本科专业，余也鲁亲自参加该专业的开学典礼，还做了学术报告。余也鲁还筹集经费设立"三八传播学奖学金"，专门奖励该专业中品学兼优的女生。1985—1987年间，华南师范大学骨干教师徐福荫、许翔、黄乔峰、郑毅冰等都得到余也鲁奖学金的资助，前往香港中文大学深造学习，华南师范大学的吴社章、郭琴两位老师在余也鲁的资助下分别在美国和澳大利亚取得博士学位。[3] 余也鲁还将电化教育研究容纳进了中国传播研究中。1982—1983年间，余也鲁在《电化教育研究》等杂志上发表了《电视在现代化教学中的新任务》《信息·教育传播·现代化——教育传播的发展、现状与明天》等文章，分享最新研究成果。总体来看，余也鲁的电化教育研究与施拉姆是一脉相承的，都是期待中国社会通过现代化技术实现传统社会的转型。

施拉姆、余也鲁广州之行并没有与当地新闻学者进行交流，但长达七天的

---

[1] 宣伟伯、余也鲁：《传媒·教育·现代化——教育传播的理论与实践》，高等教育出版社，1988，第154页。

[2] 参考对吴予敏的访谈。

[3] 同时参考李运林、李克东、南国农等：《协同创新30年——纪念华南师范大学创办新中国第一个电化教育专业30周年》，《电化教育研究》2013年第11期，第5-23页；黄慕雄、刘竞、张学波、罗昕：《余也鲁教授与华南师范大学传播类学科群的建立与发展》，《中华文化与传播研究》2013年第1期，第33-36页。

学术报告却在后续深刻启发了新闻学，这便引出一个重要问题，即新闻学与教育学的交叉研究地带，如何将广播、电视等服务于新闻学的传媒工具应用于大众教育的普及，这也为当时新闻改革期待为四个现代化作贡献找到了一个支撑点。随后，施拉姆在上海、北京开始与新闻工作者及研究者充分交流，并受到新闻界极大重视。

二、上海之行：广播与电视的现代化

广州之行后，施拉姆和余也鲁便飞往杭州，因为时间紧迫，没来得及去杭州大学讲座，当天乘坐火车前往上海复旦大学讲座，住在有名的锦江饭店。与广州之行不同，复旦大学校方召集了新闻系学生前来学习，为施拉姆、余也鲁二人共安排了两场讲座。据亲历者孙瑞祥[1]的回忆，1982年4月28日，在复旦大学第三教学楼南面的一间教室里，施拉姆进行了第一场学术活动，事实上参加座谈的只有二三十人，包括复旦大学新闻系教师王中、郑北渭、舒宗侨、陈韵昭等，还有77级新闻系学生孙瑞祥、陈小鹰、李晓露、刘晓红等。复旦新闻系学生大都学过摄影，学校发给每人一架海鸥135单反相机用于实习，座谈会现场就有同学带去了单反相机，陈小鹰抓拍到了施拉姆演讲时眉飞色舞的精彩瞬间。余也鲁首先讲话，他十分幽默地说，"天不怕地不怕就怕广东人说普通话，我做不得翻译，请贵系陈韵昭女士代劳吧，谢谢"，随即起身鞠躬。座谈会从始至终气氛热烈亲和，互有问答。李晓露提问：传播与宣传的关系若何？如果说传播是"客观"性质的信息广播行为，那么，是否宣传不算其内？施拉姆谈了自己的观点，并且说这个问题很好，值得研究。刘晓红提了两个，其中一个是宣传与"魔弹说"的关系。施拉姆说这个问题提得好，可得个"A"。

1982年4月29日，复旦大学在一个可容纳300人的阶梯教室里为施拉姆、余也鲁举办大型报告会。施拉姆发表演讲《报纸的力量和电视的力量》，讲解电视的大众传播功能，介绍传播媒介对社会发展的积极作用。施拉姆还介绍了美国传播学，"传播是人类的天性，人是最讲究传播的动物。婴儿呱呱坠地时第一声啼哭，就是一种传的行为，宣示一个新生命的开始"。施拉姆一个半小时的演讲结束后，余也鲁开始第二讲。余也鲁首先利用电视纪录片介绍了香港中文大学新闻传播系的教学情况，然后就"在中国有无进行传播研究的可能"

---

[1] 本章关于施拉姆复旦讲学的历史细节，都引自孙瑞祥的回忆录。参考孙瑞祥：《孙瑞祥：大众传播学破冰中国暨复旦回忆——国际传播学先驱施拉姆访华35周年记》，http://dy.163.com/v2/article/detail/D3KIQ66E0521PA4F.html，访问日期：2019年12月6日。

问题发表了看法。余也鲁推介了施拉姆专著《传学概论——传媒、信息与人》，提到其中第一篇他写的文章《中国文化与传统中传的理论与实际的探索》，据此讨论了"中国传播学研究"这一主题。孙瑞祥在日记里这样回忆这次会议：

> 与大师面对面无疑是兴奋的。那时的大学生多有记日记习惯，我也不例外。其中就有那天与施拉姆一行见面的记录，原文是这样的：今天上午，美国东西方研究中心博士、传学奠基人宣伟伯和他的大弟子香港中文大学传播系教授（主任）余也鲁来到我系，与我班见面并讲话"电视与报纸"。宣伟伯的传学理论，三年级时陈韵昭副教授给我们讲过，虽然目前在我国有些理论还不适用，但理论本身是很有价值的。那时就想见见这位传学大师。宣伟伯今年七十五岁，但看上去最多六十岁，满面红光，瘦高个，很精神，长得有点像美国总统里根。他讲话时有个习惯动作，双手总爱作成一个"A"金字塔型，而且挤眉弄眼很风趣。余也鲁做翻译。他们说是第一次合作，常常出现戏剧性场面，往往是余的中文还未译完，宣就开讲了。最后不得不采用拍桌子为号的方法。

上海大学文化与传播研究中心主任戴元光当时也是复旦大学新闻系学生，施拉姆讲座使他开始反思传统新闻学范式，并对传播学产生兴趣，他后来和复旦同学邵培仁、龚炜共同编写了《传播学原理与应用》。他这样描述施拉姆上海之行对自己的影响：

> 在复旦大学读书的那段时间里，我们看了几百本书，有许多是外文的，当然阅读的时候根据自己的兴趣和书本身的价值有粗细之分了，看过之后就想把这些书的内容整理出来。施拉姆到中国来是中国传播学引进的开始，通过他的那次学术交流使我们感觉到这个学科蛮有意思。我们过去常常把新闻问题仅仅局限在一个党报理论范围，局限在宣传范围，不是开放地、富有追求地思考新闻问题，有了传播学可以对我们的研究视野、研究方法，对我们解决新闻传播中的问题有很大的帮助。当时我也觉得这个学科比较新，有必要整理，后得到了邵培仁、龚炜俩同学的响应，所以我们三人就把资料凑在一起，开始梳理了。两年时间里大概收集了几百万字的资料，然后拿回去天天消化这些资料，前后搞了二年

多时间。童兵教授称我们是"复旦三兄弟"。[1]

与广州之行的不同之处在于,施拉姆在复旦大学直接与新闻系师生见面。对于这一历史细节的考察,还要回到复旦新闻系本身的学术发展脉络中。本书第一章就曾提到,复旦新闻系1956年出版的《新闻学译丛》就已经对"mass communication"进行翻译,因此较早便有了对传播研究与新闻学亲缘关系的认知。改革开放初期,复旦大学新闻系延续关注西方学术的传统,创办《外国新闻事业资料》,创刊号上就已经明确提出:"本刊将有重点地译载和介绍反映外国新闻事业情况和动向的材料、新闻学论文和新闻教育方面的文章等,为本系师生提供研究和批判的资料"。[2]《外国新闻事业资料》在1978年7月到1979年12月间,共出版6期,1980年3月改名为《世界新闻事业》,共出版了3期,1980年9月停刊,这期间发表的一些文章较施拉姆更早介绍西方传播理论(相关内容详见下文表3.1)。可以说,施拉姆上海之行进一步凸显了大众传播研究与新闻学的紧密关联,这也成为施拉姆北京之行被进一步重视的重要原因。

三、北京之行:传播学科的现代化

上海之行结束后,施拉姆和余也鲁的北京之行更加隆重,得到了中央领导的接见。1982年4月30日,施拉姆和余也鲁飞抵北京,住在印尼苏加诺总统曾住过的和平宾馆。5月1日下午,负责财政与科技事务的副总理薄一波在人民大会堂福建厅会见了二人,了解了美国与香港的传播学发展,提出"中国也应该开设这样的课程"。5月2日上午,施拉姆在王府井人民日报社大礼堂演讲,安岗做主持人,他隆重介绍了作为传播学奠基人的施拉姆,以及余也鲁为香港传播学做出的贡献,重点指出传播学对我国实现现代化的重要意义。施拉姆为在场听众讲解了"大众传播与国家发展",余也鲁介绍了香港近10年来的传播学教育,以及其他亚洲国家的传播学发展,鼓励新闻和教育工作者担负起这一新学科的建设任务。余也鲁结合中国传统文化谈了"中国传",提出中国历史上

---

[1] 《传播学研究的时代背景和现实基础——访上海大学文化与传播研究中心主任戴元光》,载袁军、龙耘、韩运荣:《传播学在中国——传播学者访谈》,北京广播学院出版社,1999,第20页。

[2] 复旦大学新闻系:《外国新闻事业资料》1978年第1期。

很多案例，如运河对国家的贡献等，都可以从传的角度理解。[1]5月2日下午，施拉姆和余也鲁来到中国社会科学院新闻研究所，甘惜分、张隆栋、陈崇山等学者出席了座谈，就西方传播学中的把关人理论、受众调查方法等展开讨论。张黎等就施拉姆1956年出版的《报刊的四种理论》提问，表示中国不应该属于"报纸的集权理论"。施拉姆称，随着亚洲发展中国家的高速发展，他原来写的很多模式都需要修改。5月5日，施拉姆和余也鲁前往中国人民大学，为新闻系师生做《传学的发展状况》报告，介绍"传播学"：

> 在未来的一百年中，分门别类的社会科学——心理学、政治学、人类学等等——都会成为综合之后的一门学科。在这门学科里面，传的研究会成为所有这些基本学科的基础，研究讲话、编写、广播这些技术都同传的过程密不可分。因为要牵涉到这些基本的技术问题，所以综合之后的社会科学会非常看重传学的研究，它将成为综合之后的新科学的一个基本学科。[2]

面对传播学这一新兴学科，与会者基于熟悉的新闻学进行提问，期待了解新闻学与传播学的异同，施拉姆解释说，"有了传学的研究以后，新闻工作者能得到更多有用的知识，让他们能够更好地负起更大的社会责任，来为他们的受众服务"。[3]为了进一步使中国学者了解传播学，施拉姆还介绍了传播学四大奠基人、社会调查研究方法、香农和韦弗的"信息论"、美国广播电视的发展等。他强调，传播学是一门社会科学，传播行为是可测量的，具有"客观""中立"的特点。当时，"北京调查"研究学术小组组长陈崇山、副组长张焕章、作为组员的中国社会科学院新闻研究所研究生孟小平都参加了座谈，就开展受众调查中的具体问题向施拉姆请教。施拉姆给予指导说：

> 在民意方面（报业同民意密不可分），读者会读哪些东西，不读哪些东西？还有，广播和报纸有什么不同和相同的地方，即研究媒介之间的

---

[1] 余也鲁：《传播学及"中国传"在中国破冰之旅（1982—2002）》，载王怡红、胡翼青主编《中国传播学30年：1978—2008》，中国大百科全书出版社，2010，第609-619页。

[2] 陈崇山：《施拉姆的理论对我的指引》，《新闻与传播研究》2012年第4期，第14-18页。

[3] 宣伟伯：《传学与新闻及其他》，《新闻学会通讯》1982年第14期，第19-22页。

异同。由于这些社会科学家们的研究，就使得研究新闻学的人，从表面的、本来的研究范围，进入到那些社会科学家要想进行研究的新的领域里去了。[1]

当时，托夫勒的"第三次浪潮"，奈斯比特的"大趋势"在中国社会都是新兴的热门理论，施拉姆也从传播学视角出发向新闻学者们介绍"信息论"：

> 有两位物理学家——向龙和维福尔，都是在自然科学方面研究回报的。向龙为美国的贝尔电话公司做事。他们想为什么不可以把回报这样的现象应用到社会传播、人的传播上去呢？于是，他们两人开始努力建立一种新的理论——信息论。信息论经过他们两人之手，从自然科学联系到了社会科学。他们主要的目的是想用科学的方法来测量在人群中信息的流通量。[2]

在北京之行中，余也鲁还提出了"在中国发展传播研究的可能性"，讲解了大众传播对国家发展、社会变革、实现现代化的意义：

> 以后我们要创新，要进行社会改革，可以理出一种原则，作为创新和传播之间的新的理论的建树……可以先设计一个研究，在全国用抽样的方法选择几个乡村或偏远的地方，或者是几个城市，通过大众媒介来推行这项活动，推行以后看看哪些媒介最有效，哪些媒介的信息能够达到最基层。有的地方有效，因为它有电视机，大家看的多；有的地方无效，是因为他没有电视机，而只有报纸或者甚至没有报纸。[3]

施拉姆的北京之行，正式介绍了作为新兴社会科学的传播学，尤其是他传播学奠基人的身份，使更多学者认可并开始学习传播学。孙旭培回忆道，"我第一次看到'Mass Communication'这个词是日本内川芳美教授来华讲学，但

---

[1] 宣伟伯：《传学的发展概况》，《新闻学会通讯》1982年第14期，第16-18页。

[2] 宣伟伯：《传学与新闻及其他》，《新闻学会通讯》1982年第14期，第19-22页。

[3] 余也鲁：《在中国进行传播学研究的可能性》，《新闻学会通讯》1982年第17期，第18-21页。

很多人没有记住他。后来我们又接待了施拉姆和余也鲁,施拉姆才是传播学的集大成者,此后传播学才开始流传起来。"[1] 施拉姆访华后,新闻学界围绕"社会调查""信息技术""社会科学"等内容展开学习与讨论,逐步将传播学研究与中国社会发展联系在一起。

> 就目前中国的情况来讲,诸如怎样进行社会调查、如何通过传播媒介来普及、推广科学技术,如何更快地推销产品,怎样使信息社会得以交流,如何进一步树立"四化"的信心以及有效地宣传五讲四美等问题,都是涉及社会学的传播学课题。[2]
>
> 一九八二年会议提出,在马克思列宁主义、毛泽东思想的指导下,结合中国实际,建立起符合中国国情的、有中国特色的新闻学或传播学,使它在"四化"和"两个文明"建设中发挥作用。[3]

总体回顾施拉姆的三地讲学,广州之行以"教育现代化"为题,介绍信息技术如何服务于教育普及,由此引发了学界对电视、广播等大众传媒的关注;上海之行主题鲜明地介绍了"报纸和电视"的现代化,并开始引起新闻界关注;北京之行被领导人接见,且在中国社会科学院、人民日报社、中国人民大学等新闻领域重要单位讲学,其主题也推进到新闻学界应该建设"传播学"这一学科现代化议题上。可以说,确立"现代化"作为新闻学界的研究主题与方向,成为施拉姆访华讲学的外因与当时新闻改革服务于现代化的内因碰撞与互动的结果。

四、施拉姆访华引发对传播学科的探索

1982年施拉姆访华后,张隆栋、郑北渭、陈韵昭等新闻学者便开始学习与推广传播学,中国人民大学、复旦大学、厦门大学等高校开始筹备建立传播学专业,开设传播学课程。中国社会科学院新闻所筹划出版了中国第一本传播学本土教材《传播学(简介)》,该书前言中重点提到了施拉姆访华的意义:

---

[1] 参考对孙旭培的访谈。

[2] 郑北渭:《关于传学的若干问题》,《新闻学会通讯》1982年第13期,第11-12页。

[3] 徐耀魁:《试论中国传播学研究的发展方向》,《新闻学刊》1986年第5期,第23-26页。

今年五月，美国著名的传播学者韦尔伯·施拉姆（即宣伟伯）和他的学生——香港中文大学教授余也鲁到中国访问时，提出了向中国读者系统介绍传播学的一些设想。国内的新闻学杂志上也陆续发表了一些介绍西方传播学的文章。自此之后，在一些新闻研究单位和大学新闻系中，要求知道传播学和想对传播学作一番研究的人越来越多了。人们希望更多地了解西方关于传播学的情况和问题，以供自己研究。[1]

尽管施拉姆访华成为当时的重要事件，但中国新闻学界并没有因为施拉姆而全盘接受西方传播学，对于大众传播研究的讨论仍旧处于新闻学的研究框架，基于当时的社会现实，新闻学者们提出了"创立有中国特色的社会主义大众传播学"的主题。新闻工作者和学者们期待传播学能为传统新闻理论带来新的活力，共同服务于新闻改革服务。新华社记者李启曾发表文章《创立有中国特色的社会主义大众传播学》，说：

> 毛泽东同志早就说过，"如果真要想做宣传，就要看对象"。我们一直讲宣传要有的放矢，但具体的对象是谁？实际上是抽象的，心中无数。学习一点大众传播学研究中关于受传者的个人差异论、社会阶层论、社会规范论等知识，对我们有的放矢是有好处的。传播效果研究中的"枪弹论"、有限效果论、使用与满足论、潜在效果论等理论，都可以为我们的新闻改革提供可资借鉴的知识。
>
> 在改革、开放中创立、发展有中国特色的社会主义大众传播学，需要进行大量的实际调查研究和理论研究，要写出几本专门著作来。而现在从事传播学研究的人为数不多，因此迫切需要新闻界的领导和广大从业同志，来关心、支持和参加大众传播学的创立发展工作，使之早日开花结果，促进我国的新闻改革和新闻体制改革，为我国的改革、开放大业服务。[2]

由李启文章可见，虽然作者讨论了"枪弹论"、使用与满足论等西方传播

---

[1] 中国社会科学院新闻研究所、世界新闻研究室编《传播学（简介）》，人民日报出版社，1983，前言第2页。

[2] 李启：《创立有中国特色的社会主义大众传播学》，《中国记者》1988年第6期，第46页。

学理论，但要解决的问题仍是"如何做好宣传"，主要目的仍是"新闻改革和新闻体制改革"。本书在第一章重点讨论过，经历过革命与建设的中国新闻工作者，在方法论和认识论上以马克思主义作为根本遵循，在新闻工作中强调人民性。因此，面对"创立有中国特色的社会主义大众传播学"的时代课题，首要问题是厘清"传播学有无阶级性"这一问题。中国社会科学院在编撰《传播学（简介）》过程中，根据联系学者、收集论文的情况，决定召开一次公开的学术讨论。1982年11月25—26日，中国社会科学院新闻研究所世界新闻研究室（后改名为"传播学研究室"）发起了第一次全国传播学研讨会。参加这次会议的高校包括中国人民大学、复旦大学、北京广播学院、厦门大学、暨南大学、国际政治学院，参加的新闻单位包括新华社、中国社会科学院新闻研究所、新闻战线杂志社、北京周报社。此外，中宣部新闻局、百科知识编辑部、天津师范大学也派出代表参加，参与单位共30家。这次大规模的研讨会给了学者充分学习和讨论传播学的机会，成为1982年施拉姆访华后第二件新闻学界重要事件。

会议讨论的焦点是"传播学有无阶级性"，徐耀魁立足以往学习的马克思主义新闻思想，认为西方传播学通过"去阶级化"掩盖了政治色彩。他从传播政治经济学视角出发，认为传播学一定程度上在维护美国资产阶级的利益；明安香结合东西方冷战的背景，指出美国传播学不是像他们所说那样，是完全客观中立的，而是有强烈阶级性的；钱辛波梳理了美国大众传播学的"前世今生"，揭示美国是为了战争需求创立传播学，也指出大众传播效果研究被用于美国的总统竞选和商业竞争。回顾当时的讨论可见，当时学界对于传播学的认知，不乏传播政治经济学视角，也充分论证了美国传播学学术与实践背后的资本主义利益关系。但也有提倡积极学习的声音，陈力丹指出，在"报纸与阶级斗争"这个问题上，马克思认为是先出现了报纸，然后推动了阶级斗争，而不是利用报纸进行阶级斗争。陈力丹还列举了马恩著作中的原话，马克思在1859至1871年就有关于"传播"（communication）的论述，即马克思在《资本论》第二卷中指出，"communication"一种是消息传递，属于生产力，另一种属于运输性的"交通运输"。马克思曾经说过，西方的报刊都能做到公平、公正，任何党派都不会违背这种公开、公正，马克思希望传播是这样一种互动、互为的关系。

尽管与会学者对"传播学有无阶级性"进行了争论，但对于传播学研究中具有的社会科学属性的一些新理论和新方法，大家都表示要积极学习。李启在施拉姆北京讲学时得到施拉姆赠送的两本书：1973年美国出版的《人、信息和媒介——人类传播初探》和1982年出版的《传学概论——传媒、信息与人》。他在会上介绍了书的内容：拉斯韦尔的"5W"模式、子弹论、麦克卢汉的"媒介即讯息"、受众理论、传播效果研究、两级传播和意见领袖等，令当时的新闻学者耳目一新。与会者还提出，新闻行业的调查研究要向西方传播学借鉴研究方法，比如现代统计、内容分析与实验等。徐耀魁也同意新闻学要向传播学学习新观念，例如传播学使用"信息"，新闻学使用"新闻"，用"信息"来研究报纸、广播、电视里的新闻，就打破了新闻学狭隘的概念。与会学者讨论较多的第一个话题是"受众"，有学者指出，报纸杂志的"受众（audience）"称为"读者"，电台的"受众"称为"听众"，电视的"受众"称为"视听众"，他们有"视听率"，就可以有"视听众"等。洪允希建议将"传播学"改为"信息传播学"或者"信息学"，"communication"可以翻译成"通讯传播"或"信息传播"。这次座谈会引起了广泛关注，徐耀魁将会议综述交给人民日报社，发表在内部刊物《报纸动态》1982年第34期上，正式提出传播学未来发展的16字方针："系统了解、分析研究、批判吸收、自主创造"。经过充分的讨论，新闻学界大致认可了传播学这门新兴的社会科学，开始进入本土化自主学习阶段。

施拉姆访华促进新闻学界以传播学为重点开展新闻改革，第一次全国传播学研讨会对这一新的学术范式进行了深入探讨，此后，新闻学界出现了一大批相关成果（详见表3.1）。中国人民大学新闻系的张隆栋在《国际新闻界》1982年第2至4期发表了上、中、下三篇《美国大众传播学简述》，称"大众传播学是新闻学的新发展"，介绍了拉斯韦尔的"5W"传播模式，对控制分析、内容分析、渠道分析、受传者分析、效果分析五个大众传播学研究领域进行解读；复旦大学新闻系的郑北渭将自己在1982年12月全国新闻研究工作座谈会上的发言摘要发表在《新闻学会通讯》上，介绍了传学的研究对象、"传播"与"宣传"、传播的职能、传播学的奠基人等。他还提出了"关于传播学洋为中用的问题"，讲解了"信息论"、带有"反馈"的传播模式如何具体应用于我国实际新闻工作；复旦大学新闻系的陈韵昭进行了关于"传"（communication）的系列讲座，在《新闻大学》1981—1984年间发表了7篇文章：《传学浅谈》《传与传播》《"传"务求"通"》《传的回馈》《传的周折》《传的受方》《传的效果》。讲座内容以"5W"为框架，分别介绍"信息""受众"等概念，表示西方传播学中的通传模式可以用来解决传统新闻工作遇到的新问题。此外，《新闻学会通讯》开辟了"传学研究"专栏，汇集了更多新闻学者的讨论。袁路阳的两篇文章《开展传播学研究之我见》[1]和《美国斯坦福大学传播系印象》[2]，向国内学者介绍了美国斯坦福大学公共传播系的调查研究实践。1984年10月24日，中国社会科学院新闻研究所世界新闻研究室、中国人民大学新闻系以及北京广播学院新闻研究所和新闻系的同志召开会议，决定在首都新闻学会建立传播学研究小组。[3]随着学术共同体的形成，新闻学界开始更完整地了解传播学理论体系。

表3.1 1978—1985年三本新闻传播学过刊对"传播学"的介绍

刊名	刊期	题目
《外国新闻事业资料》	1978年第1期	《美国资产阶级新闻学：公众传播》（沃伦K.艾吉等）
《外国新闻事业资料》	1978年第2期	《公众传播的研究》（陈韵昭）
《外国新闻事业资料》	1979年第2期	《民主、舆论与公众传播》（沃伦K.艾吉等）
《外国新闻事业资料》	1979年第3期	《传播学》
《外国新闻事业资料》	1979年第4期	《政府对传播媒介的控制》（P.桑德曼等，陈建德译）
《外国新闻事业资料》	1979年第4期	《大众传播简年表》（陈建德译）
《世界新闻事业》	1980年第1期	《西德的公众传播工具》（里爱德·阿尔布雷希特，刘晓红摘译）
《世界新闻事业》	1980年第3期	《论舆论的含义》（伯纳德·C.亨奈西，张惠慈摘译）
《世界新闻事业》	1980年第3期	《传学新词》（余也鲁译述）
《新闻学会通讯》	1982年第13期	《关于传学的若干问题》（郑北渭）
《新闻学会通讯》	1982年第14期	《传学的发展概况》（宣伟伯）
《新闻学会通讯》	1982年第14期	《传学与新闻及其他》（宣伟伯）
《新闻学会通讯》	1982年第14期	《他们（宣伟伯和余也鲁）精心治学》（晓凌）
《新闻学会通讯》	1982年第17期	《在中国进行传播学研究的可能性》（余也鲁）
《新闻学会通讯》	1983年第1、2期	《西方传播学研究座谈会在京召开》

---

[1] 该文章文末注有"1983年寄自美国斯坦福大学公共传播系"。参考袁路阳：《开展传播学研究之我见》，《新闻学会通讯》1983年第8期，第24-25页。

[2] 袁路阳：《美国斯坦福大学传播系印象》，《新闻学会通讯》1984年第8期，第48-49页。

[3] 《首都有关新闻研究和教育单位倡议筹备成立传播学研究小组》，《新闻学会通讯》1984年第12期。

续表

刊名	刊期	题目
《新闻学会通讯》	1983年第8期	《开展传播学研究之我见》（袁路阳）
《新闻学会通讯》	1983年第11期	《大众传播研究的定义、范围和方法》（沃伦·K.艾吉等）
《新闻学会通讯》	1984年第8期	《美国斯坦福大学传播系印象》（袁路阳）
《新闻学会通讯》	1984年第12期	《首都有关新闻研究和教育单位倡议筹备成立传播学研究小组》
《新闻学会通讯》	1985年第1期	《大众传播学研究简介》（戴玉庆）
《新闻学会通讯》	1985年第1期	《传播专业信息是企业报的新课题》（朱志廉）
《新闻学会通讯》	1985年第2期	《西方传播学概况及我见》（袁路阳）

重访施拉姆访华与新闻改革相遇的历史，"受众调查""信息"等传播学理论与方法开始被新闻学界接受并用于新闻改革。本书将在下文以"北京调查"和"信息"为个案，具体考察中国新闻学界如何推动传统新闻学理论与现代化社会科学方法的融合，从而在走向现代化的道路上推动中国传播学的兴起。

第二节 "北京调查"：中共新闻学理论与现代化传播研究方法的融合 [1]

本章上节重访了1980年代新闻界重要历史事件：1982年施拉姆访华及第一次全国传播学研讨会，从知识与社会互构的视角看，这些事件互相关联，其发生与1980年代的新闻改革密不可分。1980年代的中国特色传播学，一个重要特点就是在传统中共新闻基础上探索现代化科学方法，对西方大众传播进行"系统了解、分析研究、批判吸收、自主创造"正是一条途径，最能体现这二者融合的另一事件是1982年"北京调查"。本书绪论中已经提出，1982年"北京调查"是中国第一次采用电子计算机抽样和统计分析的受众调查，该调查从1982年6

---

[1] 本节关于"北京调查"的研究是在北京大学新闻与传播学院长聘副教授王洪喆老师指导下完成，特此说明，并对王洪喆老师表示诚挚的感谢。相关内容也可参考方晓恬、王洪喆：《从"群众路线"到"人的现代化"："北京调查"与传播学在中国的肇始（1982—1992）》，《新闻与传播研究》2019年第2期。

月8日延续至8月6日，由安岗牵头，陈崇山主持，对北京市居民读报、听广播、看电视情况进行抽样调查。中国社会科学院新闻研究所与北京新闻学会联合成立了北京新闻学会调查组，陈崇山任组长，《中国青年报》新闻研究部副部长张焕章任副组长，成员有《人民日报》的李长群、《工人日报》的司秀英、北京广播学院的宋小卫，以及中国社会科学院研究生院孟小平、曹焕荣等。[1] 如绪论所说，"北京调查"没有依据西方受众传播研究范式开展，而是在党报读者调查基础上借鉴现代化研究方法的一次探索，本节会将这一事件还原回传播学科发展史中考察，由此发现"融合与转型"的发展特点。

一、中国新闻传播史中的"读者调查"

过往研究大都在1980年代中国社会科学恢复重建的氛围中考察"北京调查"，但需要注意，调查研究不仅一直是中国共产党的根本工作方法，甚至要进一步追溯到民国时期，才能将调查研究的历史脉络梳理清楚。本节将首先厘清中国20世纪以来的读者调查（详见表3.2），既包括内地的中共党报读者调查，也包括香港等地的读者调查，借此思考这些调查在内容与范式上与"北京调查"的异同。

表 3.2　1911—1976 年的读者调查 [2]

调查时间	调查主体	调查内容及意义
1911年至1912年（辛亥革命）	留日学生创办的《湖北学生》《浙江潮》《江苏》等，此后在国内出版的《警钟日报》《神州日报》等，都设置了"调查"专栏	调查专栏定期发表社会调查稿件，内容包括：1. 有关一般社会情况的调查；2. 有关工商业情况的调查；3. 有关帝国主义侵略活动和封建政府黑暗腐败现象的调查；4. 反清革命调查。利用调查加深读者对国情的了解和对革命的兴趣
1922年11月14日	留美心理学硕士张耀翔在北京高等师范（今北京师范大学）对来校参加14周年校庆的校友作调查	采用不记名方式进行问卷调查。内容包括对下任总统候选人的选择、对社会改革的看法等。这次调查获得问卷931份，统计结果公布在《晨报》上。该调查提出女性参政问题，挑战封建传统，宣传男女平等思想

---

[1] 北京新闻学会调查组：《北京市读者、听众、观众调查概况》，载《北京读者、听众、观众调查》，工人出版社，1985，第1页。

[2] 陈崇山：《中国大陆传媒受众调研的发展历程》，载王怡红、胡翼青主编《中国传播学30年：1978—2008》，中国大百科全书出版社，2010，第273-275页。

续表

调查时间	调查主体	调查内容及意义
1923年12月17日	北京大学建校25周年，对校友及宾客作调查	1007人接受调查，调查问卷包括对曹锟作总统的评价、对政府颁布宪法的态度、对学生运动的看法等。这次调查的报告在1924年3月4日至7日的《北京大学日刊》上连载；重要发现是中国民众对民主政治的迫切要求
1936年底至1937年初	上海民治新闻专科学校校长顾执中主持的"上海报纸和上海读者调查"	顾执中组织上海民治新闻专科学校50余名师生，按上海的马路分工逐户分发调查问卷，历时3个多月回收问卷5000多份。问卷包括读者基本情况、对报纸的选择、喜欢何种文体、对报纸的批评等。期待从读者的需要出发，通过调查研究新闻学理论
1938年	中共组织的《新华日报》读者调查	《新华日报》创刊后，便在郑州和武汉召开读者座谈会；1938年2月17日和19日报纸开始刊登"读者意见调查表"，征求读者对每个版面、每个栏目的意见；4月5日，整版刊登《答复读者意见的一封公开信》，编辑部综合读者意见，提出改进措施；此后每年1月11日报庆都开展读者调查
1942年4月1日	《解放日报》开展读者调查，刊登读者对报纸改版意见和建议	开展读者调查的对象包括识字的和不认字的农民、工人、店员、妇女工作者、女学生、青少年、区助理员、区长、科长、行政教育工作者、财经工作者、秘书、部队教员、大学生、中学生、诗人、作家、剧作者、教授、教育厅厅长、《轻骑队》和《群众报》的编辑、小学教员等约50人。其中有名有姓在报纸上发言的多达35人
1942年10月10日	《大刚报》读者调查	在国庆节之际，《大刚报》开展了一次大规模读者调查，提出10个问题调查中国民众对抗日战争前途的看法。截至11月9日，回收读者答案1230余封，99.6%中国人认为中国抗战必胜
1949年新中国成立初期	各新闻机构贯彻"全党办报，群众办报"方针，把密切同读者联系视为党的新闻事业的基础工作	设置了专门联系读者的群众工作部，加强报纸与群众的联系，发挥纽带和桥梁作用，达到"上情下达、下情上达，信息互达，多方沟通"的目的

续表

调查时间	调查主体	调查内容及意义
1965年	香港社会服务联会（The Hong Kong Council of Social Service）进行《湾仔社会需要调查》	采用量化研究方法，发现调查对象使用媒介进修学习的时间比用于娱乐休闲的时间多
1969年	香港中文大学新闻系的Robert Mitchell教授在《亚洲观察》发表调查香港报业25年变化论文	采用量化研究方法，研究香港人阅读报纸、收听广播、电视、看电影的行为特点

总体来看，中国读者调查通常发生于重要历史时期，回应时代与社会的迫切需求，与中国革命、建设的进程相伴相生。张耀翔等留学生发起的西方社会科学调查，以及香港的读者调查，属于西方"传播与发展"范式；1938年《新华日报》的读者调查、1942年延安《解放日报》改版后对不识字群众访谈式调查等，属于中共党报读者调查范式，也是本书第一章讨论过的社会主义革命与建设时期的基层读者调查。这些调查采用开座谈会、"解剖麻雀"等方法，以收集读者具体意见为主要目的，服务于"全党办报、群众办报"的理念。中共党报读者调查不必然需要被调查者具有书写能力，即便是不识字的农民、工人、妇女，也是重点的调查对象。毛泽东主席更是在新中国成立后做出"必须重视人民的通信，要给人民来信以恰当的处理"[1]的重要指示，对以读者为中心的党报实践进行指导。思考1982年"北京调查"与"人民来信"的历史关联，是为了回应革命与建设时期的群众路线传统如何被1980年代传播学兴起所继承和学习。

二、"北京调查"对"人民来信"的继承与发扬

过往对于"北京调查"事件的研究较多以其发生的1980年代为时代背景，但笔者对发起人陈崇山老师的口述史为本书提供了更宽阔的历史视野。具体来看，群众路线对"北京调查"学术研究小组成员有着深刻的影响。根据对"北

---

[1] 毛泽东：《必须重视人民群众来信》（一九五一年五月十六日），载中共中央文献研究室、新华通讯社编《毛泽东新闻工作文选》，新华出版社，2014，第213页。

京调查"主持人陈崇山的口述史访谈：1954年，她在《萧山报》任记者，一个重要的任务就是培养农村通讯员；1955年，陈崇山培养的一位高级社保管员向她反映粮食集体保管中的耗损问题，她鼓励并指导该保管员以"读者来信"的形式把问题写出来，这篇读者来信引起了极大关注，引发当地"保护粮食"行动；1956年，陈崇山凭借一篇读者口述通讯《二牛重回合作社》考取了中国人民大学新闻系，读书期间，她曾建议人大新闻系研究室主任于志俊开设"读者研究教研室"，将现有报社群工部的实践经验提炼成理论；1962年开始，陈崇山带着研究读者的问题意识在《中国青年政治报》群众工作部实习，专门处理读者来信，积累了丰富的读者研究经验。[1]

"北京调查"主要牵头人安岗也是革命与建设时期充分践行群众路线的老一辈新闻人。回顾安岗的生命史，1938年5月，在朱德总司令鼓励下，他在太行山办起了《胜利报》，1945年兼任《新华日报》太行版副总编辑和新华社特派记者，此后参与筹办晋冀鲁豫中央局机关报《人民日报》；[2]1978年，鉴于其在革命与建设时期丰富的新闻工作经验，安岗负责筹建中国社会科学院新闻研究所，由于急需人才，于1979年将自己在人大的学生陈崇山调到研究所，从事周恩来新闻思想研究。在工作中，陈崇山基于自己的研究兴趣，深入挖掘周恩来同志办报过程中尊重读者、重视读者来信来稿、开展读者调查的丰富经验。1981年5月，陈崇山还在《新闻战线》上发表相关研究文章《总编辑怎样抓读者来信工作——访解放日报总编辑王维》，介绍《解放日报》的群众工作部工作，重申"为党联系群众"是党报的职责所在。[3]

培养工农通讯员、处理"人民来信"、走好群众路线不仅仅是安岗、陈崇山的个人经历，更是中国共产党新闻事业的一贯传统。新中国成立后第一次全国新闻工作会议就提出了要"改进报纸工作、加强与群众的联系"，各新闻机构广泛建立通讯员网与群众性读报小组。1951年，人民日报通讯员由原来的二百多人迅速发展到万人以上；[4]1957年12月创办的杂志《新闻战线》在1958年第1期便开创"读者论坛"栏目，发表文章《重视通讯员，重视读者来稿》，

---

[1] 参考对陈崇山的访谈。这段陈崇山学术经历口述史在本书绪论中出现过。

[2] 安岗：《我是一名新闻记者》，中国社会科学出版社，2015。

[3] 陈崇山：《总编辑怎样抓读者来信工作——访解放日报总编辑王维》，《新闻战线》1981年第9期，第15页。

[4] 方汉奇主编《中国新闻传播史》，中国人民大学出版社，2002，第341页。

号召报纸要重视"人民来信"。[1]《新闻战线》广泛吸取读者意见，积极改进报纸工作，例如《从"庄稼话"里学几种写稿方法——"谈庄稼话"的第二节》[2]等文章体现了从事新闻工作的知识分子向读者学习的典范。此外，有读者赞扬了党报模式中"读者、作者、编者"的有机互动：

> 我看到人民日报经常在第八版副刊上，刊登"读者、作者、编者"小专栏。最近我又看到上海各报像解放日报、上海青年报、劳动报等，也都纷纷开辟了类似的小专栏，虽然它们的名目以及所刊登的地位不同，但内容大体都一样……我感到各报的这种做法很好，它加强了读者、作者、编者之间的联系，彼此能互相帮助和启发，共同提高。而特别有意义的是它鼓励着广大读者积极参加报纸工作，这也是报纸工作贯彻群众路线的具体办法之一。我认为这是一举数得的好办法，值得推广。[3]

通过"人民来信"走好群众路线这一革命与建设时期的宝贵经验在改革开放后被充分继承。"北京调查"开始前，安岗问陈崇山："你看把读者研究作为新闻改革的突破口怎么样？"两人一拍即合，并且得到了钱辛波的支持。陈崇山积极联络首都新闻机构从事群众工作的同志，成立了群众来信学术研究小组、通讯员刊物学术研究小组和新闻经济学研究小组。[4] 1981年5月12日，北京新闻学会读者学术研究组成立，安岗做了题为《研究我们的读者》的报告[5]，将"重视读者"与马克思主义新闻理念中的群众路线结合在一起：

> 我国社会主义报纸同读者的关系，是同八亿万农民的关系，同广大工人和知识分子以及爱国民主人士的关系，是同三千万共产党员的关系，是一千多万基层干部的关系。报纸要从思想上、政治上以至实际问题上

---

[1] 王秉亭：《重视通讯员，重视读者来稿》，《新闻战线》1958年第1期，第40页。

[2] 钱毅：《从"庄稼话"里学几种写稿方法——"谈庄稼话"的第二节》，《新闻战线》1958年第3期，第44页。

[3] 郭绍燊：《谈"读者、作者、编者"这个栏目》，《新闻战线》1959年第6期，第13页。

[4] 该报告由陈崇山执笔。参考陈崇山：《我为什么选择受众研究？》，载王怡红、胡翼青主编《中国传播学30年：1978—2008》，中国大百科全书出版社，2010，第583页。

[5] 参考对陈崇山的访谈。

为读者服务，引导读者正确地观察问题、分析问题。[1]

安岗的讲话最早在《光明日报》通讯上发表，天津日报社总编辑石坚看到后要求全报社复印，编辑记者人手一份，1982年《中国新闻年鉴》还收录了这篇文章。受这篇文章影响，《天津日报》早于"北京调查"，在1981年率先搞了天津读者调查，在全市发放了2万份读者调查问卷，弄清了报纸读者结构，探索了读者的阅读动机，为报纸改革提供了有益依据，[2]形成调研文章《初测读者心理》，发表在《新闻战线》1981年第6期上。文章开篇指出，天津调研诞生于新闻改革的大时代，是对群众路线的根本遵循：

> 天津日报对自己的读者进行测验和调查，这是一件很好的事情。这样做，能把报纸办得更加适应党和人民的要求，使报纸在建设物质文明和精神文明中发挥更好的作用。
>
> 向读者作调查，也是报纸联系群众、深入实际的一个好办法。通过这种调查研究，报纸宣传可以做到心中有数，更有针对性。[3]

陈崇山组织的群众来信学术研究小组由一批有着丰富党报经验的新闻工作者组成，成员大都有过党报群众工作部（简称"群工部"）的经历，他们从事读者来信研究的理论正是"从群众中来、到群众中去"的群众路线。小组组长是工人日报群工部主任孙慧卿，副组长是人民日报社群工部主任聂眉初[4]和健康报社群工部主任吴健。[5]1976年11月19日，《人民日报》恢复"读者来信"版，全国报纸纷纷效仿，广播台、电视台也先后恢复"听众信箱""观众信箱"等节目。群众来信学术研究小组将一些有重要意义的，能够反映时代特征和社会问题的读者来信及调查附记汇集成《心底的呼声：首都新闻单位来信选》。该书充分反映了当时党与人民群众的血肉相连，例如《想群众之所想 急群众之所急：吴冷西部长重视电视观众来信》，就记录了1980年代初中央高层对读者

---

[1] 安岗：《研究我们的读者》，《新闻学会通讯》1981年第11期，第2页。

[2] 参考对陈崇山的访谈。

[3] 李夫、张宏遵：《初测读者心理》，《新闻战线》1981年第12期，第2页。

[4] 聂眉初是"文革"后提出恢复《人民日报》"读者来信"版第一人。

[5] 陈崇山：《受众调查研究10年》，《新闻研究资料》1992年第3期，第2页。

意见的重视：

　　一九八二年十一月二十八日，中央电视台《为您服务》专栏组收到吴冷西同志转来南京市长芦中学教师沈国槐写的一封信。信里谈到，上海无线电三十二厂生产的电视机，产品质量低，维修工作跟不上，给用户造成了很大的精神负担和经济损失。吴冷西同志在这封信上写了批语："这信很典型，可否在《为您服务》节目中摘播，并发表评论，要求各厂和各修理站做好工作"。《为您服务》组立即和上海无线电三十二厂联系，并委托江苏电视台记者走访写信人和维修站，调查核实来信所反映的情况。[1]

　　群众来信学术研究小组不断积累处理读者来信的工作经验，进行读者来信的理论探讨，这些都是"北京调查"得以开展不容忽视的经验积累。厘清"北京调查"对"人民来信"的历史传承，可以发现新闻学向传播学转型中一些"不变"的因素，即坚持群众路线，把读者即人民放在第一位，在根本立场不变的基础上，基于不同时代进行方式方法的推陈出新。

三、"北京调查"对现代化研究方法的本土化应用

　　有关于"北京调查"的研究将其利用电子计算机统计的方法与拉扎斯菲尔德、霍夫兰等的抽样调查法、实验法进行对比，由此发现其中的不足。[2] 此类研究忽视了1980年代传播学兴起过程中的一个重要面向，即面对现代化社会科学方法，党报工作者立足实践，进行了汇聚现有资源等本土化应用。陈崇山指出，使用具有现代意义的科学方法研究读者，最早发轫于复旦大学新闻系，郑北渭、陈韵昭等率先学习了西方社会科学方法。陈崇山发起"北京调查"时，中国社会科学院懂英文的人不多，关于西方社会调查的学习，大都来自复旦大学新闻系寄过来的译介资料。复旦大学较"北京调查"更早发起的一个小规模

---

　　[1] 中央电视台《为您服务》专栏组李玉英：《吴冷西部长重视电视观众来信》，载首都新闻学会群众来信学术研究小组编《心底的呼声：首都新闻单位来信选》，工人出版社，1985，第203页。

　　[2] 谷征、康彬：《从中美早期受众研究的方法运用看传播学科方法体系构建》，《编辑之友》2014年第6期，第51页。

调查对陈崇山团队启发很大，她不仅认真研读报告，还于1983年亲自到复旦大学拜访郑北渭、陈韵昭。[1]"北京调查"小组成员宋小卫也表示，他曾让在上海做中学老师的姑父寄送复旦大学的《外国新闻事业资料》[2]，系统学习社会调查方法。[3] 厘清"北京调查"对社会科学方法的应用，复旦新闻系的早期调查不容忽视。

1952年，郑北渭从美国爱荷华州立大学[4]学成回国，应王中邀请到复旦教学，先后在外文系、新闻系工作。他曾在1980年代赴美国东西方中心传播研究所学习。[5] 同在复旦新闻系的陈韵昭则自学成才，她1981年开始翻译《传播学的起源、研究与应用》之前，连英文原著都没读过，她自己说，有限的知识全部都是从能接触到的港台书籍中学习的，其中受余也鲁、郑贞铭两位港台学者影响最深。[6] 除了郑北渭、陈韵昭等一代复旦新闻学人对西方传播理论的早期接触，新闻系主编的《外国新闻事业资料》也对早期调查研究具有启蒙意义，该刊物曾刊载"对读者、听众和观众的一些调查"，介绍美国读者、听众、观众使用大众媒介的情况，及调查的方法、目的和效果。另一篇《民主、舆论与公众传播》还提到了"抽样"调查：

> 在《致编者》（即读者来信）的栏目中，读者投函报社发表了他们的看法，再有另一种发表意见的方式，就是民意测验，例如盖洛普民意测验与罗珀氏调查就是。在这种调查中，主办人对公众进行慎重的"抽样"调查，请对象对一些重大事件及时地发表意见。[7]

---

[1] 参考对陈崇山的访谈。

[2] 本章上一节详细介绍了该刊物对复旦大学新闻系学习西方大众传播理论的重要影响。

[3] 参考对宋小卫的访谈。

[4] 施拉姆曾担任过该大学新闻学院院长。

[5] 姜飞：《中国传播研究的三次浪潮——纪念施拉姆访华30周年暨后施拉姆时代中国的传播研究》，《新闻与传播研究》2012年第4期，第19-29页；同时参考对吴予敏的访谈。

[6] 陈韵昭后来在珠海创立了传播学研究所，该研究所还协助了1983年建校的深圳大学创建公关系专业。参考伍静：《中美传播学早期的建制史与反思》，山东人民出版社，2011，第103-104页。同时参考对吴予敏的访谈。

[7] 沃伦·K.艾吉等：《民主、舆论与公众传播》，郑北渭摘译，《外国新闻事业资料》1978年第2期，第3页。

复旦新闻系77级学生[1]较早尝试了读者调查,[2]研究成果《重大新闻传播过程的调查》,发表在《新闻大学》1982年第2期上,文中称:

> 结合某一消息(特别是重大消息)的传播过程进行社会范围的调查,掌握各种传播媒介的速度、效率(速率),对比它们之间的差别,这是国外"大众传播学"(Mass Communication)的一门专项……我们在今年一月份就"宣判林、江反革命集团的结果"这一重大新闻的传播过程进行了调查。在力求抽样客观的基础上,运用数理方法予以分析统计,并透过这一新闻的传播过程,对目前我们社会上的新闻传播方式做了探讨。[3]

除了77级学生这次读者调查尝试外,当时还有复旦学子发起了一些本土化调查研究,例如陈韵昭的学生祝建华。1980年春天,祝建华和他的同学利用在常州报社实习的便利条件,进行了一次读者调查,他们简单设计了问卷,跟随送报员挨家挨户发放问卷,并对结果进行了手工统计,结果中关于报纸改革的意见被报社采纳。1982年冬,祝建华与研究生同学用类似方法进行了七市(杭州、宁波、绍兴、南京、镇江、无锡、苏州)报纸读者情况调查,并进行了"三多三少"概括:青年多、老年少;男性多、女性少;受过大专教育的多、只受过中小学教育的少。祝建华还在上海计算机技术研究所学习了社会科学统计软件包(SPSS)。[4]1983年春,祝建华在上海郊县做了"农村大众传播媒体与人际沟通网络的调查",完成文章《上海郊区农村传播网络的调查分析》[5];1985年冬,他在上海市区做了"传播媒介使用与闲暇时间分配的调查";1985—1986年间,他先后为几家商业机构做咨询性调查,撰写的《上海市区新闻传播

---

[1] 复旦新闻系77级学生也是上文提到的参加施拉姆复旦大学座谈、最早发起"新闻与宣传"讨论的一级学生。

[2] 陈崇山:《受众本位论》,社会科学文献出版社,2008,209页。

[3] 尹德刚、高冠钢、王德敏、武伟等:《重大新闻传播过程的调查》,《新闻大学》1982年第2期,第125页。

[4] 祝建华:《精确化、理论化、本土化:20年受众研究心得谈》,《新闻与传播研究》2001年第4期,第68-73页。

[5] 祝建华:《上海郊区农村传播网络的调查分析》,《复旦学报(社会科学版)》1984年第6期,第70-76页。

受众调查》[1]收录进《中国传播效果透视》一书中；1985年，祝建华完成硕士学位论文《受众调查方法论》，在《新闻大学》上发表《实地调查：传播研究方法论之一》[2]《内容分析：传播研究方法论之二》[3]《控制实验：传播研究方法论之三》[4]三篇研究型文章；1986年秋，祝建华申请到奖学金，到美国印第安纳大学新闻学院攻读大众传播学博士学位，后返回香港教书，一直致力于受众调查研究。

除了复旦大学学人对"北京调查"的指导外，中国社会当时重视信息技术的环境也是"北京调查"兴起的重要原因。王洪喆通过考察中国电子信息产业的历史指出，除了人口普查专案，中国最早的计算机随机抽样社会调查出现在大众传播领域，正是1982年的"北京调查"。[5]当时，中国社会科学院新闻系研究生孟小平想以受众调查作为硕士论文选题，通过钱辛波找到陈崇山，陈、孟二人组成课题组。据陈崇山回忆，是孟小平最早提议采用国际通用的数理统计方法调查受众的。[6]他专门去中国社会科学院新闻研究所图书馆里查阅社会学书籍，在一本小册子里找到了马克思在1866年做调查的证据，后被安岗写进了《我们要有向读者、听众、观众调查的浓厚空气》中：

> 追根寻源，社会统计分析方法的创始人，原来不是别人，而是伟大的无产阶级革命导师卡尔·马克思。早在1866年，他亲自编制了包括十一个大项的《普通的劳动统计大纲》。1880年，他根据法国工人生活现状拟定了《工人调查表》。[7]

经过前期筹划，"北京调查"顺利开展，《新闻学会通讯》1983年第5、6期

---

[1] 祝建华：《上海市区新闻传播受众调查》，载陈崇山、弭秀玲主编《中国传播效果透视》，沈阳出版社，1989，第262-278页。

[2] 祝建华：《实地调查——传播学研究方法之一》，《新闻大学》1985年第9期，第82-85页。

[3] 祝建华：《内容分析——传播学研究方法之二》，《新闻大学》1985年第10期，第97-100页。

[4] 祝建华：《控制实验——传播学研究方法之三》，《新闻大学》1986年第12期，第98-101页。

[5] 王洪喆：《从"赤脚电工"到"电子包公"：中国电子信息产业的技术与劳动政治》，《开放时代》2015年第3期，第41页。

[6] 陈崇山：《受众本位论》，社会科学文献出版社，2008，第341-342页。

[7] 安岗：《我们要有向读者、听众、观众调查的浓厚空气》，《新闻学会通讯》1983年第5、6期。

刊载了"北京调查"研究成果《调查报告专辑》（详见表3.3）。"北京调查"设计了五个调查指标，分别是性别、户口、职业、年龄、文化。其中，《北京市读者、听众、观众调查概况》调查了北京市读者、听众、观众的一般情况、分布、构成、了解国家大事的主要渠道和兴趣；《北京市读者情况调查》考察了北京市六家全国性大报读者的分布、构成、各报读者群之间的关系、对报纸喜爱程度、读报时间、对报纸宣传报道的看法；《〈人民日报〉读者情况的调查》主要考察读者基本情况和对报纸改革的建议；《〈工人日报〉读者情况的调查》主要考察读者分布与构成、兴趣、对报纸评价、对该报宣传效果的反映；《〈中国青年报〉读者情况的调查》主要考察读者分布与构成、阅读兴趣、报纸优缺点、读者的希望和建议。从内容上看，这些统计属于描述性叙述，对读者特征进行画像，并对"喜不喜欢"该报纸等问题进行比例上的初步统计。

表3.3　《新闻学会通讯》1983年第5、6期（调查报告专辑）目录

刊期	题目
1983年第5、6期	《我们要有向读者、听众、观众调查的浓厚空气》（安岗）
1983年第5、6期（调查报告专辑）	《北京市读者、听众、观众调查概况——北京市读者、听众、观众调查报告之一》（北京新闻学会调查组）
1983年第5、6期（调查报告专辑）	《北京市听众情况分析——北京市读者、听众、观众调查报告之二》（北京新闻学会调查组）
1983年第5、6期（调查报告专辑）	《北京市读者情况分析——北京市读者、听众、观众调查报告之三》（北京新闻学会调查组）
1983年第5、6期（调查报告专辑）	《〈人民日报〉读者情况的调查——北京市读者、听众、观众调查报告之四》（北京新闻学会调查组）
1983年第5、6期（调查报告专辑）	《〈工人日报〉读者情况的调查——北京市读者、听众、观众调查报告之五》（北京新闻学会调查组）
1983年第5、6期（调查报告专辑）	《〈中国青年报〉读者情况的调查——北京市读者、听众、观众调查报告之六》（北京新闻学会调查组）
1983年第5、6期（调查报告专辑）	《北京市读者、听众、观众抽样调查方案及说明》（北京市统计局文劳处　朱一林　蔡静）

尽管受到了西方社会科学研究方法的启示，但在具体问卷设计中，"本土智慧"和新闻改革的导向发挥着主导的作用。陈崇山表示，她在设计"北京调查"问卷时，参考了当年《新华日报》的读者调查。回顾历史，1938年4月2日，《新华日报》刚创刊之际，中共中央就发出了《关于党报问题给地方党的指示》，"各地方党应当尽一切力量来帮助《新华日报》，以达到加强报纸与群众的联

系：1.每个支部应有一份《新华日报》,每个同志应尽可能订一份《新华日报》,并帮助推销和发行；2.帮助建立通讯工作；3.帮助建立读者会。当时《新华日报》搞了一个读者调查,发现该报的读者构成是：学生占24%,工人占19%,机关职员占17%,店员和救亡团体工作者占11%,军人和自由职业者占5%,外籍读者占2%。"[1]

在问卷设计阶段,"北京调查"小组没有参考美国传播学效果研究的调查问卷,而是根据各报纸在新闻改革中遇到的实际困难开展设计。据陈崇山回忆,"读者对报纸信任程度"这一问题来源于她偶尔听到的两个小孩子对话：一个小孩子对另一个小孩子说起自己在报纸上看到的新闻,另一个小孩子说"报纸你也相信",由此启发了陈崇山对于"读者对报纸信任程度"的考察。此外,当时有读者向安岗反映看《人民日报》是从第8版看起的,安岗亲自为《人民日报》设计了三个问题：1.您拿到本报先看哪一版？ 2.您看本版头版头条消息吗？ 3.您喜欢看本报的言论吗？在设计问卷时,最具争议的问题是,您相信报纸的新闻报道吗？（1.可信；2.基本可信；3.不大可信；4.不可信；5.说不准）。这一问题后来成为"北京调查"中最有价值、最使新闻界震动的问题,为报纸改革提供了有效的依据。[2]

在抽样与数据处理阶段,"北京调查"小组采用了跨单位合作方式。北京市统计局文劳处高级统计师朱一林为"北京调查"制定了抽样方案,在全国抽取337个单位,抽样调查人数为2629人,严格按照随机原则抽取样本。[3]陈崇山在人大新闻系的同班同学、北京市宣传部副部长兼新闻处处长陈昌本帮忙请示市委,以中共北京市委宣传部的名义出具红头文件,方便"北京调查"小组到各单位抽样。[4]"北京调查"采用了本土统计分析处理的方法。1982年,中国在第三次人口普查中首次应用了电子计算机统计,[5]这种大规模统计方法启示了陈崇山,她找到统计中心要求合作。中心主任表示,这是统计中心第一次

---

[1] 胡太春：《中国报业经营管理史》,山西教育出版社,1999,第149页。

[2] 参考对陈崇山的访谈。

[3] 朱一林、蔡静：《北京市读者、听众、观众抽样调查方案及说明》,载北京新闻学会调查组主编《北京市读者、听众、观众调查》,工人出版社,1985,第187页。

[4] 参考对陈崇山的访谈。

[5] 王洪喆：《从"赤脚电工"到"电子包公"：中国电子信息产业的技术与劳动政治》,《开放时代》2015年第3期,第41页。

为社会科学做统计。[1]《新闻学会通讯》还刊载了北京市计算中心于文兰基于"北京调查"撰写的《电脑首次为新闻界服务》，文中称：

> 目前，电子计算机已广泛应用于各个方面。1982年，我们受北京新闻学会的委托，对北京市读者、听众、观众调查的数据，用计算机作了统计分析……这是我们与新闻界的第一次合作。今后，我们还将提供各方面的服务，运用现代统计技术，为我国新闻界提供更多有益的信息。[2]

完成"北京调查"后，陈崇山尝试以英文形式发表，拜托当时在中国日报社工作的代培研究生王幸村帮忙。1983年1月29日，《中国日报》国内新闻版头条发表《首次运用电子计算机进行民意测验 读者相信报纸》。陈崇山把同一篇稿子转给新闻研究所同事方蒙的夫人刘诚（香港《文汇报》驻京记者），1983年1月30日，香港《文汇报》发表《北京采用电脑首次民意测验 八成认为中国报纸可信》，美联社和新华社第二天都转发了消息。[3] 此外，中国社会科学院将《调查报告专辑》复印后分发给各媒体单位、科研机构、高校传阅。潘忠党当时正在北京广播学院读书，他也得到了一份，并随身带着赴美求学，希望到了美国充分学习后再进一步分析这些数据。当他和硕士论文导师罗杰斯提到这一调查后，罗杰斯很兴奋，认为中国有了"受众调查"是一个值得关注的现象。于是，罗杰斯、赵小妍、潘忠党、陈明德[4] 共同完成了《北京受众研究》（Beijing Audience Studies）。罗杰斯发现，"中国竟有如此惊人数量的广播、电视受众"以及"中国也可以使用现代调查研究的方法"，提出"尽管西方的一些理论和实践仍在中国存疑，但北京调查标志着西方社会科学的科学理论和方法论在中国大众媒介领域的出现"。[5]

---

[1] 参考对陈崇山的访谈。

[2] 于文兰：《电脑首次为新闻界服务》，《新闻学会通讯》1983年第5、6期。

[3] 陈崇山：《受众本位论》，社会科学文献出版社，2008，第340页。

[4] 参考对潘忠党的邮件访谈：潘忠党当时在斯坦福大学读书，罗杰斯后来成为他的硕士论文指导老师；陈明德是当时斯坦福大学传播系博士生；赵小妍也是斯坦福大学传播系博士生，赴美之前是北京广播学院外语系老师。罗杰斯根据潘忠党和赵小妍对报告的翻译，以及潘忠党的口头报告，充分了解了"北京调查"。

[5] Everett M. Rogers, Xiaoyan Zhao, Zhongdang Pan, Milton Chen, "The Beijing Audience Study," *Communication Research*, vol. 12, no. 2 (April 1985): 179-208.

"北京调查"是1980年代传统新闻学理论与现代化传播研究方法融合的经典案例,但追踪其发生的根本社会原因,还要回归当时正在进行中的新闻改革。在重访"北京调查"过程中,本研究尝试对这一重要事件进行社会史研究,讲清身处改革时代的新闻工作者和新闻学人为何以及如何开启这样一个推动研究范式转型的调查研究,才能呈现中国传播学研究为知识本土化做出的努力。

四、"北京调查"推动传播学范式兴起

以知识社会史的视野重新打开这段历史会发现,"北京调查"为党报提出了建设性意见,极大引起了当时倡导新闻改革的领导们的注意。1983年7月7日,陈崇山和研究生曹焕荣带着调查报告拜访了人民日报社总编辑胡绩伟,胡绩伟称:"我看了北京新闻学会调查组在北京进行读者调查的材料。我们印发给报社编辑各部门,要大家看一看、想一想读者对报纸的意见和反映。《人民日报》年初拟定的改进计划,就吸收了不少读者的意见。北京新闻学会组织的这次读者调查是受到欢迎的。"他还希望陈崇山再调查一个省,这样更具有代表性。陈崇山还拜访了人民日报社社长秦川,秦川在中宣部1983年一次宣传工作会上,谈到了北京新闻学会调查组对《人民日报》读者调查的结果,邓力群、郁文等同志很感兴趣,不断插话。郁文同志希望首都新闻界开个会,大家谈谈体会,给中央写个报告,请中央领导同志看看。[1]

随着对社会科学方法论的进一步学习,1980年至1985年间,学者展开了关于受众统计、心理学测量等社会科学方法的学习(详见表3.4)。朱执中提出,要在新闻采访学中引入心理学,要了解被采访对象的"心理过程""个性及其心理特征",借此挖掘被访者身上的时代精神;[2] 刘黑枷基于《沈阳日报》三次大规模读者调查指出,1980年代的读者心理构成发生了巨大的变化,读者的文化水平、思想水平都有了极大提高,他们开始对信息和精神文化生活有了更高要求。[3] 从这一时期研究看,新闻学界不仅将传播学研究方法用于改善采访写作等新闻实务层面,也开始利用新兴理论推动新闻学的转型与创新,充分服务于整体的新闻改革。

---

[1] 陈崇山:《受众本位论》,社会科学文献出版社,2008,第345页。

[2] 朱执中:《采访学引进心理学的意义及其方法》,《新闻学会通讯》1984年第1期,第34-36页。

[3] 刘黑枷:《办报必须了解读者心理》,《新闻学刊》1985年第3期,第41-44页。

表 3.4　1981—1985 年三本新闻传播学过刊对"社会科学方法"的介绍

刊名	刊期	题目
《世界新闻事业》	1980 年第 1 期	《〈朝日新闻〉的读者调查》（袁竹）
《世界新闻事业》	1980 年第 2 期	《日本报纸的舆论调查》（邵加陵）
《世界新闻事业》	1980 年第 2 期	《请熟悉你的读者》（肯·梅茨勒，黎信）
《世界新闻事业》	1980 年第 2 期	《美国报纸妇女读者调查》（潘玉鹏译）
《新闻学会通讯》	1981 年第 11 期	《研究我们的读者》（安岗）
《新闻学会通讯》	1981 年第 11 期	《新闻工作者要加强调查研究——戴邦同志在新闻摄影组学术讨论会上作报告》（胡颖）
《新闻学会通讯》	1981 年第 18 期	《从社会效果看好新闻》（戴邦）
《新闻学会通讯》	1982 年第 6 期	《研究方法漫谈》（廖盖隆）
《新闻学会通讯》	1982 年第 11 期	《从研究读者入手提高通讯刊物的质量》（仇学平）
《新闻学会通讯》	1983 年第 5、6 期（调查报告专辑）	《我们要有向读者、听众、观众调查的浓厚空气》（安岗）
《新闻学会通讯》	1983 年第 11 期	《试谈听众心理学》（范直一）
《新闻学会通讯》	1983 年第 11 期	《美国读者研究情况介绍》（高欢）
《新闻学会通讯》	1983 年第 18、19 期	《结合新闻改革 开展读者调查》（胡绩伟）
《新闻学会通讯》	1983 年第 18、19 期	《调查研究是新闻改革的基础》（钟沛璋）
《新闻学会通讯》	1983 年第 18、19 期	《读者调查是报纸工作的基本建设》（胡甫臣）
《新闻学会通讯》	1983 年第 18、19 期	《读者调查和改革报纸工作的几个问题》（纪云龙）
《新闻学会通讯》	1983 年第 18、19 期	《调查归来话感受》（周正方）
《新闻学会通讯》	1983 年第 18、19 期	《人民铁道报工厂系统读者调查情况简介》（人民铁道报编辑部）
《新闻学会通讯》	1983 年第 18、19 期	《如何做抽样调查的问卷设计》（陈崇山）
《新闻学会通讯》	1983 年第 18、19 期	《祝基滢教授谈舆论调查方法》
《新闻学会通讯》	1983 年第 18、19 期	《美国民意调查方法介绍》（弗雷德利卡·C.惠特尼）
《新闻学会通讯》	1984 年第 1 期	《采访学引进心理学的意义及其方法》（朱执中）
《新闻学会通讯》	1984 年第 5 期	《谈谈受众的心理特征——注意》（傅经平）

续表

刊名	刊期	题目
《新闻学会通讯》	1984年第8期	《浙江省读者、听众、观众综合调查报告》（浙江省读者、听众、观众联合调查组）
《新闻学会通讯》	1985年第2期	《应该重视读者兴趣的研究》（傅经平）
《新闻学刊》	1985年第2期	《"逆反心理"分析》
《新闻学刊》	1985年第3期	《办报必须了解读者心理》（刘黑枷）

任何学术研究的起源都与时代的命题、社会变革的需求息息相关。胡绩伟、钟沛璋[1]等新闻界领导都充分肯定了"北京调查"对新闻改革的积极意义。钟沛璋在《调查研究是新闻改革的基础》中提出"以调查研究为基础的新闻改革是时代变化的需要"：

> 时代在前进，中国的情况发生了很大的变化，世界的情况发生了很大的变化，我们的读者、听众、观众的情况也在不断发生变化。只有坚持经常的调查研究，紧紧地掌握群众的思想脉搏，我们的新闻宣传才能不断进步，不断取得新的胜利……广大人民群众希望我们的报纸能够全面地发挥上情下达和下情上达、密切党和人民群众联系的桥梁作用，要求我们的新闻事业既是党的耳目喉舌，也是人民群众的耳目喉舌。这不正是我们新闻改革要努力实现的方向吗？[2]

胡绩伟在《结合新闻改革 开展读者调查》中明确了读者调查与新闻改革的关系：

> 读者调查一定要配合报纸工作改革，为改革服务。这样，新闻单位就会越来越重视读者调查，支持读者调查。大家会感到开展这种调查工作，绝不是少数几个人在那里故弄玄虚，而确实是客观需求。新闻改革要重视群众的舆论，读者调查就反映了群众的舆论，可以推动

---

[1] 钟沛璋是当时的中共中央宣传部新闻局局长。

[2] 钟沛璋：《调查研究是新闻改革的基础》，《新闻学会通讯》1983年第18、19期。

党报的工作。[1]

回望"北京调查"及1980年代初期的相关调查研究，其研究目的主要是服务新闻改革，因此指导思想仍旧是传统新闻学理论中的群众路线等。在研究方法上，从手动统计数据到运用电子计算机运算，早期探索者基于现实条件对现代化信息技术进行本土化借鉴，在"融合与转型"中推动1980年代新闻业的范式创新与传播学科的兴起。

第三节 "信息"：马克思主义新闻理论与传播学的相遇

除了以"北京调查"为代表的受众研究，1980年代传播学兴起历史中另一重要讨论热点是"信息"概念的兴起。回望历史，1977年，施拉姆在香港中文大学第一场公开演讲的题目就是《信息时代的到来》；1982年第一次全国传播学研讨会上，洪允曾希建议将"传播学"改为"信息传播学"或者"信息学"。关于"信息"在中国传播学发展历史中的地位，已有研究提出"信息"使新闻业从"宣传本位"走向"新闻本位"，[2]认为"信息"为新闻传播学带来了"科学主义"等。[3]本节的重访意在说明，"信息"的兴起，除"信息论"所代表的大众传播理论外，还有一条与马克思主义新闻理论相关的脉络，这两条线索的相遇，进一步论证1980年代传播学的兴起是"传统"与"现代化"的有机融合。

一、在马克思新闻理论中重新发现"信息"

本节以1980年代新闻改革为研究背景，但对新兴社会科学概念的重访，将回归历史，发现其可能被主流叙事遮蔽的面向，以此视角考察"信息"，就要回归马克思主义新闻理论。1984年，李良荣在《新闻大学》上发表《"信息热"与新闻改革》，这篇文章被视为"信息"进入新闻界的标志，文章开篇点明了

---

[1] 胡绩伟：《结合新闻改革 开展读者调查》，《新闻学会通讯》1983年第18、19期。
[2] 张昆：《传播观念的历史考察》，武汉大学出版社，2015，第556-557页。
[3] 姜红：《作为"信息"的新闻与作为"科学"的新闻学》，《新闻与传播研究》2006年第2期，第27-34页。

"信息热"对新闻改革的影响:

> 最近,《人民日报》有条消息在导语中指出:我国开始兴起"信息热"。的确,信息像旋风一样刮遍了全国各行各业,无论从事政治活动,还是从事经济工作、科技文化工作,人们像需要水、空气、阳光一样需要信息,追逐信息。信息的旋风也同样吹进了新闻界,现在,许多报纸在扩大订阅、征求订户的启事中,都以"信息灵通""信息量大"来吸引读者,不少报纸开辟"经济信息""科技信息"专栏。[1]

由文中提到的《人民日报》消息可见,"信息热"兴起是1980年代初期社会大趋势,除了新闻行业,其他领域都在积极学习"信息",尝试利用其为现代化建设服务:

> 如今,工厂谈信息,商店谈信息,运输公司谈信息,农村专业户谈信息,各行各业都有许多人把信息当作话题。他们有的把信息说成是一种宝贵的资源,有的说它是正确决策、提高经济效益的"财神爷",有的称颂它是发展生产、搞活经营的"金翅膀",等等。把握信息,传递信息,日渐成为经济工作的重要组成部分。[2]

无论对于中国社会还是新闻界,1984年都是一个"信息"观念兴起的关键时间点。在1984年前,"信息"曾在马克思主义新闻理论框架中出现。刘海龙、胡翼青等学者通过考掘1979—1989年间《国际新闻界》译介文章,指出1980年代批判学派研究在新闻学界大量出现,之后"失踪""夭折"的根源在于批判学派理论看上去仍旧是马克思政治经济和阶级分析理论,在纠正"左"的新闻学知识生态中,经验学派的行政研究更容易成为显学。[3] 笔者以此为线索盘查

---

[1] 李良荣:《"信息热"和新闻改革》,《新闻大学》1984年第1期,第9-13页。

[2] 于有海、徐耀中:《信息对社会经济发展的作用越来越明显 我国城乡信息网络正在形成》,《人民日报》1984年4月23日,第2版。

[3] 同时参考刘海龙:《重访灰色地带:传播研究史的书写与记忆》,北京大学出版社,2015,第119-139页;胡翼青:《双重学术标准的形成:对批判学派"夭折"的反思》,《国际新闻界》2008年第7期,第11-14页。

了1984年前关于"信息"的文章（详见表3.5）。由此发现，此类文章都集中发表于1979—1984年间，此后数量逐步减少。

表3.5 1978—1984年新闻界与"信息"相关的批判学派文章

刊名及刊期	文章题目及作者
《国际新闻界》1979年第1期	《新闻工具与美帝国》（赫伯特·席勒，林珊摘译）
《国际新闻界》1979年第2期	《洛克菲勒对新闻工具的统治》（加里·艾伦，林珊摘译）
《国际新闻界》1979年第3期	《新闻背后的信息》（赫伯特·甘斯，王泰玄摘译）
《新闻学论集》1980年第1辑	《战后美国新闻理论的特点》（林珊）
《国际新闻界》1981年第3期	《"发展新闻学"与建立世界新闻新秩序》（林珊）
《国际新闻界》1981年第4期	《建立世界新闻新秩序的潮流不可阻挡》（林珊）
《新闻学论集》1981年第2辑	《美国新闻工具与美国垄断资本》（林珊）
《国际新闻界》1982年第2期	《美国的全球电子侵略》（赫伯特·席勒，林珊摘译）
《国际新闻界》1982年第4期	《美国公众不信任美国新闻工具》（林珊）
《国际新闻界》1982年第4期	《娱乐：巩固现状的支柱》（赫伯特·席勒，陈复庵摘译）
《新闻学论集》1982年第4辑	《国际新闻界的控制与反控制斗争》（林珊）
《国际新闻界》1983年第1期	《娱乐：巩固现状的支柱（续）》（赫伯特·席勒，陈复庵摘译）
《国际新闻界》1983年第3期	《里根与美国新闻界》（林珊编译）
《国际新闻界》1983年第4期	《思想控制扩及海外》（赫伯特·席勒，陈复庵摘译）
《新闻学论集》1983年第7辑	《"美国之音"的本质及其宣传手段》（张一凡）
《国际新闻界》1984年第1期	《美国阻挡不了新闻新秩序的建立》（林珊）
《国际新闻界》1984年第1期	《没有大众的大众传播工具（一）》（本·巴格迪坎，范东生、王志兴译）
《国际新闻界》1984年第2期	《从美国新闻业看"信息社会"》（林珊）
《国际新闻界》1984年第2期	《从市场法则到直接政治控制》（赫伯特·席勒，陈复庵摘译）
《国际新闻界》1984年第3期	《没有大众的大众传播工具（二）》（本·巴格迪坎，范东生、王志兴译）
《国际新闻界》1984年第3期	《信息为什么样的社会服务？》（赫伯特席勒，林珊摘译）
《国际新闻界》1984年第4期	《信息技术能成为民主化的力量吗？》（赫伯特·席勒，陈复庵摘译）

刊名及刊期	文章题目及作者
《新闻学论集》1984年第8辑	《一种鼓吹对政府负责受政府控制的理论——资产阶级新闻学的"社会责任论"剖析》（刘顺发）

1984年之前的讨论有助于打开"信息"在马克思主义新闻理论中的面向。赫伯特·席勒为代表的美国批判学派学者用事实和数据揭露了由美国政府和大石油公司支持的对外电子设备供应机构如何利用信息技术扩展美国的政治、文化影响力，摧毁他国的社会准则和文化，如"反复告诉加拿大人，俄国和中国是潜在的敌人"、在"美国之音"广播中加入具有冷战意识形态的宣传内容等；[1] 也有文章揭露出，美国早期计算机发展、信息情报事业都得到了政府军费的大力支持，国家安全局利用信息技术破解电码，监听、翻译和分析全世界传播工具的信息。[2] 这些文章指出了"信息社会"理论背后的冷战目的。赫伯特·席勒提出"用技术解决迫切的社会问题已归于失败"，"对技术的迷恋淹没了政治和权力的基本因素"，提出要破除"信息""数据"的迷思：

> 数据丰富的社会及其支助性硬件能医治目前的社会弊端，这种说法既是残酷的，也是欺骗性的。它之所以残酷，在于使人们感到好像贫民区的孩子只要走到计算机控制台前就能变魔术般地战胜世世代代的贫穷。它之所以具有欺骗性，在于使人们全神贯注于电子技术和技巧，而看不清继续左右新技术的方向和重点的体制基础。[3]

林珊、甘惜分等老一辈新闻工作者也结合马克思主义理论的学习和实践经验，发表对"信息社会""信息自由"的看法，提出对"信息"和新闻的讨论要坚持"阶级性"：

---

[1] 赫伯特·席勒：《美国的全球电子侵略》，林珊摘译，《国际新闻界》1982年第2期，第32页。

[2] 赫伯特·席勒：《信息为什么样的社会服务？》，林珊摘译，《国际新闻界》1984年第3期，第18-19页。

[3] 赫伯特·席勒：《信息技术能成为民主化力量吗？》，陈复庵摘译，《国际新闻界》1984年第4期，第12-20页。

> "信息社会"论则是违背马克思主义的观点的。在阶级社会里,一切科学技术的进步都总是掌握在一定的阶级手中,并为一定的社会制度服务的,因此,科学技术革命本身不可能直接改变一个社会的性质。[1]
>
> 我自己对新闻事业的长期观察和研究,并与资产阶级新闻机构打了几十年交道积数十年之经验的结果指示我们,不仅所有新闻事业都带有鲜明的阶级倾向,即使它们所发布的新闻这样一种体裁,也在不同程度上带有阶级倾向。[2]

有学者认为,林珊的说法是"她自己尚不自知,并没有将自己那些'为了批判而批判'的译文自觉地纳入到'传播学'的思维框架中,仅仅是迎合了当时学术意识形态化的需要"。[3] 但通过对林珊工作及学术经历回顾可见,她的倾向并非"不自知",而是老一辈新闻工作者对实事求是的坚持,具有自主思考的研究意识:

> 当美国大众传播学研究不断开展的时候,在欧洲和美国国内出现了不同的理论学派——批判学派……我们注意到,在美国,较著名的批判学派学者赫伯特·席勒(Herbert I. Schiller)教授……对美国的大众传播媒介进行了广泛而深入的研究……列举事实,分析和揭露了美国的信息传播不仅为大公司的利益服务,并在国内和国外进行"文化统治"。[4]

除了新闻学,其他领域研究者也发现了"信息"的政治性。科学家钱学森提出要从历史唯物主义视角重新审视西方产业革命。钱学森师从世界著名科学家冯·卡门,在美国学有所成,新中国成立后,他历经千辛万苦回国,一度被美国官方关入监狱。基于这样的经历,钱学森一生坚持马列主义理论指导,提出要以整体的视角、全局的观念看待产业革命的变化。[5] 赫伯特·席勒、林珊、

---

[1] 林珊:《从美国新闻业看"信息社会"》,《国际新闻界》1984年第2期,第4-6页。
[2] 甘惜分:《甘惜分自选集》,中国人民大学出版社,2007,第49页。
[3] 伍静:《中美传播学早期的建制史与反思》,山东人民出版社,2011,第145页。
[4] 林珊:《悠悠往事:我的传媒工作回顾》,群言出版社,2008,第114-115页。
[5] 钱学森:《关于新技术革命的若干基本认识问题》,《计划经济研究》1984年第24期,第2-12页。

甘惕分、钱学森等来自不同国家、不同研究领域的学者，立足自身经历充分理解和运用马克思主义理论，提倡中国应该从整体经济结构出发，探索社会主义现代化和信息化独立自主的发展道路，要防止迷失在资本主义国家营造的"信息社会"幻景中。

1978—1984年间批判学派文章除了谈"信息"，还有两类相关内容。一类文章揭示了美国提倡"新闻自由"的虚伪性，揭露美国政府、洛克菲勒等大财团如何合谋操纵新闻、管控舆论。[1] 林珊和丈夫吴大琨[2]有着与钱学森类似的经历，他们于1947年远赴美国，回国前遭到美国官方监控，家里曾被撬开搜查是否私设电台。西雅图时报曾派记者到家里采访他们关于新中国成立后的情况，吴大琨讲述了新中国的民主和自由，以及种种欣欣向荣的新气象。美国记者没有得到他们期望的"新中国没有民主和自由"的说辞，最后这个采访竟只字未见报。林珊曾基于这些亲身经历批判了美国一直在世界倡导的"新闻自由"。

除了基于实践对"信息"带来民主或"新闻自由"的批判外，在马克思主义新闻理论的脉络中，还有一类文章从正面出发，积极回应第三世界国家提出的"建立世界新闻信息新秩序"。当时北京新闻学界多次召开会议，反思西方资本主义国家维护信息流通旧秩序、压制第三世界国家声音。1980年代，中国日报社总编辑刘尊棋参加联合国教科文组织的建立世界新闻新秩序会议，回来后向中国人民大学新闻系师生做报告。[3] 1981年，中国出版了由联合国教科文组织国际交流委员会编纂的《多种声音，一个世界》[4]，要求打破西方资本主义国家垄断信息的局面，提出世界新闻界要有多种"声音"。

重访1978—1984年的历史，在关于"信息"的讨论中，老一辈新闻工作者和研究者对西方国家利用信息技术推行"电子侵略"，宣传"信息社会""新闻

---

[1] 同时参考林珊编译《里根与美国新闻界》，《国际新闻界》1983年第3期，第28-38页；加里·艾伦：《洛克菲勒对新闻工具的统治》，林珊摘译，《国际新闻界》1979年第2期，第89-101页。

[2] 吴大琨是中国著名经济学家、经济史学家，我国世界经济学奠基者之一。他在20岁时翻译出版了《大众政治经济学》，曾因为慰劳新四军而被国民党反动派拘禁于上饶茅家岭黑狱。

[3] 林珊：《悠悠往事：我的传媒工作回顾》，群言出版社，2008，第120页。

[4] 王怡红、胡翼青主编《中国传播学30年：1978—2008》，中国大百科全书出版社，2010，第25页。

自由"等的行为进行了辩证思考，第三世界国家也以独立自主的意识批判"文化帝国主义"，要求建立世界新闻新秩序。但这些讨论没能在后来成为主流，在新闻改革的时代里，对研究范式进行创新成为当时的主要目的，在"信息"的理论演进中，马克思主义新闻理论与现代化的传播学相遇了。

二、传播学兴起过程中关于"新闻与宣传"的讨论

学界的改革创新往往由思想观点的交锋推动，回到1984年兴起的"信息热"时代里，新闻界由"信息"引起的一次重要思想碰撞就是"新闻与宣传"的讨论。据李良荣回忆，复旦大学新闻系77级学生最早发起了关于"新闻与宣传"的讨论，成为后来"新闻与信息"讨论的基础。77级学生提出，新闻与宣传是两种不同的社会现象，新闻媒体的第一功能应该是刊登新闻、传播信息，讨论出现了三种观点：

> 一是认为新闻与宣传是两种独立的社会现象，新闻活动与宣传活动各有自己的特点。但在现实社会，新闻与宣传往往交叉，"用事实说话"就是运用新闻来达到宣传目的的一种方法。二是认为宣传包括新闻，新闻只是手段，宣传是目的，任何新闻发布都包含着宣传目的。三是认为新闻与宣传各自独立，宣传一定有偏见，利用新闻作宣传，新闻必然被歪曲，必然不可能客观公正。[1]

讨论尝试将"新闻"从"宣传"中分离出来，重新思考此前认为"新闻"是"宣传"的观点。青年学子们基于对新兴传播学的兴趣，提出"新闻"应该"客观""公正"，要淡化"政治"，但甘惜分等老一辈新闻工作者也发表了自己的看法：

> 在马列主义发展史上，在我们党的历史上，"宣传家"是个十分光荣的字眼。在"宣传"这一词最广泛的意义上，任何新闻报道都是宣传。不带任何政治倾向的"纯新闻"是很少的，不带任何宣传气味的即不宣传任何新情况、新经验、新事物的新闻，是从来没有的。那些主张新闻

---

[1] 李良荣：《新世纪的探索：李良荣新世纪新闻学研究文集》，暨南大学出版社，2012，第24页。

与宣传二者分家的同志们，在逻辑上是混乱的，在政治上剥夺了自己运用新闻手段以达到教育和引导群众前进的权利，也就是封住了自己的嘴巴。[1]

如上文所述，甘惜分、林珊等老一辈新闻工作者继承革命与建设时期的工作经验，以马克思主义新闻理论为指导，坚持"全党办报、群众办报"模式，坚持党报要有"党性"，要发挥对群众的引导和教育职能。但随着"新闻与宣传"讨论演进，青年学子们开始向甘惜分提问。1982年，甘惜分在被誉为"中国第一部马克思主义新闻教科书"的《新闻理论基础》中，记载了学生对自己的提问：

> 现在连"报纸是阶级斗争的工具"也不提了，你为什么不反对"报纸是无产阶级专政的工具"提法呢？有人主张把新闻与宣传分开，你对此有何看法？你对西方的大众传播学持什么态度？马克思主义新闻学可以吸收传播学吗？你在《新闻理论基础》中回避了报纸的商品性问题，据我所知，你是反对报纸的商品性的提法的，请谈谈你的看法；你对"读者需要论"是怎样的看法？西方国家一般不重视新闻学理论，只强调新闻技术。我国特别重视马克思主义新闻理论的学习，这是为什么？[2]

这些提问代表了当时传播学兴起氛围中的新观点：要坚决反对"报纸是阶级斗争的工具""新闻为政治服务"；要把"新闻"与"宣传"分开；要积极学习"西方大众传播学"来改变传统新闻观念等。面对提问，甘惜分仍旧坚持党报"政治性"，坦诚回应自己对大众传播学、读者调查、"信息"的观点：

> 我自己对传播学知之甚少，连研究也谈不上，只能看些翻译过来的东西，觉得有些部分有可取之处，如重视受众调查，重视"反馈"原理，这都是我们长期忽视的东西，可以加以借鉴。但就其整个体系而论，西

---

[1] 甘惜分：《为〈新闻理论基础〉一书答读者问》，载《甘惜分自选集》，中国人民大学出版社，2007，第365-393页。

[2] 甘惜分：《为〈新闻理论基础〉一书答读者问》，载《甘惜分自选集》，中国人民大学出版社，2007，第365-393页。

方传播学主张信息万能,认为只要信息疏通,社会矛盾便可减少,便可"全球一村",一切问题便可迎刃而解,这显然是超阶级的社会调和论,其目的是为缓和资本主义的国内矛盾,也是为发达国家向第三世界进行政治、经济、思想、文化渗透制造舆论,这是我们绝对不可接受的。

从复旦77级学生关于"新闻与宣传"的讨论到青年学子向甘惜分发问,1980年代初期的理论争鸣彰显着新闻界对传播学的探索。1984年后,尽管林珊等学者仍坚持从事传播批判学派的引介工作,[1] 但随着整体改革进程的加快,以马列主义为指导的批判类文章发表数量逐步减少,经历了"新闻与宣传"讨论,马克思主义新闻理论不再是关于"信息"的主导理论,"信息"开始在传播学视野中以新的面貌出现。

三、传播学视野中的"信息"

"信息"在新闻界成为热词早期源于新闻改革服务于国家整体经济体制改革的需求。1982年后,中国经济改革重点从农村转向城市,企业拥有自主经营权,及时获取信息成为企业在竞争中生存的关键,新闻学界依据这一形势的发展,以新闻实践服务改革,创办了更多执行传媒经济功能、以传播信息为主的经济类报刊:1982年人民日报社创办《市场报》;1983年《经济日报》创立;[2] 上海《文汇报》于1983年7月13日起开辟《商品广告》新栏目,刊载商品信息和商品知识;[3] 1984年,新华社创办《经济参考报》,邓小平亲自为其题词:开发信息资源,服务四化建设。[4] 经济参考编辑部还曾撰文《报纸要重视经济信息的作用》,指出"在我国实现四个现代化的进程中,掌握经济信息的重要性开始被越来越多的人所认识"。[5] 中国社会科学院新闻研究所副所长戴邦也在1984年发表《信息在新闻工作中的重要地位》,指出"新闻、信息在四化建设中发挥了越来越大的重要作用,特别是经济信息,成了增加财富和满足人们物

---

[1] 刘海龙:《重访灰色地带:传播研究史的书写与记忆》,北京大学出版社,2015,第137页。

[2] 李良荣:《新世纪的探索:李良荣新世纪新闻学研究文集》,暨南大学出版社,2012,第25页。

[3] 民会:《"广告新闻化"好》,《新闻战线》1983年第9期,第17页。

[4] 新华社新闻研究所编《邓小平论新闻宣传》,新华出版社,1998,第12页。

[5] 栗金孚(经济参考编辑部):《报纸要重视经济信息的作用》,《新闻记者》1984年第10期,第17-18页。

质生活的一种重要手段"。[1]

"信息"在新闻界兴起的时期，也是中国传播学兴起的关键时期，1983年，有学者发文称，"当前世界又面临着一次新的科技革命，我们要抓紧时机，尽可能应用新的科技成果加速经济发展，缩短我国同发达国家在经济上的差距"。[2]《瞭望周刊》在1984年第1期发表了《产业革命简介》，向读者介绍，"以电子计算机为代表的新兴产业的勃兴，称为'新产业革命'"。[3]随着"信息热"兴起，新闻机构开始思考如何利用信息手段做好新闻。新华社技术部提出，"要加强我国现代化通讯传递手段的技术建设，提高新闻信息传播的时效和质量，以适应我国四个现代化建设的需要"。[4]有学者开始反思，面对世界信息技术革命，中国新闻业在提供图像和文字信息方面与世界存在巨大的差距，需要引入传播学科迎头赶上。[5]居延安1984年在《新闻大学》发表了《谈谈信息革命》，被视为新闻学界最早系统论述"信息革命"的文章。文章指出，信息革命不仅意味着传播技术的现代化，更是一场社会革命，意味着社会观念的变化，"它会逐渐改变我们的新闻观念和宣传观念，现实将逼得新闻宣传媒介更多地考虑信息接受者的兴趣和需求"。[6]其实，早在1978—1980年间，《外国新闻事业资料》《世界新闻事业》《新闻学会通讯》等较早译介大众传播理论的期刊就开始介绍美国、日本等国家的现代化媒介，为我国如何更好发展广播电视事业提供经验与启示（详见表3.6）。这些早期讨论也将"信息"与传播学的兴起与应用进一步具体化。

表 3.6　1980 年代三本新闻传播学过刊对"信息技术"的介绍

刊名	刊期	题目
《外国新闻事业资料》	1978 年第 1 期	《作为宣传工具的世界电视》（李纳·帕丹、塔皮奥·瓦里斯）
《外国新闻事业资料》	1979 年第 2 期	《电视前途无限》（《新闻周刊》）

---

[1] 戴邦：《信息在新闻工作中的重要地位》，载中国社会科学院新闻研究所编《中国新闻年鉴1985》，中国新闻出版社，1985，第41页。

[2] 陈启懋：《"新产业革命"和我国的现代化》，《国际展望》1983年第4期，第4页。

[3] 《瞭望》资料室：《产业革命简介》，《瞭望周刊》1984年第1期，第27页。

[4] 新华社技术部：《加强现代化通讯社的通信技术建设》，载中国社会科学院新闻研究所编《中国新闻年鉴1984》，人民日报出版社，1984，第18页。

[5] 舒宗侨：《图象事业面临信息革命的挑战》，《新闻大学》1985年第9期，第25-26页。

[6] 居延安：《谈谈信息革命》，《新闻大学》1984年第2期，第21-24页。

刊名	刊期	题目
《外国新闻事业资料》	1979年第2期	《美国新闻事业的电化教育影片》（《主编与发行人年鉴》）
《外国新闻事业资料》	1979年第4期	《电子技术在报纸制作中的运用》（翁其银）
《世界新闻事业》	1980年第1期	《日本广播电视现状》（《民主记者》资料，潘玉鹏摘译）
《世界新闻事业》	1980年第1期	《美国电视的广阔天地》（彼得·W.伯恩斯坦，陶坚摘译）
《世界新闻事业》	1980年第1期	《通讯卫星进行直接电视广播》（汉斯·吉斯特纳，陈建德摘译）
《世界新闻事业》	1980年第2期	《日本一家地区报纸使用新技术（图片）》（《中日新闻社》，青竹选译）
《世界新闻事业》	1980年第2期	《日本电视漫谈》（青竹）
《世界新闻事业》	1980年第2期	《东德的广播与电视》（E.佩斯切尔，潘玉鹏摘译）
《世界新闻事业》	1980年第2期	《苏联用大锤砸烂荧光屏》（E.谢尔格耶夫，崔永福译）
《世界新闻事业》	1980年第3期	《西德的"广播复兴"》（邹凡扬）
《世界新闻事业》	1980年第3期	《南斯拉夫广播电视社会化》（赵水福）
《世界新闻事业》	1980年第3期	《我国从卫星收录国际新闻》（裴玉章）
《世界新闻事业》	1980年第3期	《电子计算机带来的新变革——参观〈日本经济新闻〉社记实》（骆为龙）
《世界新闻事业》	1980年第3期	《世界最新情报传播技术的发展》（宁新）
《世界新闻事业》	1980年第3期	《南美〈国民报〉采用"法克斯"系统》（《主编与发行人》，潘玉鹏摘译）
《世界新闻事业》	1980年第3期	《使用VDT对健康有害吗？》（约翰·康索利，程士安摘译）
《世界新闻事业》	1980年第3期	《日本广播协会（NHK）概况》（裴玉章）
《世界新闻事业》	1980年第3期	《意大利的地方广播电台》（葛斯丕·里基莱，张国梁摘译）
《新闻学会通讯》	1981年第13期	《苏联广播事业情况介绍》（王武录译）
《新闻学会通讯》	1982年第10期	《美国电视的新发展——有线电视》（曾美云）
《新闻学会通讯》	1983年第1、2期	《谈电视的服务功能》（曾美云）

续表

刊名	刊期	题目
《新闻学会通讯》	1983年第5、6期	《电脑首次为新闻界服务》（北京市计算中心 于文兰）
《新闻学会通讯》	1983年第12期	《通讯领域里一场新的革命》（王非）
《新闻学会通讯》	1983年第17期	《关于电传消息的改革意见》（柴成生）
《新闻学会通讯》	1984年第5期	《调频广播的发明和发展》（苑子熙）
《新闻学会通讯》	1984年第6期	《电视原理及其发明者》（苑子熙）
《新闻学会通讯》	1984年第9期	《第一座电视台的诞生》（苑子熙）
《新闻学会通讯》	1984年第12期	《新技术革命与电视体育报道》（宋世雄）

改革的深入推动着新闻工作者"走出去"，把现代化信息技术"引进来"。1980年3月26日，新华社社长曾涛率代表团访问了日本经济新闻社，学习日本采用电子计算机编印报纸，以及编辑、排版、印刷、传送的全自动化过程。日本经济新闻社还利用电子计算机建立起了"资料库"（data bank），由于能够通过多种媒介迅速向各地提供国内外经济信息，日本经济新闻社被称为日本"经济综合情报机构"。[1]这一时期，电视也是传播学人关注的承载信息的大众传播工具，不断有学者展开讨论。例如，《外国新闻事业资料》就曾译介美国《新闻周刊》杂志的文章《电视前途无限》：

> 随着电视这一传播媒介的演进，电视节目必将越来越多，研究未来社会的学者十年前所预言的"电子四海一家"终将实现。诚如当年阿尔乔森在有声电影时代即将到来时关于技术发展预言道："你还什么都没见到哪！"[2]

无论是促进经济发展的"信息"，还是改善新闻通信技术的"信息"，当时的传播学人毫无疑问在以积极的态度重新审视"信息"，由此引发"信息"观念的转型之旅。梳理关于"信息"讨论的发展脉络，复旦77级学生最早发起"新

---

[1] 骆为龙：《电子计算机带来的新变革——参观〈日本经济新闻〉社记实》，《世界新闻事业》1980年第3期，第26-34页。

[2] 《新闻周刊》：《电视前途无限》，《外国新闻事业资料》1979年第2期，第60-62页。

闻与宣传"的讨论，1982年第一次全国传播学研讨会也对"信息"进行研讨。以这些讨论和争鸣为基础，学界很快发起了关于"信息"与"新闻"的讨论（详见表3.7）。讨论期待通过将"信息"与"新闻"观念的融合，有力推动传播学兴起。

表3.7　1980年代两本新闻传播学过刊对"信息"的介绍

刊名	刊期	题目
《新闻学会通讯》	1984年第5期	《信息·新闻·新闻信息》（卢惠民）
《新闻学会通讯》	1984年第8期	《及时传播准确可靠的信息——记王中教授谈新闻改革》（黄光晓）
《新闻学会通讯》	1984年第10期	《信息在传播中的地位及其价值》
《新闻学会通讯》	1984年第11期	《信息·新闻·新闻事业》（袁路阳）
《新闻学会通讯》	1984年第11期	《要重视信息的传播》
《新闻学会通讯》	1984年第12期	《怎样迅速传播新闻信息》
《新闻学会通讯》	1985年第1期	《传播专业信息是企业报的新课题》（朱志廉）
《新闻学会通讯》	1985年第3期	《信息与新闻》（戴邦）
《新闻学刊》	1985年第1期	《试论信息与新闻的关系》（林枫）
《新闻学刊》	1985年第2期	《新闻与信息》（张希圣）
《新闻学刊》	1985年第2期	《新闻与信息的异同》（艾志杰）
《新闻学刊》	1985年第2期	《信息传播的指导不能否定》
《新闻学刊》	1985年第3期	《信息传播与历史唯物论——学习马克思恩格斯关于信息传播的思想》（范东生）
《新闻学刊》	1985年第3期	《论新闻和信息》（周长新）
《新闻学刊》	1985年第3期	《加强报纸的信息功能》（陈怀林）
《新闻学会通讯》	1986年第2期	《新技术与信息传播》（陆丹）
《新闻学刊》	1986年第1期	《论新闻的信息值和评价值》（张兰夫）
《新闻学刊》	1986年第1期	《信息含量与新闻价值》（文璐）
《新闻学刊》	1986年第2期	《新闻信息与新闻价值》（胡吉六）
《新闻学刊》	1986年第2期	《也谈新闻与信息的异同》（宋志耀）
《新闻学刊》	1986年第3期	《也谈信息与新闻》（孙永平）
《新闻学刊》	1986年第3期	《新闻信息及其功能》（朱向霞）
《新闻学刊》	1986年第3期	《关于信息论与新闻关系之思考》（赵宁）
《新闻学刊》	1986年第6期	《增强新闻信息量途径之我见》（肖宜之）

续表

刊名	刊期	题目
《新闻学刊》	1987年第1期	《也谈新闻与信息》（何新明）
《新闻学刊》	1987年第4期	《信息与国际法》（沃尔·克里亚因伟赫特）
《新闻学刊》	1987年第5、6期	《党报信息系统的现状与改革》（高钢）
《新闻学刊》	1987年第5、6期	《对"信息新闻"的质疑》（贺伟）
《新闻学会通讯》	1988年第7、8期	《信息革命与新闻媒介的信息服务功能》（韩凤鹏 董勇海）
《新闻学刊》	1988年第3期	《略论信息单向流通的弊端与成因》（曾美云）
《新闻学刊》	1988年第3期	《新闻不是信息吗？》（时统宇）
《新闻学刊》	1988年第3期	《新闻与信息是统一的》（黄长江）
《新闻学刊》	1988年第4期	《信息社会——政治与道德的挑战》（马·哥特施利希）
《新闻学会通讯》	1989年第8期	《运用信息科学原理采写新闻》（王福鑫）

关于"信息"与"新闻"的讨论，最初存在两种声音：一是把"信息"和"新闻"两个概念完全等同起来，模糊了两者的区别；一是把新闻学引进"信息"的概念贬之为学西方"赶时髦"，并认为讲"信息"就是超阶级观点。[1]1985年，范东生指出，要从历史唯物论出发，不能忽视"信息传播"背后存在的宏观社会结构、阶层和阶级。[2]也有学者指出，"传播工具的阶级性，决定了传播信息的指导性"。[3]有学者提出反驳，"是否超阶级，完全在于具体问题具体分析。新闻这个概念也并没有贴上阶级的标签，资产阶级用，无产阶级也用"。[4]这些争鸣与施拉姆访华后关于"传播学是否有阶级性"的讨论一样，都属于在马克思主义新闻理论框架中开展对传播学的思考。

随着改革话语成为主流，"新闻"与"信息"的融合不断占据上风。林枫强调要"通过新闻报道加强信息传播的重要性，把扩大信息量作为新闻改革的

---

[1] 卢惠民：《信息·新闻·新闻信息》，《新闻学会通讯》1984年第5期，第17-19页。

[2] 范东生：《信息传播与历史唯物论——学习马克思恩格斯关于信息传播的思想》，《新闻学刊》1985年第3期，第3-4页。

[3] 《新闻学术观点介绍摘要：信息传播的指导不能否定》，《新闻学刊》1985年第2期，第77页。

[4] 卢惠民：《信息·新闻·新闻信息》，《新闻学会通讯》1984年第5期，第17-19页。

突破口"。[1]周长新称"新闻是一种诉诸社会传播的新近变动的事实的信息"。[2]贺伟对两个概念进行区分:"不是所有的信息都是新闻,只是信息中的新信息,即客观事物新近运动状态、特征所反映出来的信息"。[3]何新明认为"新闻"不等同于"信息",但主张"新闻信息化",提倡树立"新闻报道的主要任务是传播信息"的观念。[4]讨论逐步淡化"信息"的政治性,逐步成为在达成改革共识基础上的业务讨论。经过了长达五年关于"宣传""新闻""信息"的讨论,学界最终一致认同,"新闻媒体是以向社会传播信息作为其生存依据,传播信息是新闻媒体的第一功能"。[5]1988年,有学者明确指出"新闻与信息的统一性",这是传播学人对长期探讨的一种结论,也充分体现出在改革的时代里,借"信息"推动新闻改革是必然趋势。传播学界对"统一性"进行了如下归纳:

> 一是有助于增强新闻工作者的信息观念,由于过去强调新闻是宣传,没有把信息传播提到应有的位置;二是有助于在新闻报道中增加信息量,提高信息质量;三是有助于新闻报道充分发挥信息功能,从传播学中我们得知,信息的功能是减少或消除受传者对事物认识的不确定性;四是有助于广泛开发现代化建设急需的信息资源。[6]

本章重访了1980年代初期新闻改革进程中的中国传播学。1982年"北京调查"以党的群众路线为指导思想,应用传播学研究方法为新闻工作改革提供参考性意见;1984年后兴起的"信息"在探讨与争鸣中逐步成为新闻改革的着力点。这些关于理论和实践的继承与创新、争论与融合,恰恰展现了传播学如何在一个第三世界国家具体的政治与社会进程中逐步确立自身的命题与范式,如陈崇山所言,"总结新闻实践经验,上升到理论,就是最现实的'新闻学',也

---

[1] 林枫:《试论信息与新闻的关系》,《新闻学刊》1985年第1期,第42页。

[2] 周长新:《论新闻和信息》,《新闻学刊》1985年第3期,第9页。

[3] 贺伟:《对"信息新闻"的质疑》,《新闻学刊》1987年第5、6期,第77-78页。

[4] 何新明:《也谈新闻与信息》,《新闻学刊》1987年第1期,第77-78页。

[5] 李良荣:《新世纪的探索:李良荣新世纪新闻学研究文集》,暨南大学出版社,2012,第24页。

[6] 黄长江:《新闻与信息是统一的》,《新闻学刊》1988年第3期,第46-47页。

是对当时'新闻无学论者'的回击"。[1] 在1980年代的中国，新闻工作与传播学在改革时期短暂地相遇，与其说是某种偏离或照搬西方，不如说是历史曾经开启的另类可能性（alternative choice）。

重访1982—1986年的历史，本章尝试通过对知识社会史的盘查，正视老一代新闻工作者、研究者更多从马克思主义新闻理论和社会主义新闻实践中汲取智慧，将传播学与党的新闻工作有机结合的历史尝试。尽管历史条件已经发生变化，但"理论联系实际""没有调查就没有发言权""群众路线"等原则却可能在当下和未来获得更为持久的生命力，应成为具有中国特色新闻传播学建设所不能忽视的历史遗产。

---

[1] 参考对陈崇山的访谈。

第四章 走向现代化：确立中国特色传播学自主知识体系的主题（1986—1992）

本章重访的1986—1992年是社会改革向纵深发展的阶段，也是中国学术界思想启蒙、探索建构社会科学知识体系的阶段。如果说1982—1986年间传播学的兴起是以知识服务改革，到了1986—1992年间，传播学已经明确将"走向现代化"确立为知识生产的现实目的。回看1980年代中后期，"走向未来"丛书的兴起，各学科向"系统科学"看齐，在这种思想启蒙的氛围中，传播学科也积极借鉴"三论"等理论完善知识结构，借鉴社会科学方法开展调查研究，期待改善不发达地区的社会状态。过往关于这一时期传播学的历史回顾，较多关注1992年"传播学"被官方认定，从而重点考察现代化的传播研究方法。本章的重访意在说明，无论是理论的现代化，还是方法的现代化，根本目的是实现传播学的现代化、人的现代化。1987年，"新闻事业与现代化建设"立项，这一课题被称为"新中国成立以来规模最大的新闻学研究项目"，历史由此进一步清晰，"走向现代化"才是贯穿1980年代传播学兴起真正的时代命题。

第一节 传播学理论的现代化："系统科学与新闻学"专辑研讨

在1982—1986年的历史时段中，中国传播学界借施拉姆访华、"北京调查"等事件初步接触了现代化范式的社会科学，并将其作为推进新闻改革的着力点。经历了"新闻与宣传"等讨论后，学界进一步确认要以"信息"推动"新闻"观念的更新。从"信息"演进历史看，1986年后，"信息"的内涵从新兴社会科学概念扩展到"三论"等科学方法论，学习"三论"成为当时中国知识界的重要现象。随着思想启蒙兴起，中国新闻改革也向纵深发展，将走向现代化作为范式转型的根本方向。

一、回看1980年代科学方法论在中国知识界兴起

1980年代被视为中国思想启蒙的重要时期，当时的中青年学者及学子正是对传播学兴起有重要贡献的一代人，从部分学人生命历程看，他们后来对1980年代传播学走向现代化所作出的贡献正来源于这一时期的思想启蒙。对中国早期现代化调查研究做出重要贡献的喻国明回忆说，在1980年代，四川人民出版社出版了一套"走向未来"丛书，成为他们那一代人学习西方社会科学方法的重要启蒙。他经常在学校图书馆翻阅《社会科学总论》《自然科学总论》，自己研习"三论"；[1]1984最早在新闻学界系统论述"信息革命"的居延安还参与了"走向未来"丛书的编译，并受此启发出版了中国最早以"信息"为主题的新闻学专著《信息·沟通·传播》；早年在中国人民大学读书而后在香港执教的香港浸会大学传理学院院长黄煜[2]提到，受"走向未来"丛书影响，他积极参与了1980年代中后期译介西方学术著作的学术活动，翻译了阿特休尔的《权力的媒介》；[3]深圳大学传播学院院长吴予敏也受到"走向未来"丛书影响，在广泛阅读中关注了施拉姆的著作，撰写了首批传播学本土化研究专著《无形的网络：从传播学的角度看中国的传统文化》，被收入"蓦然回首——对中国传统文化的反思"丛书。[4]喻国明、居延安、黄煜、吴予敏都可谓是中国传播学发展的中坚力量。这些亲历者的回忆进一步证明，1980年代思想启蒙是传播学走向现代化不容忽视的历史原因。

除了"走向未来"丛书，创刊于1979年的《读书》杂志也是1980年代中国知识分子思想启蒙的重要阵地。《读书》创刊之初便提出"读书无禁区"，引领了1980年代"文化热"风尚，中宣部理论局副局长李洪林在创刊号上发表了《读书无禁区》，使中国读书界大受震动。他号召大家思想解放、广泛读书：

> 粉碎"四人帮"之后，中国共产党已经决心领导中国人民回到世界文明的大道，要把人类已经获得的全部文化成就，作为自己的起点，用空前的同时也是现实的高速度，实现现代化……为了适应四个现代化的

---

[1] 参考对喻国明的访谈。
[2] 黄煜在中国人民大学新闻系读书时的导师是林珊。林珊当时翻译了李普曼的《舆论学》。
[3] 参考对黄煜的访谈。
[4] 参考对吴予敏的访谈。

需要，我们迫切希望看到更多更好的书。应当打开禁区，只要有益于我们吸收文化营养，有助于实现四化的图书，不管是中国的、外国的、古代的、现代的，都应当解放出来，让它在实践中经受检验。[1]

除了李洪林，《读书》杂志还聚集了很多新闻宣传领域的领导。领头人陈翰伯是文化部出版局局长，主编陈原是商务印书馆总经理，负责人范用是人民出版社副总编辑。1981年，《读书》创刊两周年之际，陈翰伯亲自执笔写了《两周年告读者》，再次强调"读书无禁区"的创刊宗旨，并称"探索真理的工作绝不是一代人所能完成的"。《读书》深刻影响了一代人，1989年，复旦大学新闻系大三学生秦朔[2]还给《读书》写过一封信，发表了对《读书》1989年第2期文章《抛弃乌托邦——读亨廷顿〈变化社会中的政治秩序〉》的不同见解，提出该文章"实用主义态度太严重"。秦朔曾这样描述他亲历过的1980年代：

当时整个社会，大学生关心改革，关心世界，比如说今天这个世界到底是个什么样的世界？中国怎么能够追上去？这样一种时代责任感，这样一种风气。《读书》使我们在比较年轻的时候多了一些软性的精神气质。这个软性的精神气质里面，核心元素的确是有一些启蒙，或者说点亮自己，或者有一种普世的标尺衡量当下，追求超越性的思想精神状态。[3]

在这样一个启蒙时代里，新旧观点不断碰撞融合，学界思想得到空前解放，学界因此兴起"丛书热"，湖南人民出版社首先出版了"走向世界"丛书，收录了1840—1911年间访问欧美日本的中国人回忆录。这套丛书也体现了中国社会走向现代化的愿望：

---

[1] 李洪林：《读书无禁区》，《读书》1979年第1期，第7页。

[2] 秦朔后来成为《南风窗》的总编辑。《南风窗》被誉为"一份属于中国高级知识分子的时事刊物"，由此足见秦朔等当时的青年人深受启蒙思想影响，并在后来的工作与学术中传承了这种传统。

[3] 好奇心日报：《〈读书〉，一本提出读书无禁区的杂志启蒙了两代中国人》，《杂志往事》，https://baijiahao.baidu.com/s?id=1577113082124828071&wfr=spider&for=pc，访问日期：2020年1月6日。

第四章 走向现代化：确立中国特色传播学自主知识体系的主题（1986—1992） | 155

自从地理大发现和产业革命以来，中国却相对地落后了。在西方实现资本主义的现代化以后，中国还是一个闭关自守的封建国家。是鸦片战争打开了中国的大门，也打开了中国人的眼睛……中国人走向世界、接触西方，既有一个如何学习外国长处的问题，又有一个怎样抵抗外国侵略的问题，盲目排外和盲目崇外都是错误的……世界的进步越来越快，我们的经济、文化等各个方面还需要不断发展、提高，这就必须继续打开眼界、走向世界。打开眼界以后，还要学会分析，分清好的和坏的。一切好的东西，要"拿来"为我所用；一切有害的东西，要实行抵制和预防。[1]

随着译介丛书的增多和青年学者视野的不断开阔，不同文化群体开展大规模思想争论。"走向未来"丛书编委会、中国文化书院和"文化：中国与世界"编委会成为最具有代表性的知识群体。"走向未来"丛书的核心人物是金观涛，他们是由自然科学转入人文社会科学领域的中青年学者，积极提倡"科学精神"。金观涛把美国"老三论"[2]应用于历史学研究，开辟了将自然科学方法转化为社会科学方法的研究范式。这一知识群体主张以定量分析和数学模型研究人文科学，表现出强烈的科学主义精神。"文化：世界与中国"丛书编委会的核心人物是甘阳，他们是有着研究生学历、受过专门学术训练的学者。甘阳尝试用解释学方法理解中国文化现代化问题。他们偏重于西方文化，带有某种反传统的色彩，始终以西方文化作为判断中国文化的价值标尺。还有以汤一介为核心人物的"中国文化书院"学者，这一群体是视野开阔的传统文化研究者。1985年后，"中国文化书院"每年都推出"中国文化讲习班"，汤一介、李泽厚、庞朴等学者都具有深厚的马克思主义哲学训练，在文化上摒弃了空想主义，要求发展适应中国当代社会文化环境的新马克思主义文化观念。他们一方面赞成吸收西方民主精华，一方面坚持中国文化现代化必然根源于传统思想的再发展。[3] 金观涛的"走向未来"丛书影响最广，《人民日报》还进行过专门报道：

---

[1] 戴鸿慈：《出使九国日记》，陈四益校点，湖南人民出版社，1982，《总序》第2-4页。

[2] "老三论"指的就是美国传播学中的三论：系统论、控制论、信息论。

[3] 陈来：《思想出路的三动向》，载甘阳主编《八十年代文化意识》，上海人民出版社，2006，第565-571页。

如何认识世界变革的大势，迎接世界新的技术革命的挑战，制定对策，加速我国现代化的进程，这是每一个立志改革的爱国者共同关心的战略问题。四川人民出版社出版的《走向未来》丛书试图回答的正是这个战略问题。它展现当代自然科学和社会科学日新月异的面貌，介绍自然科学和社会科学相结合的新兴边缘学科，论述人类认识和追求真理的曲折道路，反映中华民族的历史地位和对人类的伟大贡献，启发读者思考、探索祖国和人类的未来，激发人们对祖国、对民族的热爱和责任感。[1]

想要理解这一时期丛书的出版、学人的讨论，就要回到改革的背景中去理解知识分子对"科学"的强烈渴望。1975年，邓小平提出了"科学技术是生产力"；1978年3月，邓小平在全国科学大会上提出，"四个现代化，关键是科学技术的现代化"；1985年3月，邓小平出席全国科技工作会议，再次强调科学技术对于社会发展的作用；1980年代中后期，科学技术在推动社会经济发展中的作用愈加明显；1988年，邓小平对科学技术在当代生产力和社会经济发展中第一位的作用，做了及时、明确的理论概括。在"实现四个现代化"的号召下，很多年轻人都立志学习科学知识，推动国家发展。金观涛本人就从小怀有"科学报国"的梦想，他回忆说：

> 在高中时，我接受的是马克思主义的思想教育。在"文革"时期，对此发生了怀疑，仿佛是一种天崩地裂的感觉。理想没有了，方法也是有问题的……我就开始思考，认为应该改造社会科学……在研究中国封建社会超稳定的问题时，我们的方法论是系统论。这和马克思主义是有渊源的，马克思主义虽然有决定论的色彩，但是他还是讲了一些关系，把社会看成是一个系统的，这是有价值的……《兴盛与危机》出版后……开启了中国的"三论"（即系统论、控制论、信息论）热，特别是最早将系统论、控制论、信息论引入历史和社会研究领域。我们第一次将现代自然科学的方法引进了中国历史研究的领域，用自然科学的成果与方法对人文科学的问题作量化分析，对中国社会历史的发展规律提出了理论

---

[1] 徐占焜：《一套开阔眼界的大型丛书——评〈走向未来〉丛书》，《人民日报》1984年9月3日，第5版。

模型，给呆板的学术氛围注入了一股清新的空气。[1]

金观涛的回忆反映了同时代青年人的思想转型。在1980年代思想解放的氛围中，社会各界高度重视科学技术。"三论"被广泛学习，甚至被应用于人文社会科学研究，"走向未来"丛书的出版就是典型代表。该丛书编委会顾问都是思想界重要学者，包括包遵信、严济慈、杜润生、张黎群、陈一咨、陈翰伯、钟沛璋、侯外庐、钱三强。其中，钟沛璋正是上文提到过的对1980年代新闻学界探索传播学科有重要影响的领导。[2] 该丛书于1984—1988年间共出版74本小册子，丛书编委会这样描述编辑宗旨：

> 她特别注重于科学的思想方法和新兴的边缘科学的介绍和应用；把当前我国自然科学、社会科学，以及文学艺术方面创造性的成果，严肃地介绍给社会，推动自然科学与社会科学的结合。[3]

金观涛在丛书中出版了《在历史的表象背后——对中国封建社会超稳定结构的探索》《整体的哲学——组织的起源、生长和演化》《人的哲学——论"科学与理性"的基础》，金观涛夫人刘青峰出版了《让科学的光芒照亮自己——近代科学为什么没有在中国产生》。作为丛书核心人物，金观涛、刘青峰提出了中国封建社会"超稳定结构论"，系统阐述系统论、控制论，采用自然科学的论证方法指出，中国封建社会长期延续的原因在于形成了一个超稳定系统。《在历史的表象背后》一书被流行文化杂志列入20世纪最后20年"最有影响的

---

[1] 金观涛：《中国第二次伟大的启蒙运动》，载马国川：《我和八十年代》，三联书店（香港）有限公司，2010，第189-216页。

[2] 该丛书出版的过程十分曲折，当时出版"走向世界"丛书的湖南人民出版社找到金观涛，想要出版一套针对年轻人的知识性和修养性的书，但金观涛他们更想出版启蒙性、思想性强的书。几经周折，最终于1982年决定由四川人民出版社出版。因为编委会成员大部分在北京工作，所以成立了社外编委会，挂靠社科院青少年所。参考金观涛：《中国第二次伟大的启蒙运动》，载马国川：《我和八十年代》，三联书店（香港）有限公司，2010，第189-216页。

[3] 李平晔：《人的发现——马丁·路德与宗教改革》，四川人民出版社，1983，《编者献辞》第1-3页。

20本书",当时年轻大学生几乎人手一册。[1]

除了金观涛、刘青峰的"超稳定结构论","走向未来"丛书还引介了"第三次浪潮"等西方思想。李宝恒在《增长的极限——罗马俱乐部关于人类困境的研究报告》中编译了世界著名学术团体罗马俱乐部1968年4月成立后提出的第一个研究报告,对沉醉于高增长、高消费"黄金时代"的西方国家提出了预警,提出了中国同样可能遇到的"全球性问题"。作者认为,书中用自然科学和社会科学结合的方法研究社会问题,是现代科学发展的必然趋势;[2]何维凌、邓英淘在《经济控制论》中将控制论应用于经济研究,介绍了经济控制论的研究领域、分析方法。其中还有一节对上文提到的"信息"进行了论述,指出经济信息对中国现代化的重要作用;[3]郭治安等人翻译了《定量社会学》,介绍了社会学量化研究方法,例如如何用模型与方程计算舆论的形成,用计算机处理国家关系等。郭治安等译者指出,"编译的目的在于引起我国的社会科学者和对研究社会学问题有兴趣的自然科学工作者,特别是广大的年轻科学工作者对这门学科的兴趣,以推动我国交叉学科的发展";[4]除了对具体学科的译介外,还有对于如何实现"人的现代化"的研究,殷陆君指出,"一个国家,只有当它的人民是现代人,它的国民从心理和行为上都转变为现代的人格,它的现代政治、经济和文化管理机构中的工作人员都获得了某种与现代化发展相适应的现代性,这样的国家才可真正称之为现代化的国家"。[5]"走向未来"丛书包罗万象,涉及政治学、经济学、社会学、历史学、艺术学等多学科,但总体都以将国外社会科学的理论与方法引进来为目的。这套丛书的诞生以及热卖,都在回应一个现象:在我国,越来越多的人对中国近代科学落后的原因产生兴趣,这代表了时代正在对科学进行反省。[6]这种反思的目的是推动学术现代化,实

---

[1] 贺桂梅:《"新启蒙"知识档案——80年代中国文化研究》,北京大学出版社,2010,第226-227页。

[2] 《增长的极限——罗马俱乐部关于人类困境的研究报告》,李宝恒译,四川人民出版社,1983。

[3] 何维凌、邓英淘:《经济控制论》,四川人民出版社,1984。

[4] 韦德里希·哈格:《定量社会学》,郭治安、姜璐、沈小峰编译,四川人民出版社,1986。

[5] 《人的现代化——心理·思想·态度·行为》,殷陆君编译,四川人民出版社,1985,第8页。

[6] 刘青峰:《让科学的光芒照亮自己——近代科学为什么没有在中国产生》,四川人民出版社,1984。

现人的现代化,最后使中国成为"可真正称之为现代化的国家"。

二、科学方法论对传播学兴起的影响

上文借由一代学人生命史建构起来的历史图景,回看了中国知识界的思想启蒙时代,《读书》提出"读书无禁区",鼓励青年人打开视野,"走向世界"丛书介绍西方国家发展,鼓励中国人"开眼看世界","走向未来"丛书将科学方法论引入人文社会科学研究,极大地推动了学术范式的现代化。处于这一时代的中国新闻学,也开始不断与社会学、管理学、情报学等融合,传播学正是关联新闻学与其他社会科学的桥梁纽带。1984年,《读书》发表了两篇介绍传播学的文章。明安香发表了《漫话西方的信息传播学:从两本有关著作谈开去》,重点介绍了美国1983年出版的《人类传播理论综览》(Theories of Human Communication),以及中国社会科学院新闻研究所主编的中国第一部介绍西方传播学的著作《传播学(简介)》。明安香还介绍了"5W",提出随着世界新技术革命的兴起,原来"信息"应该与"传播学"联系在一起,"信息传播学"应该成为一门正式的学科:

> 新的传播技术的出现,提出了一系列新的研究课题:传播与受传者和社会的关系,传播与国家发展的关系,如何提高电子媒介的传播效果等,而且形成了一个新的学科——信息传播学;西方传播学者在研究人类信息传播行为的过程中借用了信息论、系统论和控制论的原理,引进了定量分析的方法,体现了社会科学与自然科学日益一体化的趋势。[1]

继1982年访华之后,施拉姆以传播学奠基人的身份出现在1980年代的社会科学研究视野中。戴小华在《读书》上发表了《施拉姆〈男人、女人、信息和媒介〉》,介绍了施拉姆的专著《人、信息和媒介——人类传播初探》,指出"信息和信息传播在推动人类社会发展中的重要作用越来越引起人民的重视"。戴小华还介绍了施拉姆在香港中文大学首次演讲中提出的观点,"未来的时代将是一个由电子计算机,信息存储和交换系统等现代化手段称雄的时代","新的传播技术,无论是计算机、通讯卫星还是微型电脑,都将极大地增加信息流动

---

[1] 明安香:《漫话西方的信息传播学——从两本有关著作谈开去》,《读书》1984年第7期,第56-64页。

的速度和强度"。[1] 具体分析这两篇文章，尽管以"传播学"为题，但本质上都在强调信息技术对新闻工作范式转型的积极作用，即与上文提到的"信息"相关的研究。例如，董乐山在《读书》1981年第11、12期发表的《托夫勒的"三次浪潮"论》，介绍了蓬勃兴起的电子和电脑工业，以及相关信息技术的发展；[2] 姚琮介绍了美国社会预测学家约翰·奈斯比特的《大趋势·改变我们生活的十个新方向》，指出世界将向信息社会转变，谈到了与信息相关的十个新改变。[3] 托夫勒、奈斯比特等学者的理论有力支撑了中国传播学科当时关于"信息""新闻"的进一步讨论。作为与"信息论"并称"三论"的"控制论"，也是讨论的热点。朱熹豪介绍了"控制论之父"维纳1950年写的《人有人的用处——控制论和社会》，借此揭示"三论"与传播学的关联。朱熹豪指出，"社会是由通讯系统联系起来的，包括广播、报纸、教育、商业通讯等等，而反馈性质的循环过程在其中也起着十分重大的作用"，提倡将控制论应用于社会科学研究，认为"控制论为社会科学提供了模型化、数学化的工具，有力地促进了社会科学的精确化，使它们从定性研究向定量研究发展"。[4]

"走向未来"丛书中同样有对传播学的探讨。何维凌、邓英淘的《经济控制论》有一章题为《信息、经济信息和信息传输》，作者提出，"经济信息在实际的经济活动中意义重大。资本主义社会的实业家和商人们互相竞争、角逐，在很大程度上靠的是及时掌握经济信息"，作者还介绍了"信息论"中的信息和熵、编码和解码，以及哲学意义上的"信息"本质。[5] 宋德生的《信息革命的技术源流》介绍了现代电信工程、微电子技术、计算机和机器人等信息革命的技术手段，提出"人类能够利用信息来获取更多的信息，已经进入了信息革命的时代"。[6] 受到这些科学方法论的直接影响，1986年，参与过"走向未来"丛书编译的居延安出版了传播学科第一本关于"信息"的专著《信息·沟通·传播》，他在前言中写道：

---

[1] 戴小华：《施拉姆〈男人、女人、信息和媒介〉》，《读书》1984年第8期，第125-127页。

[2] 董乐山：《托夫勒的"三次浪潮"论（续完）》，《读书》1981年第12期，第146-157页。

[3] 姚琮：《大趋势·改变我们生活的十个新方向》，《读书》1983年第10期，第97-110页。

[4] 朱熹豪：《通讯是人类社会的粘结剂：读〈人有人的用处〉》，《读书》1981年第12期，第19-23页。

[5] 何维凌、邓英淘：《经济控制论》，四川人民出版社，1984，第55-86页。

[6] 宋德生：《信息革命的技术源流》，四川人民出版社，1986，第1页。

一切人——知识分子、农民、工人、战士、干部、成千上万的消费者，天天在报纸上、在广播、电视里，在他们生活的环境中，探寻着他们所需要的信息；传播学开拓者们以传播学目光透视现代社会的人际信息沟通、传播过程，顽强地表现着对一门新学科的开拓精神；人们热切地期待着获得关于信息和信息沟通的基本知识，以便更自觉地去开发信息、传播信息、沟通信息、利用信息，做信息的主人，而不是奴隶。本书要奉献的正是人们渴望获得的那些基本知识。[1]

回看居延安的生命历程，他1978年考取复旦大学"现代英语"研究生，当时新闻系正在招收"外国新闻事业"研究生，他因为英文较好被录取。居延安入学后跟随郑北渭从事美国传播学理论的翻译工作。1980年，居延安和导师郑北渭参加了美国东西方中心传播研究所举办的第一届国际传播理论讨论会，宣读英文论文《变化中的报纸和变化中的传播理论》，会议上结识了施拉姆和唐·库什曼教授。1981年，居延安的硕士学位论文《美国传播理论研究》通过答辩，1982年前往美国纽约州立大学奥本尼分校传播系跟随唐·库什曼教授深造。1984年回复旦任教，整理自己在美国搜集的资料和课堂笔记，出版了《信息·沟通·传播》。[2] 居延安的个人生命历程也折射了一代传播学人对现代化学术范式的学习与借鉴，即在思想启蒙的时代里广泛阅读，走向世界。

在1980年代中后期，中国学界对社会科学进行了多角度、跨学科讨论，且都以当时比较时髦的"传播学"为题（详见表4.1）。有学者提出传播学是社会学的分支学科，应该成为"传播社会学"（communication sociology），即从社会的角度看待传播的社会作用，研究传播与社会关系的变化规律；[3] 有学者提出，现代科学传播活动比起历史上任何时代都具有更加鲜明的特点，因此要建立"科学传播学"，其研究对象主要就是信息的传播运动；[4] 还有学者提出建立"文艺传播学"，即研究文艺信息传播行为的发生、发展的规律及其与社会、自然诸种关系的科学。文艺传播学的主要内容应该包括文艺信息的传播历史、文

---

[1] 居延安：《信息·沟通·传播》，上海人民出版社，1986，第1-2页。

[2] 居延安：《"无学之学，可为大学"》，载王怡红、胡翼青主编《中国传播学30年：1978—2008》，中国大百科全书出版社，2010，第643-650页。

[3] 甄为民、储兆瑞：《一门方兴未艾的社会学分支学科——传播社会学》，《社会》1988年第5期，第38-39页。

[4] 莫夫：《科学传播学浅谈》，《科学管理研究》1985年第5期。

艺信息的传播方式研究、文艺信息的传播工具研究以及文艺信息的传播过程。[1]这一时期，新兴的传播学科尚未形成学科定位，仍旧处于探索时期，正如有学者的描述一样：

> 传播学是一门跨学科的综合性学科，它与信息论、控制论、系统论、社会学、语言学、新闻学、心理学、管理学、逻辑学、情报学、政治学、行为科学以及数学和工程技术等相关学科密切联系。它的研究方法也是多种多样。主要和经常运用的方法有来自语言学和新闻学的研究方法，文化人类学和美学的研究方法，心理学和行为科学的研究方法，等等。[2]

表4.1 1980年代中后期以"传播学"为题的跨学科研究

刊期	刊名	文章名称及作者
1985年第5期	《编辑之友》	《社会科学新学科介绍（一）》（上海社会科学院 翁其银）
1985年第5期	《科学管理研究》	《科学传播学浅谈》（莫夫）
1985年第12期	《现代外国哲学社会科学文摘》	《传播学理论介绍》（赛富林·坦卡德，关可光译，士琳校）
1986年第1期	《社会科学家》	《新兴的交叉学科：文艺传播学》（魏珂）
1986年第1期	《郑州大学学报（哲学社会科学版）》	《试论新闻学系统的开放性》（刘亮）
1986年第3期	《科学学研究》	《科学传播学》（翟杰全）
1986年第6期	《社会科学研究》	《关于宣传学的几个基本理论问题》（林之达）
1987年第1期	《甘肃社会科学》	《科学传播学》（兴学）
1988年第2期	《江西大学学报（哲学社会科学版）》	《应建立一门接受学》（张志永）
1988年第5期	《社会》	《一门方兴未艾的社会学分支学科——传播社会学》（甄为民 储兆瑞）
1988年第7期	《新闻战线》	《〈社会科学新辞典〉传播学、新闻学条目选登（一）》

---

[1] 魏珂：《新兴的交叉学科——文艺传播学》，《社会科学家》1986年第1期，第169-174页。

[2] 一慧：《知识集纳》，《档案工作》1989年第9期，第27页。

刊期	刊名	文章名称及作者
1988年第9期	《新闻战线》	《〈社会科学新辞典〉传播学、新闻学条目选登（二）》
1989年第1期	《江淮论坛》	《论宣传学的研究》（徐东平）
1989年第9期	《档案工作》	《知识集纳》（一慧）

本书绪论中曾说，将传播学在1980年代的兴起融入中国特色新闻传播学的历史脉络中考察，是本书重访的目的之一。因此，这一时期以"传播学"为题的诸多跨学科研究，本质上都是在探索新闻学范式转型的方向，无论是借鉴"三论"的方法，还是与社会学、心理学的交叉研究，总体思路都是在向现代化的社会科学看齐，期待以全新的知识服务于四个现代化的建设。

三、以"系统科学与新闻学"为题的专辑研讨

在积极学习社会科学方法论的时代里，比较具有标志性意义的事件是中国人民大学新闻系主编的《新闻学论集》于1988年专门开辟了"系统科学与新闻学专辑"（目录详见表4.2）。以专辑的形式对新闻传播学研究如何借鉴和应用"三论"，展开了非常具体的讨论。开辟专辑的目的正如编者在卷首所说：

> 突破旧的思维模式，丰富、发展新闻学理论，是当前新闻改革对新闻理论界提出的迫切要求。运用系统科学（包括信息论、控制论、系统论）的原理和方法，观察和分析新闻现象，回答新闻改革所面临的问题，正是朝这个目标努力的一种新的尝试和探索；我们希望这个"系统科学与新闻学"专辑，能为我国当前的新闻改革增加一点小小的活力。[1]

表4.2 1988年《新闻学论集（第13辑）》"系统科学与新闻学专辑"目录

作者	文章题目
侯春翔	《信息论与新闻学刍议》
徐培汀	《信息论、控制论、系统论与新闻学研究》

---

[1] 中国人民大学新闻系《新闻学论集》编辑组编《新闻学论集第13辑（系统科学与新闻学专辑）》，中国人民大学出版社，1988，《编者的话》第1页。

续表

作者	文章题目
喻国明	《论新闻价值系统》
吴文虎	《对"三论"在传播学中的地位的评析》
王志兴	《传播学——系统科学的一个分支》
魏东	《学习、运用信息论提高新闻传播效益》
刘建明	《新闻信息学对消息采编方法论的变革》
海风	《信息流的挑战》
王瑞棠 李广增	《新闻形成阶段的信息量分析》
卢纯田	《试论报纸必须增大信息量》
秦月	《怎样提高新闻作品的信息含量》
刘卫东	《信宿的不确定性与传播的最佳效能——信息论与新闻断想》
赵鼎生	《未来的新闻信息系统——大众传播面临的挑战》
高钢	《略论新闻传播系统中的反馈控制》
彭柯	《新闻传播的反馈控制》
罗以澄	《试论新闻写作学研究与系统科学方法的引进》
朱增朴	《论现代阅听人》
王中义	《系统论与受众工作》
张允若	《应该重视对初级新闻活动的研究》
张兰夫	《否定思维——论编辑思维的一种模式》
余家宏	《(书评)继续加强对列宁新闻思想的研究——读〈列宁与新闻事业〉》

  学者们普遍认为"三论"对传播学具有三方面影响：一是对传播模式和传播理论的影响；二是在方法论上给传播学以成功的经验；三是对传播学理论构架的设想产生有力的冲击。[1] 有学者提出，从起源看，传播学与"三论"直接的历史动因是一致的，都是在第二次世界大战的直接推动下于1940年代兴起的边缘学科；从基本范畴来看，"三论"没有穷尽信息传播系统这一广阔的研究

---

[1] 吴文虎：《对"三论"在传播学中的地位的评析》，载中国人民大学新闻系新闻学论集编辑组编《新闻学论集第13辑（系统科学与新闻学专辑）》，中国人民大学出版社，1988，第58-67页。

领域，传播学则弥补了"三论"未研究的空白，二者相辅相成，向人们揭示着信息传播系统的种种奥秘；从方法论上看，传播学与"三论"都具有综合性、整体性、定量化的方法论特征。[1] 有研究尝试将"信息论"等理论应用于新闻业务中，提出记者在新闻报道中要将新闻视为"信息"，在采访时记录事实、分类信息，掌握消息结构，在编辑过程中学会信息处理。[2] 还有学者尝试将系统科学方法引入新闻写作，将现实的社会生活材料同写作者自我意识相结合，形成有机的整体，使新闻写作学进入更深的层次。[3]

以喻国明为代表的1980年代青年新闻学人通过学习"三论"进一步探索了现代化调查研究方法。当时，在人大读书的喻国明和同学们时常到社会学系、人口学系学习，和同级博士生交流，也会帮忙做些研究，借机学习抽样调查和问卷设计等方法。1983年4月，喻国明完成了新闻系学士学位论文《新闻作品信息含量问题初探》，还在1988年《新闻学论集》"系统科学与新闻学专辑"上发表了《论新闻价值系统》，这些都属于早期传播学界"三论"研究的代表性作品。[4]

深受"系统科学与新闻学专辑"影响，中国新闻界开始更加具体地讨论系统科学对传播学理论与方法的启发，这种讨论甚至延伸到实践层面，推动一些以现代化研究方法为依托的调查机构的兴起。1986年12月，中国内地第一家服务型社会调查机构中国社会调查所成立，附属于中国公共关系协会，该研究所成立后也在1980年代中后期引领了一系列与政治改革深入互动的调查研究（详见表4.3）。

---

[1] 王志兴：《传播学——系统科学的一个分支》，载中国人民大学新闻系新闻学论集编辑组编《新闻学论集第13辑（系统科学与新闻学专辑）》，中国人民大学出版社，1988，第68-75页。

[2] 刘建明：《新闻信息学对消息采编方法论的变革》，载中国人民大学新闻系新闻学论集编辑组编《新闻学论集第13辑（系统科学与新闻学专辑）》，中国人民大学出版社，1988，第86-103页。

[3] 罗以澄：《试论新闻写作学研究与系统科学方法的引进》，载中国人民大学新闻系新闻学论集编辑组编《新闻学论集第13辑（系统科学与新闻学专辑）》，中国人民大学出版社，1988，第193-203页。

[4] 参考对喻国明的访谈。

表 4.3　1980 年代中后期中国社会调查所从事的社会调查

调查时间	调查内容
1986 年	中国社会调查所与《中国青年报》联合进行读者调查
1987 年	中国社会调查所主持了"改革和发展中的社会心理反映"调查
1987 年	中国社会调查所主持了"首都百万流动公民民意调查"，调查内容为中共十三大探测民意而服务
1989 年	中国社会调查所与北京电视台合作进行"北京电视台观众收视率调查"
1990 年	中国社会调查所与中央人民广播电台有关部门合办"调查与回声"专栏
1990 年	中国社会调查所与中国纺织部系统合作在北京、上海和天津三市进行"纺织品市场需求调查"
1990 年	中国社会调查所与中央电视台《经济半小时》合办"全国日用化学品消费者意见调查""全国饮料市场消费者意见调查"等

施拉姆曾提出，信息理论只能用以补充传播学研究的某些方法，"三论"不足以通观人类传播领域；余也鲁也曾提出，"三论"在传播学圈子所占分量不大。这提示我们注意一个历史细节，中国新闻学者对"三论"的学习热情甚至高于施拉姆、余也鲁。袁路阳认为，借用"三论"可以建立人类传播规律性的理论体系，是"传播学在理论方面的最重大贡献"；居延安提出，"三论"是"研究现代社会信息交流必不可少的武器"。[1] 施拉姆1982年访华讲学中提到的"信息论"没有引起新闻学界太多重视，但在1980年代思想启蒙的历史时期，新闻学者们开始相信"新技术会给人类带来一个更光明的世界"，"信息"的自由流通最后将实现"人类共同超越信仰与意识形态，谋求和平与进步"。[2] 由此足以论证，中国思想界的解放与启蒙才是传播学科兴起的内因，新闻学界努力探索现代化社会科学方法的背后，是1980年代传播学人对"信息"所代表的"美好新世界"的憧憬。

---

[1] 吴文虎：《对"三论"在传播学中的地位的评析》，载中国人民大学新闻系新闻学论集编辑组编《新闻学论集第13辑（系统科学与新闻学专辑）》，中国人民大学出版社，1988，第58-67页。

[2] 赵鼎生：《未来的新闻信息系统——大众传播面临的挑战》，载中国人民大学新闻系新闻学论集编辑组编《新闻学论集第13辑（系统科学与新闻学专辑）》，中国人民大学出版社，1988，第173页。

第二节　传播学方法的现代化：对不发达地区媒介使用情况研究

本书第三章回顾了1982年"北京调查"，时隔十年，发起人陈崇山再次组建团队发起1992年"北京调查"。两次"北京调查"的对比，可以看出改革十年间传播学科不断走向现代化的历史转型。1992年"北京调查"特点鲜明地采用了社会科学方法，这也正是1980年代学人在思想启蒙时期获得的知识。中国传播学者始终具有以知识服务现代化的使命，所学习到的方法很快应用于解决最现实的问题，即对中国不发达地区媒介使用情况开展调查，现代化的方法开始服务于现代化的社会建设。

一、十年间两次"北京调查"的历史比较

重访1992年"北京调查"，就要回到中国社会科学院新闻研究所开展"新闻传播与精神文明建设"课题研究的历史中。1990年11月，陈崇山"北京调查"小组和首都8个新闻单位的同志合作完成了"广播电视亚运会传播效果调查"，之后便思考把传播效果研究推向应用型研究，不断推动传播学现代化研究方法的本土化应用。陈崇山原本想要考察在计划经济向社会主义市场经济转型的关键时期，大众传播媒介对受众观念转变的影响，但当时新闻传播学科在社会科学基金中还没有立足之地，只有综合项中有关社会主义精神文明建设的研究，于是便以"新闻传播在社会主义精神文明建设中的作用"为题立项。但当年社会科学基金申请时间已过，一时没有基金展开活动。这时，浙江广播电视厅的高级编辑杨翼和主任编辑高扶小筹到一笔经费，邀请中国社会科学院新闻研究所一起开展浙江省第二次受众调查。[1]获批后，新闻研究所副研究员闵大洪任组长，陈崇山、卜卫等任组员，正式成立课题组，同浙江省广播电视厅的受众研究组开展合作，于1991年4月开展浙江全省受众调查。

陈崇山团队设计好的受众调查框架在浙江受众调查中得到了实践，随后在1992年初，课题组得到中华社会科学基金资助的15万元，中国社会科学院新闻研究所便与北京广播学院、广播电影电视部政策法规司合作，正式成立"新闻

---

[1] 浙江省第一次受众调查由"首都读者、听众、观众调查组"和"浙江省读者、听众、观众调查组"于1983年合作完成，从属于第一次"北京调查"。

传播与精神文明建设"课题组。陈崇山任组长，北京广播学院的柯惠新任副组长，组员包括闵大洪、助理研究员孙五三、宋小卫、卜卫、实习研究员刘晓红，以及广播电影电视部政策法规司综合处处长金文雄。中共北京市委宣传部曾在1982年"北京调查"时给予极大支持，事隔十年，又在第二次"北京调查"中给予援助。北京市委宣传部部长李志坚特批给2万元作为调查经费，副部长龙新民、新闻处处长马腾亲自向各区县宣传部部长布置调查任务，责成北京市委宣传部新闻出版处张淼负责调查工作。1992年"北京调查"由宋小卫主持，孙五三于同年11月主持了全国调查，北京广播学院调查统计研究所负责实地调查和统计。卜卫完成了浙江、北京儿童调查，又于1993年5月完成了厦门儿童调查。[1]

"新闻传播与精神文明建设"课题组将研究成果编辑成书，期待通过研究改进新闻传播手段，充实新闻传播内容，提高新闻传播对策，使新闻传播在现代化建设中发挥积极作用。书名原为《新闻传播在社会主义精神文明建设中的作用》，后来在实际操作中，基于对国情的深入了解，改题目为《传播与人的现代化》，在书名中鲜明突出对实现现代化的追求。[2] 该书在"前言"中提到了指导研究的主要理论：

> 丹尼尔·勒纳把个人与大众传播媒介的关系作为划分传统、过渡和现代人框架中最基本的要素；他认为，现代化的模式展示了某些成分及后果的相关性，具有全球性。在任何地方，识字往往增加传播媒介的影响，这种影响的日益扩大又使更广泛的经济参与（每个人的收入）和政治参与（投票）携手并进；梅尔文·德弗勒认为，现代化的过程与大众传播媒介的成长息息相关，它增加了人们使用传播媒介的机会，提高了识字率，进而影响了政治观念参与；阿列克斯·英格尔斯和戴维斯·H·史密斯对人现代化的定义是，一种心理态度、价值观念和思想的改变过程。[3]

由"前言"可见，现代化理论在课题研究中的重要地位，陈崇山对课题组成员说，"我们要改变落后的状况，要发展"，因此课题基本思路就是"传统社

---

[1] 陈崇山、孙五三主编《媒介·人·现代化》，中国社会科学出版社，1997。

[2] 陈崇山、孙五三主编《媒介·人·现代化》，中国社会科学出版社，1997，第335-338页。

[3] 陈崇山、孙五三主编《媒介·人·现代化》，中国社会科学出版社，1997，《前言》。

会的消逝"。[1] 本节将陈崇山主持的1982年"北京调查"与宋小卫主持的1992年"北京调查"进行对比（详见表4.4），探讨两次调查在名称、目的和测量指标上的变化，由此进一步发现牵引变化的主线正是走向现代化的社会目标。

表 4.4 1982 年与 1992 年两次"北京调查"相关指标比较

项目	1982 年	1992 年
调查名称	1982 年北京读者、听众、观众调查	1992 年北京受众调查
调查目的	了解读者、听众和观众的需要，为报纸、广播和电视的改革提供依据。	探查影响受众观念现代化进程的主要因素，为科学地开展和普及传播文化教育、提高受众的实践和认识水平提供一定的实证材料和理论依据
调查指标	性别、户口、职业、年龄、文化	"现代化受众"的物质基础，即能接触到的传播接受工具和设施；"现代化受众"的行为，即各种形式的传播活动；"现代化受众"的价值观；"现代化受众"社会意识

从调查名称看，1982年"北京调查"的研究对象是"读者、听众、观众"，到了1992年，随着社会科学视野的拓展和对传播学知识的学习，直接命名为"受众调查"；从调查方法看，1992年"北京调查"明显引入了更多现代化研究方法，如科学统计等。当时，北京市被抽中的15个区、县的宣传部，都确定由一名副部长领导工作，被抽中的83个街道办事处和乡政府派专人担任调查员，北京市统计局人口处的刘建伟负责抽样方案，回收的全部问卷由北京广播学院调查统计研究所采用 SPSS/PC＋软件包进行数据汇总和统计处理；从调查范式看，1982年"北京调查"期待为改善党报与读者关系提供建设性意见，仍旧属于新闻学报纸研究范式。而1992年"北京调查"充分借鉴了勒纳、施拉姆"由传统社会向现代社会过渡"研究范式，受众研究是手段，考察社会现代化程度是本质；从调查目的看，1982年"北京调查"以收集报纸改革意见为主，1992年"北京调查"对受众现代化程度进行量化分析，最后提出了"要开展传播文化教育""要保护和调动受众参与传播活动"等建议，实现"人的现代化"才

---

[1] 参考王洪喆对卜卫的访谈。

是目的。[1]

从1982到1992的十年间，两次"北京调查"的对比代表了一种历史转型，所改变的不仅仅是名称上由第一次的"读者、听众、观众"变成第二次专业化的"受众"，更代表了学界从传统新闻改革范式演进到了"由传统走向现代"的传播学新范式。1986年5月，中国社会科学院新闻研究所在黄山召开"全国第二届受众研究学术讨论会"，这一标志性学术会议进一步体现出传播学界在1980年代思想启蒙时期的与时俱进。笔者有幸在访谈宋小卫时获得1986年全国第二届受众研究学术讨论会交流论文篇目（详见表4.5）。从文章题目看，本次会议有12篇文章使用"受众"[2]，但在此之后，随着现代化范式日益成为主流，传播学界开始更广泛地使用"受众"；[3] 从研究主题看，传播学者开始从讨论如何更好使用大众媒介转变成如何利用广播、电视等大众传播工具推动社会改革和国家现代化，例如《现代受众心理结构论》等。同时，这些研讨文章体现了现实的中国问题，例如《农村人口的变迁与大众传播》《谈谈多民族受众调查》等，这些选题都是以中国多民族、农村人口多等社会结构特点为问题意识的。经历了1980年代的新闻改革与思想启蒙，传播学者开始不断将所学社会科学方法用于国家现代化进程中，以学术服务发展的责任使命也愈加清晰。

表4.5 全国第二届受众研究学术讨论会交流论文篇目[4]

姓名	论文题目
陈崇山	受众研究十年
闵大洪	中国大陆受众调查研究大事记
蔡达文	记者编辑应是受众心理研究专家
孙利	浅议图书资料工作在大众传播中的作用

---

[1] 中国社会科学院新闻研究所"新闻传播与精神文明建设"课题组、中共北京市委宣传部新闻处：《理想的受众——1992年北京受众调查报告》，《新闻研究资料》1993年第2期，第106-124页。

[2] 参考对宋小卫的访谈，宋小卫认为"受众"概念的语言表达更简练。他在读书时发现，台湾学者将"audience"翻译成"阅听人"，中国社会科学院新闻研究所的徐耀魁尝试将其翻译为"视听读者"。

[3] 参考对宋小卫的访谈。

[4] 该目录出自宋小卫老师提供的会议议程，特此说明，并对宋小卫老师表示诚挚的感谢。

续表

姓名	论文题目
吕民生	现代受众心理结构论
杨思迅	受众对传播的接纳与排斥
赵士杰	农村人口的变迁与大众传播
鲍祖安	受众研究系统方法引论
陈瑞昌	重视受众研究是电视事业发展的客观要求
弭秀玲	从组织传播彻底转变为大众传播
宋小卫	受众需要论
彭正普	受众调查是毛泽东群众办报思想的具体实践和发展
姜秀珍	我国新闻传播受众调查十年
张学洪	对新闻传播效力的一项实证分析
孔吾德	略论听众参与的重要性
喻国明	论敏感性问题的调查方法与艺术
《渴望》观众来信课题组	受众来信与媒介崇拜
汪仲英	谈谈多民族受众调查
石品华 刘金富	双重电视受众的收视倾向描述

二、对不发达地区广播电视使用情况的调查 [1]

以更宽广的视角回溯传播学科发展历史，比陈崇山1982年"北京调查"更早的社会调查出现在上海，或者可以说，以现代化研究方法开展的受众调查早期较多出现在江浙沪等沿海地区。1983—1993年间，江苏省社会科学院社会学所开展了一系列提高农村社会发展水平的社会调查（详见表4.6）。1985年，江苏省社会科学院社会学所所长张学洪[2]主持了"我国农村新闻传播现状研究"，对苏南、苏中、苏北三个经济发展水平不同的地区进行村民抽样问卷调查，了

---

[1] 本节关于1980年代中国电视观众调查的相关内容也可参考方晓恬、郜书锴：《中国电视信息化的发展与传播学的兴起——基于知识社会史视角的考察》，《未来传播》2021年第4期。

[2] 参考对陈崇山的访谈。张学洪是对她发起"北京调查"以及在1980年代坚持从事受众研究有重要影响的学者。

解媒体对促进农民思想现代化的作用。1988年，张学洪课题组利用主体意识、效益意识、创新意识等社会科学指标检测受众观念的现代化程度。江浙沪地区处于经济发达、思想开放的沿海地带，因此较早在受众调查中引入"现代化"的测量因素。中国社会科学院"新闻传播与精神文明建设"课题组就借鉴了张学洪的调查，陈崇山回忆称，"张学洪所长给予我们极大支持，不仅寄来了叶楠客、唐建勋同志关于现代化指标的论文和问卷，而且对我们的调查提出了很多指导意见"。[1] 由表4.6可见，无论是"北京调查"还是江苏地区的受众调查，都并非各自独立，而是在充分互动中共同完成传播学知识的创新转型，并得到了上级部门的大力支持。这些调查的兴起，与上文提到20世纪六七十年代香港兴起受众调查的社会因素类似，都是在社会变革的浪潮中获得问题意识，在借鉴现代化研究方法的调查过程中，寻求解决社会问题的途径，这些调查也因此成为知识生产与社会现代化进程有机结合的典范。

表4.6 1985—1993年以"现代化"为主题的受众调查[2]

调查时间	调查对象	调查内容
1985年	苏南、苏中、苏北三个经济发展水平不同的地区各选一个村民小组，每组抽100人作问卷调查	张学洪主持"我国农村新闻传播现状研究"，研究新闻媒介对农民思想观念的影响
1986年4月5日—1986年7月15日	对全国28个城市进行抽样调查	中央电视台总编室、国家统计局咨询服务中心、国家统计局城市调查队联合发起"中央电视台电视观众抽样调查"
1986年8月	在天津市居民中抽取样本数10028人	天津广播电视局发起对广播电视节目需求调查，成为中国首次万人大调查
1987年5月—1988年1月	在全国电视观众中抽样	中央电视台联合各省市自治区电视台开展"全国电视观众抽样调查"
1987年5月27日—1987年6月2日	乌鲁木齐地区民族受众	新疆广播电视学会、中国社会科学院新闻研究所、新疆新闻学会、新疆大学中文系新闻专业联合发起乌鲁木齐地区首次民族受众调查

---

[1] 陈崇山、孙五三主编《媒介·人·现代化》，中国社会科学出版社，1997，第336页。

[2] 陈崇山：《中国大陆传媒受众调研的发展历程》，载王怡红、胡翼青主编《中国传播学30年：1978—2008》，中国大百科全书出版社，2010，第273页。

续表

调查时间	调查对象	调查内容
1987—1988 年	中国不发达地区抽取 1135 个样本，发达地区抽取 304 个样本	中共中央宣传部、广播电影电视部联合调查组、国家统计局农村调查总队等发起的"中国不发达地区农村广播电视听众、观众抽样调查"，探求影响农民现代化程度的因素
1988 年	江苏城乡 658 人	张学洪主持的受众调查，从主体意识、效益意识和创新意识三方面检测受众现代化观念，研究影响受众观念现代化程度的因素
1988 年 2—3 月	在全国 29 个省、市、区抽样	中央人民广播电台、中国社会调查所、中国人民大学舆论研究所、国家统计局、北京广播学院等联合发起首次全国听众抽样调查
1990 年 9 月 17 日—1990 年 9 月 25 日	在全国电视观众中抽样	中共中央宣传部、广播电影电视部、中国社会科学院新闻研究所、北京广播学院、中国人民大学舆论研究所、中央电视台、中央人民广播电台、中国国际广播电台、中华全国记协联合发起"广播电视亚运宣传效果调查"
1991 年 4 月	在浙江省抽取 1366 个样本	中国社会科学院新闻研究所闵大洪主持召开浙江第二次全省受众抽样调查，同浙江省广播电视厅受众研究组杨翼、高扶小合作，以主体意识、效益意识和创新意识作为衡量受众现代观念的标准（"传播与人的现代化"课题组）
1992 年 10 月	在北京市抽取 1528 个样本	中国社会科学院新闻研究所宋小卫主持开展北京地区第二次受众抽样调查（1992 年"北京调查"），同中共北京市委宣传部合作，以自主意识、创新意识、求知意识、效益意识、竞争意识检测北京受众的现代化程度（"传播与人的现代化"课题组）
1993 年 3 月	在全国 467 个城市随机抽取 10 个城市的 1500 个样本	中国社会科学院新闻研究所孙五三主持"传媒行为与观念现代化研究"，发现受众接触电子传媒频率与受众观念现代化关系不大，受众接触纸媒的频度对受众观念现代化影响显著（"传播与人的现代化课题组"）

随着中国改革进程不断深入，提升中国不发达地区现代化程度的要求进一步提高，传播学界的调查研究也在不断拓展研究对象、主题和范畴等。从调查

发起者看，不同于西方以商业机构为主体开展调查，这一时期的调查由国家主导，中共中央宣传部、国家统计局、中央电视台、中央人民广播电台等国家级新闻及统计部门都广泛参与到调查中来，这种国家组织的模式使调查数量庞大的中国电视受众成为可能；从调查方法看，这一时期的调查采用了随机抽样、计算机数据处理等方法，这也是1980年代传播学人不断学习信息技术和社会科学研究方法的结果；从调查范围看，这些电视受众调查涵盖了全国、重点省市、少数民族地区以及农村不发达地区，呈现出由城市向农村地区转移的趋势，将如何利用媒介推动农村不发达地区发展作为主要目标；从调查结果看，调查得出"电视观众居三大新闻媒介受众之首""城市受众对电视接触频度高于农村"等结论，并提出了"电视工作者要充分联系观众""要建立良好的电视与观众之间彼此影响、互相推动的信息传播与反馈系统"等建议。

在这些调查研究中，规模较大的是中共中央宣传部、广播电影电视部联合调查组、国家统计局农村调查总队等于1987年至1988年间发起的"中国不发达地区农村广播电视听众、观众抽样调查"。调查包括对农村受众职业构成、经济收入、文化程度等情况的基本了解，对农村受众接触、使用报纸、广播、电视三大媒介频率的调查，以及对农村受众接触大众传播目的和兴趣的调查等。调查发现，电视、广播等现代化媒介与农村受众仍旧存在不相容的地方，这一现实问题成为未来电视信息化发展战略的重要依据。《人民日报》于1988年发表《对不发达地区广播电视的调查表明 应不失时机发展农村广播电视》，对这次调查给予高度肯定，着重强调了广播电视对传播信息、更新观念、开发智力、发展农村商品经济的积极作用。[1] 这一调查还得到领导重要指示：

> 中央政治局委员、国务委员李铁映同志批示："这个报告反映的问题很重要。"专家鉴定认为："这是一项理论上和实践上均有较大意义的工作，这些成果对促进我国广播电视事业发展以及为政府提供决策，均有非常重要的作用。"关系到我国八亿农村居民的广播电视事业，是我国社会主义新闻事业的重要组成部分。这次不发达地区农村广播电视调查被列入我国"七五"期间的哲学、社会科学重点研究课题——"新闻事业

---

[1]《对不发达地区广播电视的调查表明 应不失时机发展农村广播电视》，《人民日报》1988年7月11日第3版。

与中国现代化"的研究内容。[1]

喻国明曾这样回忆1980年代和自己的学术生涯,"在当代中国,或许没有什么比改革更能深刻地影响和改变着我们生活的方方面面","我们作为对于这个社会深怀责任感的学人,对于改革理论与实践的追随也同样是一种别无选择的必然"。[2] 因此,要将传播学科的受众调查融入1980年代新闻改革以及更深入的社会改革轨迹中,才能厘清理论与实践的互动、知识与社会的共生,才能发现1980年代传播学人如何在与改革同行中探索理论服务于实践的路径。

第三节 传播学科的现代化:"新闻事业与现代化建设"立项

伴随着1980年代改革的逐步深入,中国特色传播学在实践中探索理论发展,将走向现代化作为知识发展的最终目标。笔者梳理了1986—1989年传播学界与"现代化"相关的论文(详见表4.7),由此发现,到了1980年代末,相关研究除了讨论传播学与"科学""发展"的关系,还通过积极引介大众传播研究来确定"大众传播与国家发展"的现代化研究范式。袁路阳曾发表文章介绍"传播事业与国家发展":

> 传播事业与国家发展研究是一项跨学科、跨国界的研究,是第二次世界大战以后在西方和一些第三世界国家开展起来的,这里所说的传播事业是指人与人之间信息交流(包括消息、知识和各种精神文化产品)的工具和组织机构。传播事业所包含的不仅有报纸、杂志、图书、电影、广播、电视、通讯社、情报资料、广告、公共关系、录音、录像等新闻、出版、文化机构,还有相应的邮政、电报、电化等通信服务行业。这里所说的国家发展是指亚非拉新兴的第三世界国家建设物质文明和精神文

---

[1] 中共中央宣传部、广播电影电视部联合调查组编《广播电视与农村发展——中国不发达地区农村广播电视调查报告汇编》,中国广播电视出版社,1989,第1页。

[2] 喻国明:《喻国明自选集——别无选择:一个传媒学人的理论告白》,复旦大学出版社,2004,第2页。

明、实现现代化的过程。[1]

表4.7 1986—1989年与"现代化"主题相关的研究论文

刊名	刊期	题目
《新闻学刊》	1986年第1期	《传播事业与国家发展——国际传播学研究的一个新领域》（袁路阳）
《新闻大学》	1985年第11期	《作为社会行动的"传播"》（顾晓鸣）
《新闻学刊》	1986年第3期	《探索读者内心活动的奥秘》（虞达文）
《新闻学刊》	1986年第3期	《读者心理九律》（沈阳日报新闻研究室）
《新闻学刊》	1986年第3期	《采访心理学研究》（陈世华）
《新闻学刊》	1986年第3期	《系统方法与受众调查》（陈崇山）
《新闻学刊》	1986年第4期	《人民日报首次在全国组织读者抽样调查》（钟山）
《新闻学刊》	1986年第5期	《创立中国式新闻传播学 促进新闻改革的深入发展》（中国社会科学院新闻研究所世界新闻研究室）
《新闻学刊》	1986年第6期	《宣传过程中的逆反心理》（张昆）
《新闻学刊》（增刊）	1987年第1期	《读者心理共性与变迁》（宫云范）
《新闻学刊》	1987年第3期	《新闻价值及其数学描述》（岳南）
《新闻学刊》	1987年第3期	《体改所成立中国社会调查系统》
《新闻学刊》	1987年第5、6期	《关于新闻价值的定量分析问题》（范东升）
《新闻学刊》	1987年第5、6期	《新闻业的舆论调查及其功能》（张驰）
《新闻学刊》	1988年第2期	《新闻学是社会科学的正式项目》
《新闻学刊》	1988年第2期	《论党报的性质与作用——与丁克同志也与胡绩伟、黎澜星同志商榷》（陈崇山）
《新闻学刊》	1988年第5期	《不发达地区农村广播电视现状调查》（中共中央宣传部、广播电影电视部联合调查组）
《新闻学刊》	1988年第5期	《公民政治心理与大众传播》（公民政治心理调研组）

---

[1] 袁路阳:《传播事业与国家发展——国际传播学研究的一个新领域》,《新闻学刊》1986年第1期,第75-79页。

续表

刊名	刊期	题目
《新闻学刊》	1988年第6期	《坚持改革 用于探索——中国社会科学院新闻所十年来科研工作》（王凤超）
《新闻学刊》	1988年第6期	《新闻学：从传统意识到现代意识》（陈力丹）
《新闻学会通讯》	1988年第7、8期	《试论从科学的角度报道社会新闻》（庞新梁）
《新闻学会通讯》	1989年第7期	《以研究读者为突破口 搞好报纸改革》（襄樊日报编辑部）
《新闻学会通讯》	1989年第9、10期	《新闻心理学的产生发展及其作用》（宫云范）
《新闻学会通讯》	1989年第9、10期	《现代化进程中的受众心理》（侯玉芳）

由表4.7的讨论可见，传播学的现代化范式已经不局限于知识领域的讨论，而是广泛服务于经济建设等现实问题。在1984年后，随着"信息热"兴起，为市场经济提供必要的信息成为传媒事业的重要功能，"信息"所代表的先进通信技术更成为发展的重要手段。在1980年代中后期，受众研究不断完善，传播学界进一步强调要利用现代化传播手段服务经济建设，正如有学者说，"发展中国家在实施大规模经济建设战略时，有必要借助于传播事业的宣传教育功能，向人民传播各种现代化的知识和技能，推广生产建设中的发明创造，先进技术和新鲜经验、介绍国外科学技术和经营管理方面的先进成果，动员全体人民同心同德投身于现代化建设事业"。[1]

此外，这一时期的新闻工作者也尝试借助社会科学方法改良新闻业务，提出要用现代科学眼光审视传统新闻写作存在的问题。学者们认为，传统写作以表面现象的描述，代替了深入的本质思考，缺乏整体构思，缺少严密的逻辑推理与论证，更没有实验的依据，思考上具有粗泛性。在现代科学日趋整体化、系统化而导致高度综合化的今天，论理机械性的问题愈加凸显，传统新闻写作就新闻论新闻，对前人经验盲目迷信，没能从别的学科吸取营养，具有封闭性。因此，现代化的新闻写作应该是：

---

[1] 袁路阳：《传播事业与国家发展——国际传播学研究的一个新领域》，《新闻学刊》1986年第1期，第75-79页。

现代化的实质是不断的变革与创新，以顺应社会发展与人类进步的需要。我们应运用现代科学的成就，科学的方法，对已经积累起来的经验知识，进行理性的概括与总结，研究由生活到新闻、由作者到读者、又由读者到作者、由新闻到生活的整个写作、传播过程的内部机制与外部律动，研究写作的技能技巧与写作主体、接受主体的心理、思维、审美意识的深层结构，实现新闻写作学的综合改造与更新，从而建成一门对新闻写作具有深刻指导意义的现代水平的学科。[1]

除了"信息与经济发展""现代化新闻写作"两类与"现代化"紧密相关的研究主题，大众传播研究在这一时期的兴起，也是因为其在世界范围内的起源就是与社会现代化目标关联的。1988年3月27日，北京高校一些青年学者组成了"青年传播学研讨小组"，并于1989年举行了"大众传播与国家发展问题"研讨会。会上，中国社会科学院新闻研究所的刘燕南介绍了勒纳的《传统社会的消逝》、施拉姆的《大众传播与国家发展》，以及罗杰斯的"创新-扩散"理论，这些被引介的美国学者及著作基本与"现代化""国家发展"相关。中国人民大学社会学所的袁方为传播学者提出建议，大众传播媒介对建构传统社会中人的现代性人格有重要意义。中国社会科学院新闻研究所的朱国圣提出大众传播可以发挥促进社会整合的作用。[2] 范东生还介绍了"发展传播学"，他对施拉姆、勒纳、罗杰斯的理论进行了辩证性综述，也以宽阔的视野介绍了西方和第三世界马克思主义者对发展传播学的批判，从社会结构等角度提出了关于信息传播秩序的新见解。但他仍指出，"无论哪一派学者都承认，大众传播具有多方面的社会功能，在国家发展中能够发挥重大的推动作用"，"大众传播是推进现代化建设的有力工具"。[3] 与会学者普遍表示，要积极学习国外传播学研究在推动社会现代化中取得的成果：

---

[1] 樊凡：《新闻写作学的现代化问题》，《武汉大学学报（社会科学版）》1988年第5期，第105页。

[2] 刘燕南、袁方、朱国圣，等：《青年传播学小组举行"大众传播与国家发展问题"学术讨论会》，《国际新闻界》1989年第1期，第27-31页。

[3] 范东生：《发展传播学——传播学研究的新领域》，《国际新闻界》1990年第3期，第1-14页。

传播事业与国家发展研究所涉及的问题，反映了第三世界国家发展的客观需要，是当今任何一个走向现代化的国家都会遇到并且必须给予妥善解决的。近几年来在我国也出现了类似的现象。对于正在进行社会主义现代化建设的中国来说，完全有必要借鉴国外学者在这一新领域中所取得的研究成果，参考第三世界其他国家在这方面所积累的经验和教训，总结我们自己正反两方面的经验，改革我国现有的传播体制，充分认识传播事业作为国家经济发展基础设施之一的地位，发挥传播事业在促进国家经济、政治、社会、文化等方面健全发展的积极作用，注意避免外来传播的消极影响，从而使我国的传播事业更好地适应对内搞活经济，对外实行开放的社会主义现代化建设新局面。[1]

除了表4.7列举的代表性论文、"青年传播学研讨小组"发起的讨论，中国传播学走向现代化的一个标志性事件是在重要课题立项中，鲜明地以"现代化建设"为题。1987年9月，由中共中央宣传部新闻局和国务院经济技术社会发展研究中心预测组共同牵头的"新闻事业与现代化建设"课题立项，这一项目被誉为"新中国成立以来规模最大的新闻学研究项目"，被列入国家哲学社会科学重点课题，该项目包括十个子课题（详见表4.8）。项目总报告开篇提出，在中国新闻传播学发展的关键时期，有必要在继承和发扬党的新闻工作的优良传统同时，从宏观到微观、从结构到功能、从管理部门党的政策调控到新闻媒介的实际运行，从宣传工作的内容到形式，都进行调整改革。[2] 由此可见，中国传播学的发展是与时代的变迁、社会的变革结合在一起的，这也正是1980年代传播人一直所具有的使命感。

---

[1] 袁路阳：《传播事业与国家发展——国际传播学研究的一个新领域》，《新闻学刊》1986年第1期，第75-79页。

[2] "新闻事业与现代化建设"课题组编《新闻事业与中国现代化》，新华出版社，1992，第2页。

表4.8 "新闻事业与现代化建设"课题组部分子课题[1]

课题组（报告撰写者）	报告题目
范东生 钟秉林	关于我国报业发展的宏观定量分析
江苏省社会科学院社会学研究所课题组	新闻传播效果研究报告
经济改革宣传联合调查组	关于经济改革宣传效果的调查报告
何微 桑萌	关于新闻改革的现状与问题和走向的研究
中央电视台总编室	1987年全国电视观众抽样调查分析报告
中宣部、广播影视部联合调查组	适应商品经济形势发展农村广播电视——不发达地区农村广播电视调查综合报告
组长洪一龙，副组长赵玉明，研究人员曲长缨、王云鹏、金文雄、赵淑萍、闻闻，本报告执笔者曲长缨	关于高层次新闻业务人才培养途径多样化的研究报告
华中理工大学新闻系报业经营管理课题组	报业经营管理若干基本问题分析
唐忠朴 朱月昌 陈扬明 许清茂	新闻媒介广告研究
上海社会科学院新闻研究所	上海新闻媒介的广告研究

由表4.8可见，参与这一重大课题的不只是新闻传播学研究单位，而是涉及中宣部、经济改革宣传联合调查组、中央电视台等各领域。课题研究目的也不仅是新闻业务层面的创新，而是通过传播事业推动经济改革，通过大众媒介普及改善不发达地区社会状况。"新闻事业与现代化建设"课题的立项，成为对1980年代中国特色传播学的最精准概括。十年新闻改革的目的如报告中所说，是"希望发挥现代传播媒介以及其他信息技术的巨大潜力，使之成为国家发展的催化剂和推进器，凝聚和激发全社会的积极力量，促进政治、经济、文化、社会生活以及思想观念的进步与变革，在较短时间内完成现代化的历史目标"。[2] 也正如本章开篇所述，无论是理论的现代化，还是方法的现代化，根本目的是实现传播学的现代化、人的现代化。

重访之旅至此接近了尾声，整体回看1949—1992年的历史时期，社会主义

---

[1] 参考"新闻事业与现代化建设"课题组编《新闻事业与中国现代化》，新华出版社，1992。

[2] "新闻事业与现代化建设"课题组编《新闻事业与中国现代化》，新华出版社，1992，第1-2页。

革命与建设时期的中共实践探索出了一条不同于西方现代化的发展道路，为中国特色新闻传播学奠定了深厚的实践基础；改革开放后，在"新闻与宣传""新闻与信息"等热烈讨论中，在"受众研究""三论"打开学界视野的过程中，中国特色传播学通过对西方传播研究的"系统了解、分析研究、批判吸收、自主创造"，推动了新闻改革进程，实现了学术范式转型。尽管经历了革命、建设、改革等不同时期，但不变的是以知识服务国家发展的学术使命，1980年代传播学人也在此过程中不断确认了走向现代化的社会目标。

结　语

　　党的二十大报告指出，"中国式现代化，是中国共产党领导的社会主义现代化，既有各国现代化的共同特征，更有基于自己国情的中国特色"。中国式现代化，是人口规模巨大的现代化、全体人民共同富裕的现代化、物质文明与精神文明相协调的现代化、人与自然和谐共生的现代化、走和平发展道路的现代化。中国式现代化打破了现代化等于西方化的迷思，凸显了现代化理论的中国特色，更深化了现代化一般规律性认知。2022年4月25日，习近平总书记在中国人民大学考察时强调，加快构建中国特色哲学社会科学，归根结底是建构中国自主的知识体系。重要讲话为中国特色新闻传播学研究提供了更加具体的问题意识，即如何在中国式现代化指引下建构自主的知识体系。本书对1949—1992年的中国特色新闻传播学进行重访，期待与现有分阶段考察传播学发展的研究对话，将革命、建设、改革不同历史时期的知识生产勾连在一起。尽管所处的现代化阶段不同，面临的现代化任务不同，但始终不变的，是中国特色传播学以现代化为目标进行的自主知识探索。挖掘历史是为了更好把握当代、面向未来，重访历史的真正目的也在于获得新时代开展新闻传播学研究的方法论。

　　首先，重访1949—1965年的历史时段，我们获得了建构中国特色传播学自主知识体系的重要方法：坚持"把中国作为方法"，在具有中国特色的历史与实践中寻找答案。新中国成立后，在物质条件有限的情况下，中国共产党以调查研究作为方法，从基层入手，建构起以解决群众困难为目的、自下而上的大众传播网络，由此最充分调动了人民群众在新闻生产中的力量。这一优良传统在新时代新闻工作中得到继承和发扬。在1960年代的大兴调查研究之风中，《文汇报》的工作者提出要发挥"农村故事员""农村电影放映员"的作用，办好农村俱乐部，搞好茶馆文化，借此提高农村科教文卫水平。"[1] 在传媒技术发达的今天，1960年代"农村故事员""农村电影放映员"这样的基层宣传工作者有了新的身份。2018年，广东省清远市创建"乡村新闻官"制度，由党员干部担任政策讲解员、通讯员，他们用家乡话把党的政策、理论讲得"入心"，把农村发展的故事讲得生动，极大地推动了基层大众传播工作的开展。[2] 尽管历史条件发生了变化，但"眼睛向下"的工作态度没有改变，清远市"乡村新闻官"正是新时代基层党员干部"放下架子、扑下身子"的范例，他们通过与人民群众朝夕相处，在基层社会中学到了知识、发现并解决了问题，在实践中探索出了创新大众传播的方式方法。

重视中国基层社会，也是延续至今的优良传统。党的十九届四中全会明确提出"构建基层社会治理新格局"的总体要求，提出要"推动社会治理和服务重心向基层下移，把更多资源下沉到基层，更好提供精准化、精细化服务"。[3] 中国基层社会是毛泽东提过的"广阔天地"，更是新时代新闻传播研究者"大有作为"的地方。习近平总书记在2018年8月全国宣传思想工作会议上提出，要扎实抓好县级融媒体中心建设，更好引导群众、服务群众。打通媒体融合的"最后一公里"正是在新闻传播领域重视基层社会的表现。信息技术发展带来的便利，使基层人民群众开始自发成为大众传播的主体。随着中国乡村网络基础设施建设的日益完善，自媒体在乡村传播中表现出巨大潜力。笔者曾到被称为"自媒体村"的山东省李庙村调研，访谈了一位"90"后回乡创业者。他组织本村留守妇女创办了自媒体工作室，他们遵循"集体创作"原则，一边学习写作和计算机技能，一边在自媒体账号上进行新闻生产，创作内容是充满本村特色的人、事和风物。这一过程既解决了留守妇女无法离开家乡外出就业的社会问题，也使这些妇女在从事自媒体内容生产时实现了知识增长与信息技术使用能力的提高。留守妇女集体学习自媒体并进行自主创作，和革命与建设时期

---

[1]　文汇报农村文教小组：《农村文教报道有广阔的天地——农村调查工作札记》，《新闻业务》1964年第7期，第21-24页。

[2]　郭敬丹、吴振东、陈文广、勿日汗、冯源、字强、乌梦达、邓瑞璇、荆淮侨、梁军：《用心用情用功谱写新时代乐章——各地贯彻落实全国宣传思想工作会议精神》，《光明日报》2018年9月3日第3版。

[3]　《中共中央关于坚持和完善中国特色社会主义制度 推进国家治理体系和治理能力现代化若干重大问题的决定（2019年10月31日中国共产党第十九届中央委员会第四次全体会议通过）》，《人民日报》2019年11月6日第1版。

的工农通讯员新闻实践形成历史呼应，成为当下"一边学一边写"的大众传播范例。由此可见，调查研究的工作方法、将人民群众视为主体和主角的工作态度、重视基层社会的优良传统，在新时代新闻传播研究中焕发出新的生命力，成为新时代新闻工作者重要的方法论。

其次，重访1965—1982年的历史时段，我们获得了建构中国特色传播学自主知识体系的学术视野：对西方现代化保持"反思"，以宽阔的国际视野进行知识的"重构"。重访冷战时期的香港，是为了发现西方现代化影响知识界的源头，本书的重访不仅以知识社会史视野厘清了现代化传播学如何在香港兴起，更重新发现了六七十年代的香港学者如何对亚洲各国大众媒介给予广泛关注。当时香港新闻学界对"发展传播学"的反思、对"发展新闻学"的讨论，与中国特色传播学独特的全球视野形成某种呼应，共同成为今天以突破西方中心主义的视野开展国际传播的历史启示。1984年前，赫伯特·席勒对美国"信息社会"的批判在中国新闻传播界视野中短暂出现，但在之后改革主导的话语中逐渐消逝；他的儿子丹·席勒（Dan Schiller）承袭父业，对新自由主义霸权下美国全球信息产业进行批判研究，2018年，他的著作《信息资本主义的兴起与扩张——网络与尼克松时代》（Networks and the Age of Nixon）[1]在中国出版。这是历史的必然而非巧合，伴随中国特色传播学愈加自信地建构起自主知识体系，对西方现代化的反思重新获得学界重视。中国式现代化的一个重要理论创新正是打破了"现代化就是西方化"的神话，因此，对于西方社会科学的"系统了解、分析研究、批判吸收、自主创造"也成了中国特色哲学社会科学研究的应有之义。

冷战给人类留下的历史经验是要打破由一国主导的话语霸权模式，发现世界的多种声音。正如习近平总书记在党的二十大报告中所指出的，"构建人类命运共同体是世界各国人民前途所在"，"只有各国行天下之大道，和睦相处、合作共赢，繁荣才能持久，安全才有保障"。"走和平发展道路的现代化"更是中国式现代化重要科学内涵之一。人类命运共同体符合马克思主义理论中的"自由人联合体"[2]概念，"只有在共同体中，个人才能获得全面发展其才能

---

[1] 丹·席勒：《信息资本主义的兴起与扩张——网络与尼克松时代》，翟秀凤译、王维佳校译，北京大学出版社，2018。

[2] 中共中央马克思恩格斯列宁斯大林著作编译局编译《马克思恩格斯文集》第五卷，人民出版社，2009，第96页。

的手段"。[1] 中国传播学对西方传播学的反思也应放置在对世界资本主义整体反思的理论脉络中。马克思曾说，"资本来到世间，从头到脚，每个毛孔都滴着血和肮脏的东西"。[2] 资本主义崛起的历史，是建构在对其他国家利益牺牲的基础上的，这一问题在世界新闻传播领域中便表现为西方中心主义的报道视角。反思西方话语霸权的目的在于为重构世界新闻传播格局作出贡献。这就启示新时代传播研究者在对外传播中要"讲好中国故事"，讲好中国超越冷战思维构建新型国际关系的故事，讲好中国以"共商共建共享的全球治理观"规避"修昔底德陷阱"的故事，这也是推广人类命运共同体理念最好的实践。

再次，重访1982—1992年的历史时段，我们获得了建构中国特色传播学自主知识体系的研究立场：新闻传播研究者要始终以"融合与转型"思维面对信息技术的更迭、学术范式的转型，坚持"为我所用"的研究立场。改革初期，伴随着"第三次浪潮"，"信息"在新闻传播界兴起。经历了与"宣传""新闻"观念的对比，经历了以媒介技术服务新闻改革后，1980年代传播学人开始探索利用社会科学知识为本土发展服务的学术路径，传播学在这一历史节点应运而生。信息技术的快速迭代带来了新闻传播形式的不断变化，但以技术服务人民的宗旨在任何时代都不会改变。2016年4月19日，习近平总书记在网络安全和信息化工作座谈会上讲话指出，"网民来自老百姓，老百姓上了网，民意也就上了网。群众在哪儿，我们的领导干部就要到哪儿去，不然怎么联系群众呢？各级党政机关和领导干部要学会通过网络走群众路线"。[3] 相比于传统"一对多"的线性大众传播方式，互联网极大丰富了传播实践，在新媒体平台上发表的报道会收到"点赞""转发""回复"等即时又丰富的反馈。面对信息技术带来的新闻形式革新，新闻工作者也相应地经历了从"群众路线"到"网络群众路线"的范式革新。随着5G技术的发展，新闻工作者开始通过各种新媒体平台进行受众调查、网络民族志研究等。信息技术在给传统新闻业带来挑战的同时，也带来了创新大众传播形式的无限机遇。

改革开放的前十年，是中国社会全面改革的十年，也是知识界开启范式转型的时期。具体到中国新闻传播学界，在世界范围内诞生于20世纪五六十年代

---

[1] 中共中央马克思恩格斯列宁斯大林著作编译局编译《马克思恩格斯文集》第一卷，人民出版社，2009，第571页。

[2] 马克思：《资本论》第一卷，中共中央马克思恩格斯列宁斯大林著作编译局译，人民出版社，2004，第871页。

[3] 习近平：《习近平谈治国理政》第二卷，外文出版社，2017，第336页。

的传播学,之所以时隔二三十年于1980年代在中国新闻界兴起,其实是一代传播学人回应时代变革做出的选择。本书重访这段历史正是为了发掘可能被主流叙事忽视的历史面向。在1992年"传播学"被正式认定前,新闻学界先后对"信息传播学""信息学""传播社会学"等命名展开讨论,由此进一步证明,新闻传播学界没有简单复制西方传播学,而是站在社会科学的十字路口努力探索符合现实需求的学术发展路径。1982年,第一次全国传播学研讨会提出"系统了解、分析研究、批判吸收、自主创造"16字方针,尤其强调"自主创造"。可以说,传播学人在开始学习西方大众传播初期,就已经具备建构学科主体性的强烈意识。贺雪峰提出,有主体性的中国社会科学不仅来自中国实践,对中国实践具有解释力,而且因为在具体研究中形成了基于中国实践的关于中国研究的研究共识和研究预设,而使中国社会科学具有了主体性。[1] 从1982年"自主创造"的提出到2022年对"中国自主的知识体系"的探索,中国传播学人对学科发展本土化的探索从未改变。重访1980年代,其实是在历史中寻求解决当下问题的答案,中国传播研究的前辈陈崇山曾对"何为新闻学"进行回应,朴素的话语深刻概括了实践与理论、知识与社会的互构。她说,"何为新闻学?总结新闻实践经验,上升到理论,就是最现实的'新闻学',也是对当时'新闻无学论者'的回击"。[2]

最后,整体回顾1949—1992年的历史,我们获得了中国特色传播学自主知识体系建构的根本立场:坚持以人民为中心。回顾1980年代的中国特色传播学,从初期的新闻改革,到中后期的传播研究兴起,贯穿十年发展的核心正是走向现代化的社会总体目标。因此,在新时代建构中国特色传播学自主知识体系的价值取向,也必然是服务于中国式现代化的发展。从中国式现代化科学内涵看,坚持以人民为中心的发展思想推动中国式现代化,是新时代坚持和发展中国特色社会主义、全面建设社会主义现代化国家、实现中华民族伟大复兴中国梦的必然选择。党的十八大以来,习近平总书记多次强调把"人民"放在最核心的位置,强调新时代党员干部要脚踏实地把自己融入基层中去。在文艺创作方面,习近平总书记提出"要把满足人民精神文化需求作为文艺和文艺工作的出发点和落脚点,把人民作为文艺表现的主体,把人民作为文艺审美的鉴赏家和

---

[1] 贺雪峰:《经验研究与社会科学的主体性》,载《中国话语》,《开放时代》2019年第1期,第40页。

[2] 参考对陈崇山的访谈。

批判者，把为人民服务作为文艺工作者的天职"；[1] 在新闻报道方面，总书记告诉记者和编辑同志们"要坚持正确工作取向，以人民为中心，心系人民、讴歌人民"；[2] 在媒介发展方面，总书记提出"要扎实抓好县级融媒体中心建设，更好引导群众、服务群众"，[3] 使先进的媒介技术与基层社会治理融合，为基层人民群众服务，打通融媒体发展的"最后一公里"。这些新时代大众传播实践是对中国革命、建设、改革不同历史时期经验的继承和发扬，也进一步证明，不论在任何时代，人民群众始终是新闻传播工作和研究的主体和主角。不断发现人民、依靠人民、为了人民，是新时代建构中国特色传播学自主知识体系的重要方向和根本立场。

重访之旅让我们不断发现历史的多重面向，也在这一过程中不断确认，中国特色传播学始终有着一条独立自主、接续发展的道路。如何构建新时代中国特色传播学自主知识体系？如何站立在中国大地上开展学术研究？如何以知识生产服务于中国式现代化？仍需我们寻找答案。新中国70多年独立自主的发展道路，会给我们答案；中国共产党苦难辉煌的百年历史，会给我们答案；支撑起中国革命、建设、改革并在新时代迸发出创造伟力的人民群众，会给我们答案。

---

[1] 习近平：《习近平谈治国理政》第二卷，外文出版社，2017，第314-315页。

[2] 张烁、李学仁：《习近平在会见中国记协第九届理事会全体代表和中国新闻奖、长江韬奋奖获奖者代表时强调 做党和人民信赖的新闻工作者 刘云山参加会见并在会上代表党中央致词》，《人民日报》2016年11月8日第1版。

[3] 习近平：《习近平谈治国理政》第三卷，外文出版社，2020，第313页。

参考文献

一、英文著作

Timothy Glander. Origins of Mass Communications Research During the American Cold War: Educational Effects and Contemporary Implications[M]. Mahwah, New Jersey, London: Lawrence Erlbaum Associates, Inc., Publishers, 2000.

Tie Xiao. Revolutionary Waves: The Crowd in Modern China[M]. Boston: Harvard University Asia Center, 2017.

Lerner Daniel. The Passing of Traditional Society: Modernizing the Middle East. Glencoe, IL: The Free Press, 1958.

Wilbur Schramm. Mass Media and National Development : The Role of Information in the Developing Countries[M]. Stanford: Stanford University Press, 1964.

Wilbur Schramm, Jack Lyle, Edwin B. Parker, Lawrence Z. Freedman. Television in the Lives of Our Children[M]. Stanford, Calif.: Stanford University Press, 1961.

Wilbur Schramm. Big Media, Little Media: Tools and Technologies for Instruction[M]. Beverly Hills: Sage Publications, 1977.

Everett M. Rogers, Diffusion of Innovations[M]. New York: Free Press, 2003.

Everett M. Rogers, Modernization Among Peasants: the Impact of Communication[M]. New York: Holt, Rinehart and Winston, 1969.

Maurice Meisner. Mao's China and After: A History of the People's Republic[M]. New York: Free Press, 1999.

二、英文期刊

Everett M. Rogers, Xiaoyan Zhao, Zhongdang Pan, et al. The Beijing Audience Study[J]. *Communication Research*, vol. April 1985, 12(2).

Everett M. Rogers, Communication and Development: The Passing of the Dominant Paradigm[J]. *Communication Research*, 1976, 3(2).

Wilbur Schramm. The Coming Age of Information[J]. 香港中文大学新闻传播系学术年刊，1978: 59-65.

Satellite Communication in Asia[J]. *The Asian Messenger*, Winter 1975, 1(1).

Joseph Wong. The Information Revolution and China's New Long March[J]. 香港中文大学新闻传播系学术年刊，1984.

Editor's Introduction[J]. *The Asian Messenger*, Winter 1975, 1(1).

Social Research: Barefoot Style[J]. *The Asian Messenger*, Winter 1975, 1(1).

Wired Broadcasting in Service of Politics[J]. *The Asian Messenger*, Autumn 1976, 1(3).

Edward K. Wu. News Editing & Reporting at Chieh-fang Ji-hpao[J]. *The Asian Messenger*, Spring 1976, 1(2).

Lee Yuet-lin. Changing Faces of China's Press[J]. *The Asian Messenger*, Winter 1981, 5(3).

Li Chuan. The Making of a Television Announcer[J]. *The Asian Messenger*, Winter 1980/Spring 1981, 5(1&2).

Leonard L. Chu. Changing Faces of China's TV[J]. *The Asian Messenger*, Winter 1980/Spring 1981, 5(1&2).

Leonard L. Chu. Advertising Returns to China[J]. *The Asian Messenger*, Autumn 1979/Spring 1980, 4(2&3).

Journalism Training at Peking University[J]. *The Asian Messenger*, Winter 1975, 1(1).

Journalism in China's Universities since 1978[J]. *The Asian Messenger*, Spring 1982, 6(1).

三、中文著作

习近平．习近平谈治国理政：第2卷 [M]．北京：外文出版社，2018．

习近平．习近平谈治国理政：第3卷 [M]．北京：外文出版社，2020．

吴廷俊. 中国新闻传播史：1978—2008[M]. 上海：复旦大学出版社，2011.

胡翼青. 传播学科的奠定：1922—1949[M]. 北京：中国大百科全书出版社，2012.

刘海龙. 重访灰色地带：传播研究史的书写与记忆[M]. 北京：北京大学出版社，2015.

柳红. 八〇年代：中国经济学人的光荣与梦想[M]. 桂林：广西师范大学出版社，2010.

甘惜分. 甘惜分自选集[M]. 北京：中国人民大学出版社，2007.

赵凯. 王中文集[M]. 上海：复旦大学出版社，2004.

安岗等. 成长的岁月：中国人民大学新闻系早期师生忆往事[M]. 北京：学苑出版社，2008.

安岗. 我是一名新闻记者[M]. 北京：中国社会科学出版社，2015.

陈崇山，陈日浓. 安岗新闻论集[M]. 北京：中国社会科学出版社，2015.

林珊. 悠悠往事：我的传媒工作回顾[M]. 北京：群言出版社，2008.

陈力丹. 不能忘却的1978—1985年我国新闻传播学过刊[M]. 北京：人民日报出版社，2009.

王怡红，胡翼青. 中国传播学30年：1978—2008[M]. 北京：中国大百科全书出版社，2010.

林耀华. 从书斋到田野[M]. 北京：中央民族大学出版社，2000.

孙本文. 孙本文文集：第8卷[M]. 北京：社会科学文献出版社，2012.

刘海龙. 大众传播理论：范式与流派[M]. 北京：中国人民大学出版社，2008.

高觉敷. 群众心理学[M]. 上海：中华书局，1934.

徐桂权. 从群众到公众：中国受众研究的话语变迁[M]. 北京：人民日报出版社，2016.

吴冷西. 忆毛主席：我亲自经历的若干重大历史事件片断[M]. 北京：新华出版社，1995.

中共中央文献研究室，新华通讯社. 毛泽东新闻工作文选[M]. 北京：新华出版社，2014.

毛泽东. 毛泽东选集：第1卷[M]. 北京：人民出版社，1991.

毛泽东. 毛泽东选集：第2卷[M]. 北京：人民出版社，1991.

毛泽东. 毛泽东选集：第3卷[M]. 北京：人民出版社，1991.

毛泽东. 毛泽东选集：第4卷[M]. 北京：人民出版社，1991.

毛泽东. 毛泽东农村调查文集 [M]. 北京：人民出版社，1982.

毛泽东. 建国以来毛泽东文稿：第5册 [M]. 北京：中央文献出版社，1991.

毛泽东. 建国以来毛泽东文稿：第6册 [M]. 北京：中央文献出版社，1992.

刘少奇. 刘少奇选集 [M]. 北京：人民出版社，1981.

中共中央文献研究室. 建国以来重要文献选编 [M]. 北京：中央文献出版社，1994.

中共中央文献研究室. 毛泽东 周恩来 刘少奇 朱德 邓小平 陈云论调查研究 [M]. 北京：中央文献出版社，2006.

中共中央文献研究室. 刘少奇年谱：1898—1969[M]. 北京：中央文献出版社，1996.

杨新正. 中国新闻通讯员简史 [M]. 北京：人民日报出版社，2014.

韩毓海. 重读毛泽东，从1893到1949[M]. 北京：人民出版社，中国少年儿童新闻出版总社，2017.

中国社会科学院新闻研究所. 中国共产党新闻工作文件汇编 [M]. 北京：新华出版社，1980.

方汉奇. 中国新闻事业通史：第1卷 [M]. 北京：中国人民大学出版社，1996.

方汉奇. 中国新闻事业通史：第2卷 [M]. 北京：中国人民大学出版社，1996.

方汉奇. 中国新闻事业通史：第3卷 [M]. 北京：中国人民大学出版社，1999.

红岩革命纪念馆编写组. 毛主席赴重庆谈判 [M]. 成都：四川人民出版社，1978.

袁军，龙耘，韩运荣. 传播学在中国：传播学者访谈 [M]. 北京：北京广播学院出版社，1999.

强世功. 中国香港：政治与文化的视野 [M]. 北京：生活·读书·新知三联书店，2010.

胡百精. 中国公共关系史 [M]. 北京：中国传媒大学出版社，2014.

余也鲁，郑学檬. 从零开始：首届海峡两岸中国传统文化中传的探索座谈会论文集 [M]. 厦门：厦门大学出版社，1994.

《中国教育年鉴》编辑部. 中国教育年鉴：1949—1981[M]. 北京：中国大百科全书出版社，1984.

宣伟伯，余也鲁. 传媒·教育·现代化：教育传播的理论与实践 [M]. 北京：

高等教育出版社，1988.

中国社会科学院新闻研究所，世界新闻研究室．传播学：简介 [M]．北京：人民日报出版社，1983.

北京新闻学会调查组．北京读者、听众、观众调查 [M]．北京：工人出版社，1985.

方汉奇．中国新闻传播史 [M]．北京：中国人民大学出版社，2002.

伍静．中美传播学早期的建制史与反思 [M]．济南：山东人民出版社，2011.

陈崇山．受众本位论 [M]．北京：社会科学文献出版社，2008.

陈崇山，弭秀玲．中国传播效果透视 [M]．沈阳：沈阳出版社，1989.

胡太春．中国报业经营管理史 [M]．太原：山西教育出版社，1999.

张昆．传播观念的历史考察 [M]．武汉：武汉大学出版社，2015.

李良荣．新世纪的探索：李良荣新世纪新闻学研究文集 [M]．广州：暨南大学出版社，2012.

新华社新闻研究所．邓小平论新闻宣传 [M]．北京：新华出版社，1998.

中国社会科学院新闻研究所．中国新闻年鉴1984[M]．北京：人民日报出版社，1984.

中国社会科学院新闻研究所．中国新闻年鉴1985[M]．北京：中国社会科学出版社，1985.

甘阳．八十年代文化意识 [M]．上海：上海人民出版社，2006.

马国川．我和八十年代 [M]．香港：三联书店（香港）有限公司，2010.

查建英．八十年代访谈录 [M]．北京：生活•读书•新知三联书店，2006.

李平晔．人的发现：马丁·路德与宗教改革 [M]．成都：四川人民出版社，1983.

贺桂梅．"新启蒙"知识档案：80年代中国文化研究 [M]．北京：北京大学出版社，2010.

何维凌，邓英淘．经济控制论 [M]．成都：四川人民出版社，1984.

刘青峰．让科学的光芒照亮自己：近代科学为什么没有在中国产生 [M]．成都：四川人民出版社，1984.

殷陆君．人的现代化：心理·思想·态度·行为 [M]．成都：四川人民出版社，1985.

宋德生．信息革命的技术源流 [M]．成都：四川人民出版社，1986.

居延安．信息·沟通·传播 [M]．上海：上海人民出版社，1986.

陈崇山，孙五三．媒介·人·现代化 [M]．北京：中国社会科学出版社，1997．

中共中央宣传部，广播电影电视部联合调查组．广播电视与农村发展：中国不发达地区农村广播电视调查报告汇编（内部发行）[M]．北京：中国广播电视出版社，1989．

《新闻事业与现代化建设》课题组．新闻事业与中国现代化 [M]．北京：新华出版社，1992．

何毅亭．怎样推进党校教学改革 [M]．北京：中共中央党校出版社，2019．

四、中文译著

雷迅马．作为意识形态的现代化：社会科学与美国对第三世界政策 [M]．牛可，译．北京：中央编译出版社，2003．

席勒．传播理论史：回归劳动 [M]．冯建三，罗世宏，译．王维佳，校译．北京：北京大学出版社，2012．

哈特．传播学批判研究：美国的传播、历史和理论 [M]．何道宽，译．北京：北京大学出版社，2008．

辛普森．胁迫之术：心理战与美国传播研究的兴起（1945—1960）[M]．王维佳，刘扬，李杰琼，译．上海：华东师范大学出版社，2017．

杜威．杜威五大讲演 [M]．胡适，口译．合肥：安徽教育出版社，2005．

洛厄里，德弗勒．大众传播效果研究的里程碑 [M]．刘海龙等，译．北京：中国人民大学出版社，2004．

拉斯韦尔．社会传播的结构与功能 [M]．何道宽，译．北京：中国传媒大学出版社，2015．

桑德斯．文化冷战与中央情报局 [M]．曹大鹏，译．北京：国际文化出版公司，2002．

宣伟伯．传学概论：传媒、信息与人 [M]．余也鲁，译述．北京：中国展望出版社，1985．

哈格．定量社会学 [M]．郭治安，姜璐，沈小峰，编译．成都：四川人民出版社，1986．

五、中文期刊

项飙．中国社会科学"知青时代"的终结 [J]．文化纵横，2015(6)．

罗岗，潘维，苏力，等．中国话语 [J]．开放时代，2019(1)．

渠敬东.破除"方法主义"迷信：中国学术自立的出路 [J].文化纵横，2016(2).

李彬.学术与政治：传播学哪儿去了：改革开放与中国传播学的发展与反思 [J].青年记者，2019(1).

斯迈思，王洪喆.自行车之后是什么？：技术的政治与意识形态属性 [J].开放时代，2014(4).

赵月枝.否定之否定？从中外传播学术交流史上的3S说起 [J].国际新闻界，2019(8).

王维佳，赵月枝.重现乌托邦：中国传播研究的想像力 [J].现代传播（中国传媒大学学报），2010(5).

王洪喆.从"赤脚电工"到"电子包公"：中国电子信息产业的技术与劳动政治 [J].开放时代，2015(3).

刘海龙.施拉姆与中国传播研究：文化冷战与现代化共识 [J].新闻与传播研究，2020(6).

向芬.开传播风气之先的厦门大学新闻传播系：厦门大学新闻传播系创办始末 [J].东南传播，2008(8).

高玉炜，周晓虹.生命历程、问题意识与学术实践：以知青一代社会学家为例 [J].探索与争鸣，2021(6).

刘家林.传学东渐考：纪念施拉姆来华讲学30周年 [J].暨南学报（哲学社会科学版），2013(4).

李彬.中国传播学，掠影三十年 [J].新闻春秋，2013(1).

姜飞.中国传播研究的三次浪潮：纪念施拉姆访华30周年暨后施拉姆时代中国的传播研究 [J].新闻与传播研究，2012(4).

刘海龙.中国传播学70年：知识、技术与学术网络 [J].广州大学学报（社会科学版），2019(5).

刘涛.理论谱系与本土探索：新中国传播学理论研究70年（1949—2019）[J].新闻与传播研究，2019(10).

刘海龙.中国传播研究的史前史 [J].新闻与传播研究，2014(1).

李彬，刘海龙.20世纪以来中国传播学发展历程回顾 [J].现代传播（中国传媒大学学报），2016(1).

李杨.五十年代的院系调整与社会变迁：院系调整研究之一 [J].开放时代，2004(5).

马立昂.拆穿自由、独立报纸的西洋镜 [J].刘同舜，译.新闻学译丛，

1956(3).

美国报纸的职能 [J]. 郑北渭,译,刘同舜,校. 新闻学译丛,1957(2).

热文诺夫. 美国资产阶级报刊 [J]. 渔舟帆,译,童威,校. 新闻学译丛,1957(2).

尤里奇. 美国资产阶级报刊怎样欺骗读者:书刊评介 [J]. 史和,译,刘家继,校. 新闻学译丛,1957(2).

穆脱. 新闻中的读者兴趣问题 [J]. 郑北渭,陆新康,译. 新闻学译丛,1956(3).

调查读者对科学新闻的兴趣 [J]. 李景云,译. 新闻学译丛,1956(3).

读者喜欢看些什么 [J]. 郑北渭,译. 新闻学译丛,1957(1).

郭镇之. 对"四种理论"的反思与批判 [J]. 国际新闻界,1997(1).

刘海明. 施拉姆在"报刊的苏联共产主义理论"论述中的误读 [J]. 湖南大众传媒职业技术学院学报,2005(6).

禹纯顺.《报刊的四种理论》:作为媒介帝国主义的理论前奏 [J]. 湖南城市学院学报,2010(2).

写导语的技巧 [J]. 刘同舜,译,汪英宾,校. 新闻学译丛,1957(1).

新闻价值 [J]. 刘同舜,译,陈韵昭,校. 新闻学译丛,1957(1).

席与钤. 复旦大学新闻系师生辩论"报纸的指导性和兴趣性"问题 [J]. 新闻业务,1957(12).

本刊编者. 资产阶级新闻观点必须批判 [J]. 新闻业务,1957(12).

张隆栋."盖洛普民意测验"的欺骗性与反动性 [J]. 新闻业务,1963(Z1).

彭慎. 美国的"新闻自由" [J]. 新闻业务,1956(6).

乐山. 美国新闻署 [J]. 世界知识,1963(19).

乐山. 李普曼:美国资产阶级的策士 [J]. 新闻业务,1961(3).

刘捷. 新华社的国际新闻和国外记者网 [J]. 新闻业务,1957(12).

刘昭明. 解放日报的《国际知识》专栏 [J]. 新闻业务,1961(7).

司马达. 长全世界人民志气 灭美帝国主义威风:看人民日报国际版关于巴拿马事件的报道 [J]. 新闻业务,1964(2).

丁补天. 一次出色的国外摄影采访:评周总理访问非洲和阿尔巴尼亚的摄影报道 [J]. 新闻业务,1964(3).

向芬. 新闻学研究的"政治"主场、退隐与回归:对"新闻论争三十年"的历史考察与反思 [J]. 清华大学学报(哲学社会科学版),2018(1).

肖铁. 非理性之魅惑 朱谦之的群众观 [J] 罗国青,姚云帆,译. 新美术,

2014(2).

李彬. 中国道路新闻学（二）：思想解放 [J]. 当代传播，2018(2).

胡国林. 主题从哪里来 [J]. 新闻业务，1961(9).

江西日报组织调查组定期深入基层 [J]. 新闻业务，1961(8).

四川日报总编室. 调查研究工作要越做越细 [J]. 新闻业务，1961(8).

金宗. 天津日报加强关于调查研究工作的宣传 [J]. 新闻业务，1961(6).

寄晨. 对调查研究的一些具体问题的看法 [J]. 新闻业务，1964(6).

张黎群. 一定要把调查研究工作做好 [J]. 新闻业务，1963(2).

赵月枝. 全球视野中的中共新闻理论与实践 [J]. 新闻记者，2018(4).

沙垚. 新中国成立之初农村读报组的历史考察：以关中地区为例 [J]. 新闻记者，2018(6).

翟韬. "文学冷战"：大陆赴港"流亡者"与20世纪50年代美国反共宣传 [J]. 世界历史，2016(5).

张杨. 亚洲基金会：香港中文大学创建背后的美国推手 [J]. 当代中国史研究，2015(2).

张杨. 冷战共识：论美国政府与基金会对亚洲的教育援助项目（1953—1961）[J]. 武汉大学学报（人文科学版），2013(3).

翟韬. "冷战纸弹"：美国宣传机构在香港主办中文书刊研究 [J]. 史学集刊，2016(1).

赵绮娜. 观察美国：台湾菁英笔下的美国形象与教育交换计话（划），1950—1970[J]. 台大历史学报，2011(48).

柯裕棻. 电视的政治与论述：一九六〇年代台湾的电视设置过程 [J]. 台湾社会研究季刊，2008(69).

张杨. 冷战与亚洲中国学的初创：以费正清和亚洲基金会为个案的研究 [J]. 美国研究，2018 (4).

李金铨. 传播纵横：学术生涯五十年 [J]. 新闻记者，2018(7).

杨金德. 厦门大学成立新闻传播系：今年正式招生三十五名 [J]. 新闻记者，1984(4).

宣伟伯. 传学的发展概况 [J]. 新闻学会通讯，1982(14).

余也鲁. 在中国进行传播学研究的可能性 [J]. 新闻学会通讯，1982(17).

铭辛文. 第三次全国传播学研讨会综述 [J]. 北京广播学院学报，1993 (4).

徐耀魁. 施拉姆对中国传播学研究的影响：纪念施拉姆来新闻研究所座谈30周年 [J]. 新闻与传播研究，2012(4).

陈崇山. 施拉姆的理论对我的指引 [J]. 新闻与传播研究, 2012(4).

罗昕. 被忽视的登陆点: 施拉姆、余也鲁广州讲学35周年的历史考察. 国际新闻界 [J], 2017(12).

李运林, 李克东, 南国农等. 协同创新30年: 纪念华南师范大学创办新中国第一个电化教育专业30周年 [J]. 电化教育研究, 2013(11).

宣伟伯. 传学与新闻及其他 [J]. 新闻学会通讯, 1982(14).

郑北渭. 关于传学的若干问题 [J]. 新闻学会通讯, 1982(13).

徐耀魁. 试论中国传播学研究的发展方向 [J]. 新闻学刊, 1986(5).

李启. 创立有中国特色的社会主义大众传播学 [J]. 中国记者, 1988(6).

张隆栋 (编译). 美国大众传播学简述 (上中下) [J]. 国际新闻界, 1982(2-4).

袁路阳. 美国斯坦福大学传播系印象 [J]. 新闻学会通讯, 1984(8).

首都有关新闻研究和教育单位倡议筹备成立传播学研究小组 [J]. 新闻学会通讯, 1984(12).

刘海龙. 从受众研究看"传播学本土化"话语 [J]. 国际新闻界, 2008(7).

陈崇山. 总编辑怎样抓读者来信: 访解放日报总编辑王维 [J]. 新闻战线, 1981(05).

王秉亭. 重视通讯员, 重视读者来稿 [J]. 新闻战线, 1958(1).

钱毅. 从"庄稼话"里学几种写稿方法: "谈庄稼话"的第二节 [J]. 新闻战线, 1958(3).

郭绍燊. 谈"读者、作者、编者"这个栏目 [J]. 新闻战线, 1959(6).

安岗. 研究我们的读者 [J]. 新闻学会通讯, 1981(11).

李夫, 张宏遵. 初测读者心理 [J]. 新闻战线, 1981(12).

陈崇山. 受众调查研究10年 [J]. 新闻研究资料, 1992(3).

谷征, 康彬. 从中美早期受众研究的方法运用看传播学科方法体系构建 [J]. 编辑之友, 2014(6).

艾吉, 等. 民主、舆论与公众传播 [J]. 郑北渭, 摘译. 外国新闻事业资料, 1978(2).

尹德刚, 高冠钢, 王德敏, 等. 重大新闻传播过程的调查 [J]. 新闻大学, 1982(2).

祝建华. 精确化、理论化、本土化: 20年受众研究心得谈 [J]. 新闻与传播研究, 2001(4).

祝建华. 上海郊区农村传播网络的调查分析 [J]. 复旦学报 (社会科学版),

1984(6).

祝建华.实地调查:传播学研究方法之一[J].新闻大学,1985(9).

祝建华.内容分析:传播学研究方法之二[J].新闻大学,1985(10).

祝建华.控制实验:传播学研究方法之三[J].新闻大学,1986(12).

安岗.我们要有向读者、听众、观众调查的浓厚空气[J].新闻学会通讯,1983(5、6).

于文兰.电脑首次为新闻界服务[J].新闻学会通讯,1983(5、6).

朱执中.采访学引进心理学的意义及其方法[J].新闻学会通讯,1984(1).

刘黑枷.办报必须了解读者心理[J].新闻学刊,1985(3).

钟沛璋.调查研究是新闻改革的基础[J].新闻学会通讯,1983(18、19).

胡绩伟.结合新闻改革 开展读者调查[J].新闻学会通讯,1983(18、19).

姜红.作为"信息"的新闻与作为"科学"的新闻学[J].新闻与传播研究,2006(2).

李良荣."信息热"和新闻改革[J].新闻大学,1984(1).

胡翼青.双重学术标准的形成:对批判学派"夭折"的反思[J].国际新闻界,2008(7).

席勒.美国的全球电子侵略[J].林珊,摘译.国际新闻界,1982(2).

席勒.信息为什么样的社会服务[J].林珊,摘译.国际新闻界,1984(3).

席勒.信息技术能成为民主化力量吗?[J].陈复庵,摘译.国际新闻界,1984(4).

林珊.从美国新闻业看"信息社会"[J].国际新闻界,1984(2).

钱学森.关于新技术革命的若干基本认识问题[J].计划经济研究,1984(24).

林珊.里根与美国新闻界[J].国际新闻界,1983(3).

艾伦.洛克菲勒对新闻工具的统治[J].林珊,摘译.国际新闻界,1979(2).

民会."广告新闻化"好[J].新闻战线,1983(9).

栗金孚(《经济参考》编辑部).报纸要重视经济信息的作用[J].新闻记者,1984(10).

陈启懋."新产业革命"和我国的现代化[J].国际问题资料,1983(4).

《瞭望》资料室.产业革命简介[J].瞭望周刊,1984(1).

舒宗侨.图象事业面临信息革命的挑战[J].新闻大学,1985(9).

居延安.谈谈信息革命[J].新闻大学,1984(2).

骆为龙.电子计算机带来的新变革:参观《日本经济新闻》社记实[J].世

界新闻事业，1980(3).

黄光晓. 及时传播准确可靠的信息：记王中教授谈新闻改革 [J]. 新闻学会通讯，1984(8).

卢惠民. 信息·新闻·新闻信息 [J]. 新闻学会通讯，1984(5).

范东生. 信息传播与历史唯物论：学习马克思恩格斯关于信息传播的思想 [J]. 新闻学刊，1985(3).

新闻学术观点介绍摘要. 信息传播的指导不能否定 [J]. 新闻学刊，1985(2).

林枫. 试论信息与新闻的关系 [J]. 新闻学刊，1985(1).

周长新. 论新闻和信息 [J]. 新闻学刊，1985(3).

贺伟. 对"信息新闻"的质疑 [J]. 新闻学刊，1987(5、6).

何新明. 也谈新闻与信息 [J]. 新闻学刊，1987(1).

黄长江. 新闻与信息是统一的 [J]. 新闻学刊，1988(3).

李洪林. 读书无禁区 [J]. 读书，1979(1).

明安香. 漫话西方的信息传播学，从两本有关著作谈开去 [J]. 读书，1984(7).

戴小华. 施拉姆《男人、女人、信息和媒介》[J]. 读书，1984(8).

董乐山. 托夫勒的"三次浪潮"论（续完）[J]. 读书，1981(12).

甄为民，储兆瑞. 一门方兴未艾的社会学分支学科：传播社会学 [J]. 社会，1988(5).

莫夫. 科学传播学浅谈 [J]. 科学管理研究，1985(5).

魏珂. 新兴的交叉学科：文艺传播学 [J]. 社会科学家，1986(1).

一慧. 知识集纳 [J]. 档案工作，1989(12).

中国社会科学院新闻研究所"新闻传播与精神文明建设"课题组，中共北京市委宣传部新闻处. 理想的受众：1992年北京受众调查报告 [J]. 新闻研究资料，1993(2).

袁路阳. 传播事业与国家发展：国际传播学研究的一个新领域 [J]. 新闻学刊，1986(1).

公民政治心理调研组. 公民政治心理与大众传播 [J]. 新闻学刊，1988(5).

樊凡. 新闻写作学的现代化问题 [J]. 武汉大学学报(社会科学版)，1988(5).

刘燕喃，袁方，朱国圣，等. 青年传播学小组举行"大众传播与国家发展问题"学术讨论会 [J]. 国际新闻界，1989(1).

范东生. 发展传播学：传播学研究的新领域 [J]. 国际新闻界，1990(3).

王维佳，张慧瑜，王洪喆.以媒介作为方法：关于中国新闻传播研究发展路径的对话[J].全球传媒学刊，2020(3).

六、中文报纸

致读者[N].人民日报，1956-7-1(1).

甘惜分.报纸是阶级斗争的锐利武器[N].人民日报，1957-9-6(7).

李颖.用事实说话 让细节发光[N].人民日报，2019-10-29(20).

乐平县委改进调查研究方法 抓住关键问题 走在季节前面 帮助基层工作[N].人民日报，1961-6-3(2).

调查研究群众生产经验 总结科学试验研究成果 湖南农学会围绕农业开展学术活动[N].人民日报，1961-10-27(4).

东生.看愚公怎样移山：沙石峪村党支部领导群众艰苦奋斗十年间[N].人民日报，1962-6-27(1).

莎荫，范银怀.大寨之路[N].人民日报，1964-2-10(1).

李庄.通联工作座谈纪要[N].人民日报，1946-6-5(2).

张际春.大家来做个积极的工作者和通讯员[N].人民日报，1946-6-7(2).

本报通讯联络科.通讯往来[N].人民日报，1947-3-2(1).

发扬黎城通讯工作经验开展群众性的通讯运动[N].人民日报，1947-3-12(2).

王培义，杨柯，王东魁，王履魁，王瀚清.北流通讯的介绍[N].人民日报，1947-11-20(4).

本报通联科.从内邱通讯工作来看 建立农村通讯网的基本问题[N].人民日报，1947-9-25(4).

人民监察委员会.聘请监察通讯员[N].人民日报，1950-7-24(1).

中央人民政府政务院.各级人民政府人民监察委员会设置监察通讯员试行通则[N].人民日报，1951-9-11(3).

周恩来.关于加强人民监察通讯员和人民检举接待室的指示[N].人民日报，1952-8-25(1).

张慧瑜.触摸二十世纪的基层传播文化经验线索[N].社会科学报，2020-2-13(6).

李太.怎样领导农村读报组[N].人民日报，1951-1-10(6).

湖南邵阳专区许多读报组 在防旱抗旱春耕生产运动中发挥了重大的作用[N].人民日报，1952-4-22(6).

宁夏中卫县二区四乡 半数村民参加了读报组活动 [N]. 人民日报，1952-4-22(6).

刘景书. 如何办好黑板报？ [N]. 人民日报，1950-10-16(3).

钟毓琳. 怎样办黑板报？ [N]. 人民日报，1951-1-27(3).

本报启事 [N]. 人民日报，1948-5-15(1).

苏钥机. 细说中大新传50年 [N]. 明报，2015-10-31(D4).

陈诗信. 美国业余教育的作用 [N]. 人民日报，1982-12-17(7).

于有海，徐耀中. 信息对社会经济发展的作用越来越明显 我国城乡信息网络正在形成 [N]. 人民日报，1984-4-23(2).

徐占焜. 一套开阔眼界的大型丛书：评《走向未来》丛书 [N]. 人民日报，1984-9-3(5).

对不发达地区广播电视的调查表明 应不失时机发展农村广播电视 [N]. 人民日报，1988-7-11(3).